Die KUNST des Zeichnens

10 STEPS

SÜSSE TIERE

Titel der Originalausgabe:
10-Step Drawing
Cute Animals
Draw over 50 adorable animals in 10 easy steps!

First published in 2024 by Search Press Ltd.
Wellwood, North Farm Road
Turnbridge Wells
Kent, TN2 3DR

This book is produced by
The Bright Press, an imprint of The Quarto Group.
1 Triptych Place, London SE1 9SH,
www.Quarto.com

Für die deutsche Ausgabe:
ÜBERSETZUNG: Wiebke Krabbe, Damlos
PRODUKTMANAGEMENT UND LEKTORAT: Nicole Mering
UMSCHLAGGESTALTUNG: Eva Hook
HERSTELLUNG: Heike Köhl, Mahmod Bebo Sello
DRUCK UND BINDUNG: 1010 Printing International Ltd, China

2. Auflage 2025
ISBN 978-3-7358-8103-8
Best.-Nr. 28103

MIX
Papier | Fördert gute Waldnutzung
FSC® C016973

Penguin Random House Verlagsgruppe
FSC® N001967

Die KUNST des Zeichnens

10 STEPS

SÜSSE TIERE

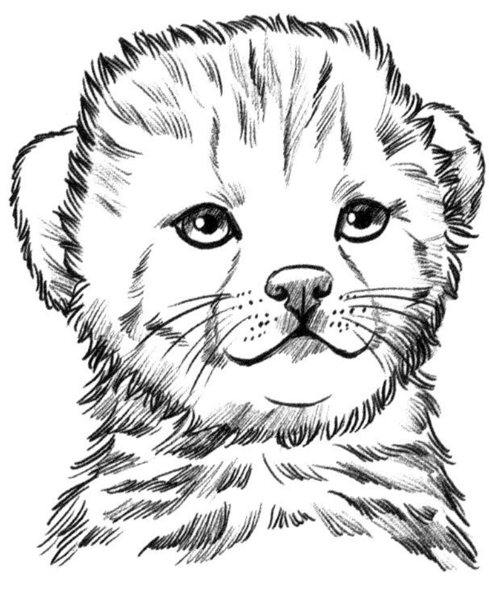

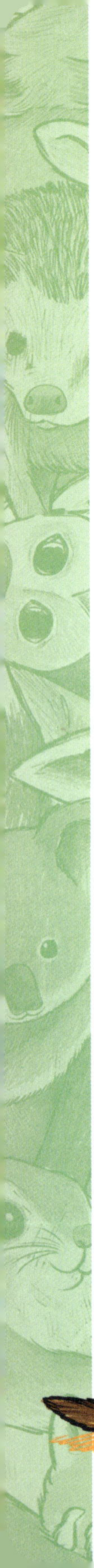

Inhalt

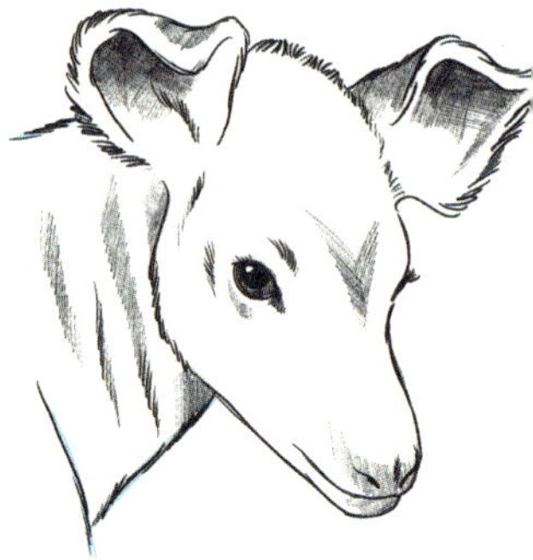

Wüste & Savanne

Wald & Gebirge

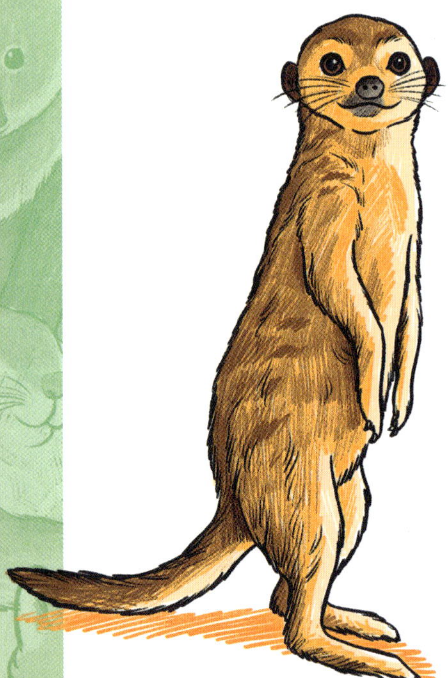

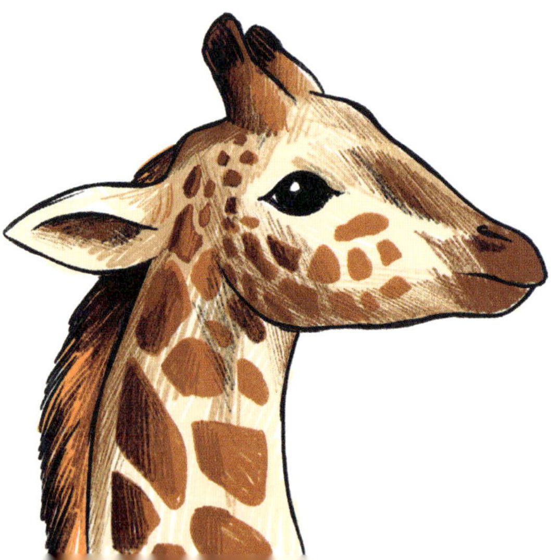

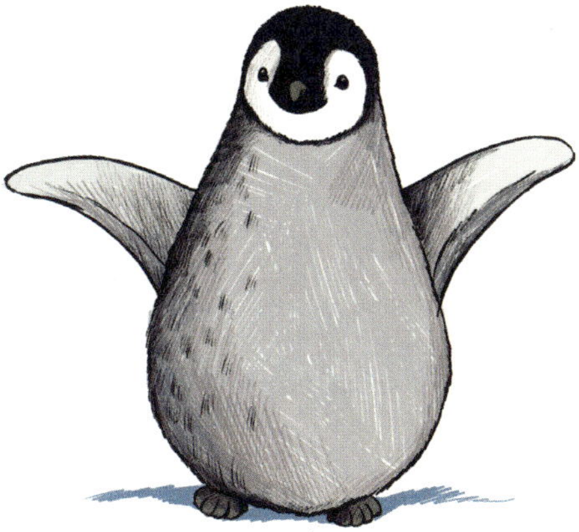

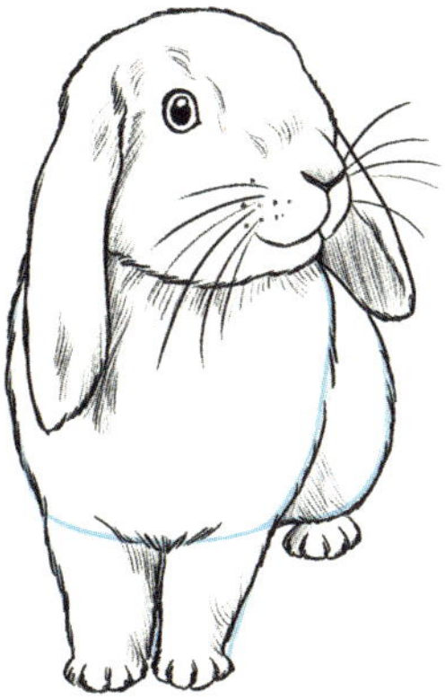

Arktis & Ozeane

Feld & Feucht gebiete

Haustiere

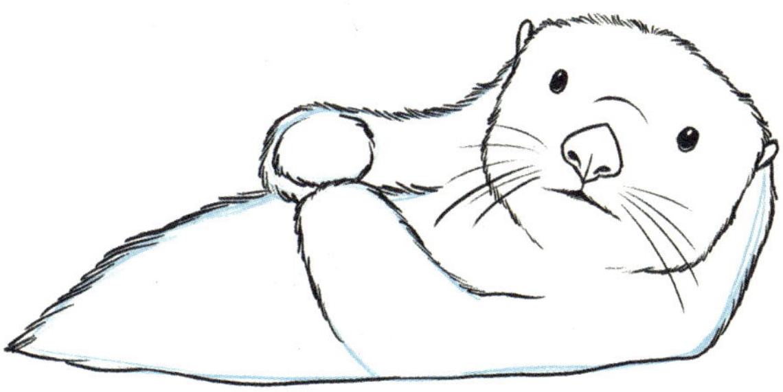

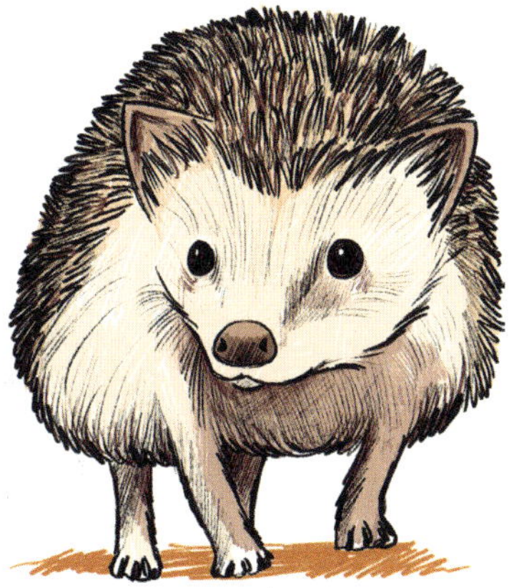

Vorwort

In diesem Buch finden Sie mehr als 50 Illustrationen von niedlichen Tieren in verschiedenen Posen und Lebensräumen. Alle können in nur 10 einfachen Schritten gezeichnet werden. Ob schläfriges Faultier, flauschige Eule oder ein Panda, der sich an einen Baum schmiegt: Suchen Sie sich Ihr Lieblingstier aus und legen Sie los!

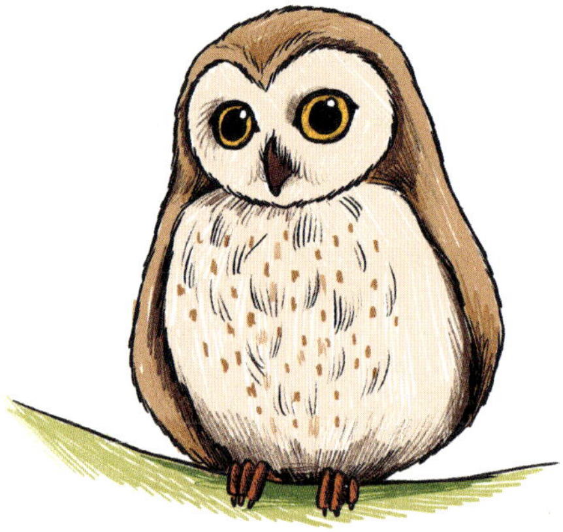

VERSCHIEDENE FORMEN

Es gibt auf der Erde Millionen von Tierarten in verschiedenen Formen und Größen. Die Schritt-für-Schritt-Anleitungen in diesem Buch zeigen, wie einfache Formen oder Umrisse als Anhaltspunkte für die Platzierung von Köpfen, Gliedmaßen, Flügeln, Flossen und Schwänzen dienen können. So ist es leicht, die richtigen Proportionen zu finden. Befolgen Sie die Anleitungen, um realistische Tiere in natürlichenPosen zu zeichnen.

FARBEN

Am Ende jeder Anleitung finden Sie außerdem Vorschläge zum Kolorieren. Selbstverständlich können Sie auch experimentieren und Farben eigener Wahl für Fell oder Federn verwenden.

Ich hoffe, das Zeichnen der Motive wird Ihnen so viel Freude machen wie mir. Es ist wirklich einfach!

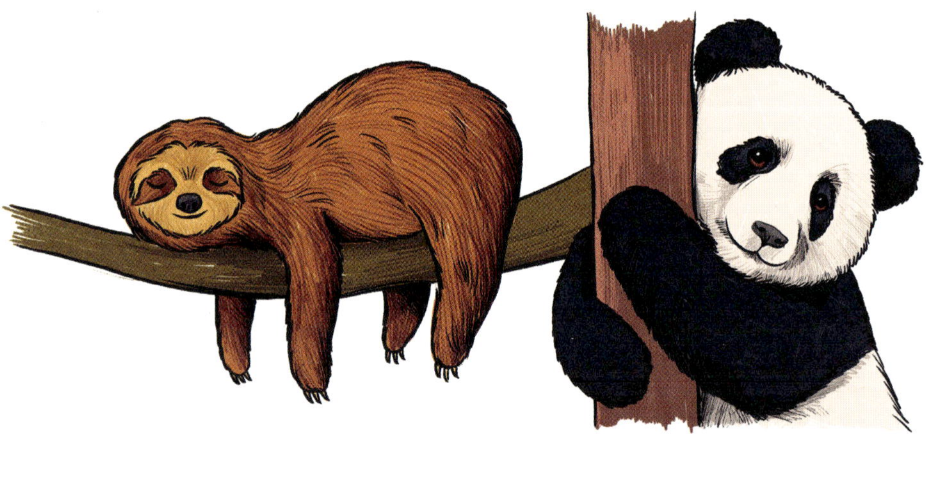

Über dieses Buch

DAS MATERIAL

Papier: Am besten eignet sich gutes Zeichenpapier, aber auch anderes Papier kann verwendet werden.

Bleistift, Radiergummi und Anspitzer: Probieren Sie verschiedene Härtegrade, und leisten Sie sich einen hochwertigen Radiergummi.

Farbstifte: Ein Kasten mit 24 Stiften genügt, aber achten Sie auf gute Qualität.

Kleines Lineal: Dieses ist nicht unbedingt notwendig, aber nützlich für Hilfslinien.

DIE ARBEITSWEISE

Zeichnen Sie zuerst alle Schritte mit Bleistift. Verwenden Sie einen dunkleren Stift für Konturen und Details. Anschließend noch sichtbare Bleistiftstriche ausradieren und das Motiv nach Belieben kolorieren.

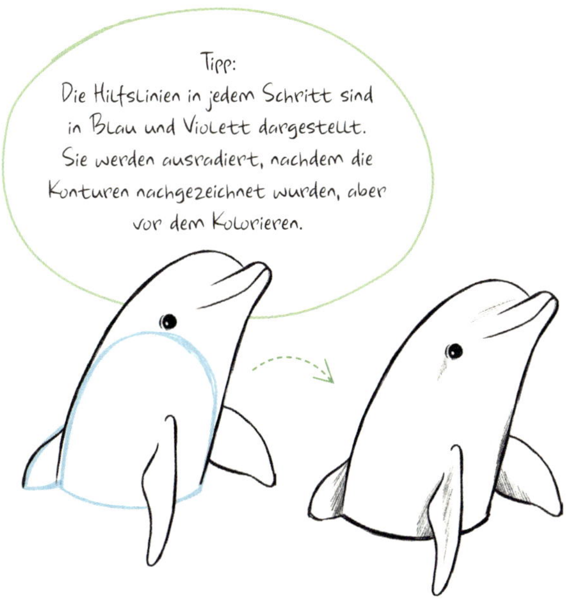

KOLORIEREN

Beim Kolorieren gibt es verschiedene Möglichkeiten. Probieren Sie ruhig mehrere aus.

Farbstifte: Damit geht es ganz einfach und unkompliziert. Die Motive in diesem Buch sind mit Farbstiften koloriert.

Innerhalb der Konturen bleiben und vor allem für kleine Details die Stifte immer gut anspitzen.Fell, Federn und Schuppen können verschiedene Farben, Muster und Texturen haben. Schatten können durch verschiedene Nuancen der selben Farbe dargestellt werden.

Farben und Pinsel: Wasserfarben eignen sich für Einsteiger am besten. Acrylfarben haben den Vorteil, dass man Fehler einfach übermalen kann. Sie brauchen zwei oder drei Pinsel, darunter einen sehr dünnen.

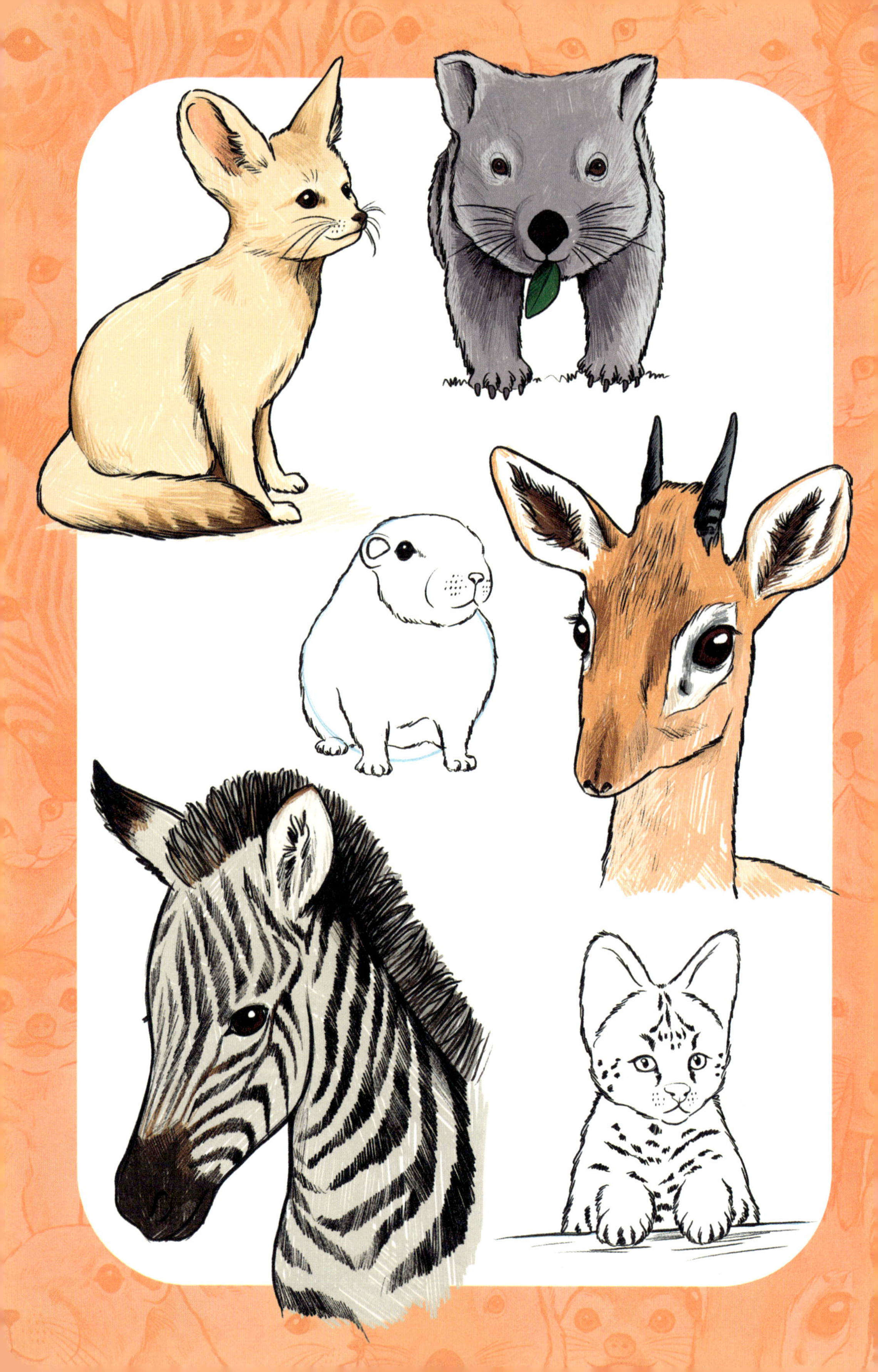

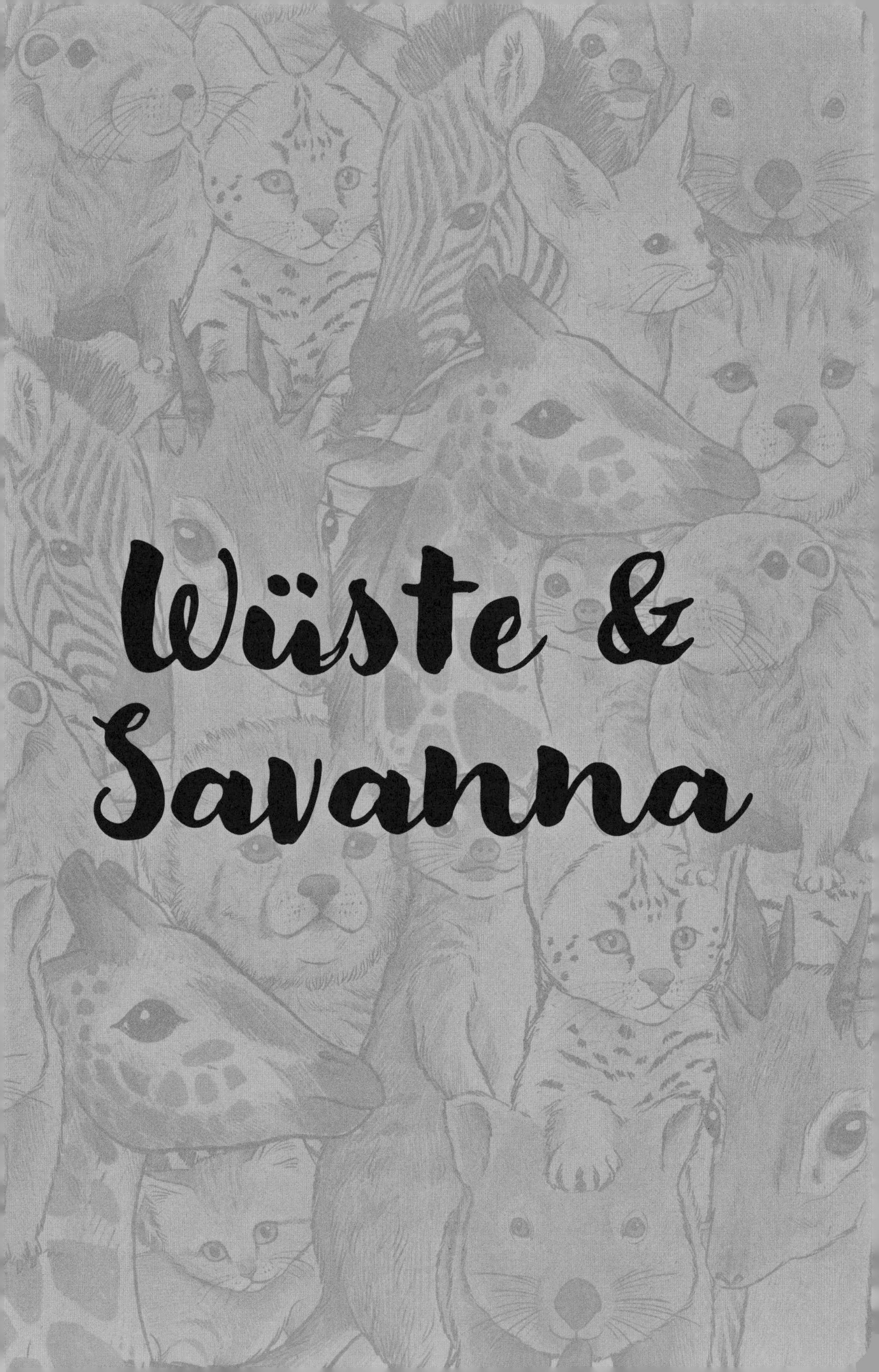

Wüste & Savanna

Sandkatze

Große Ohren, pelzige Pfoten und große, grüne Augen: Die niedliche Sandkatze gelingt auch Anfängern ohne Vorkenntnisse leicht..

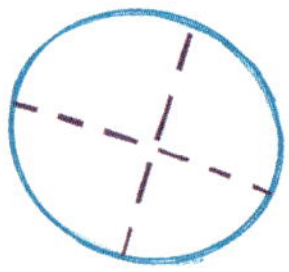

1 Für den Kopf ein Oval als Hilfslinie zeichnen. Ein Kreuz aus zwei gestrichelten Linien hinzufügen. Es hilft bei der Positionierung der Augen, der Nase und des Mundes.

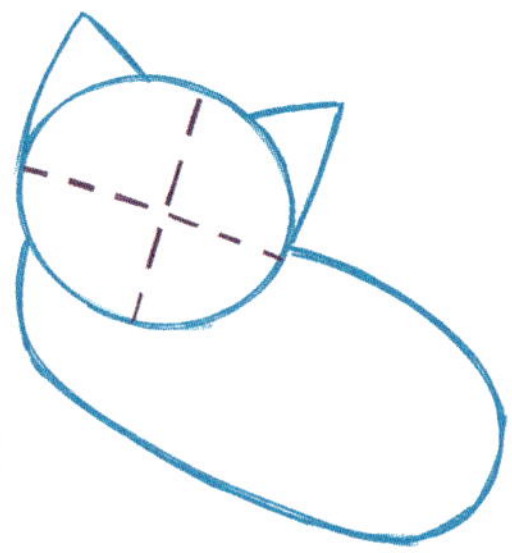

2 Zwei Dreiecke für die Ohren und eine lange, ovale Form für den Körper anfügen.

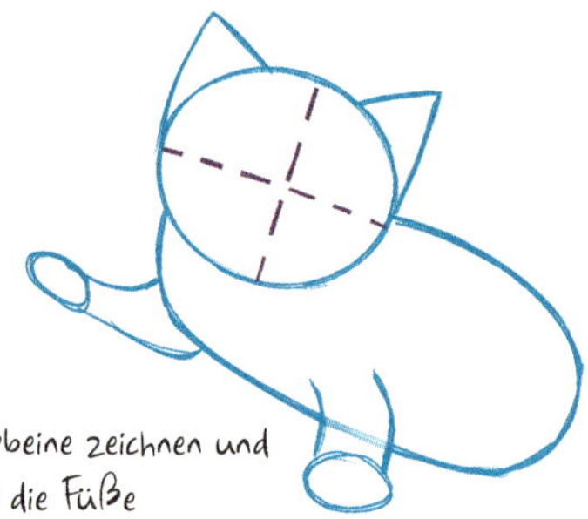

3 Die Vorderbeine zeichnen und Ovale für die Füße hinzufügen. Auf die unterschiedlichen Winkel der Beine achten. Eins überlappt den Körper.

4 Das geschwungene Hinterbein skizzieren. Für den Ast, auf dem die Katze sitzt, einen Strich einfügen.

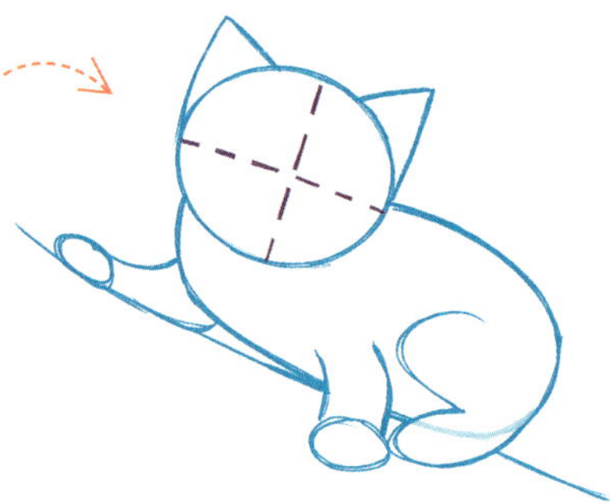

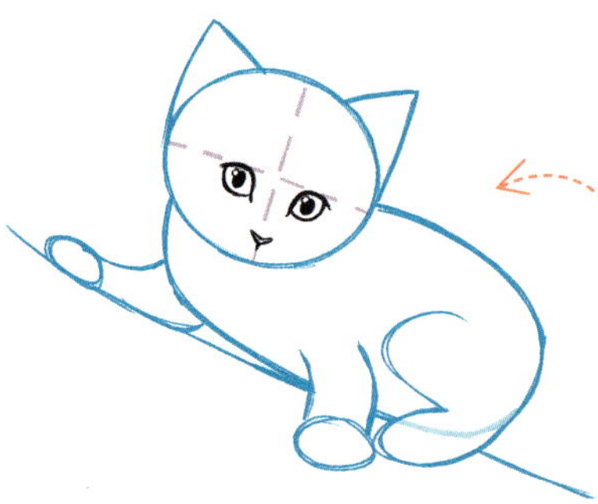

5 Mit einem dunklen Bleistift große, runde Augen unter die horizontale Hilfslinie zeichnen. Schwarze Pupillen mit kleinen Lichtreflexen oben links einfügen. Die Nase auf die senkrechte Hilfslinie zeichnen.

6 Das Fell an Kopf und Ohren mit kurzen, schnellen Strichen andeuten.

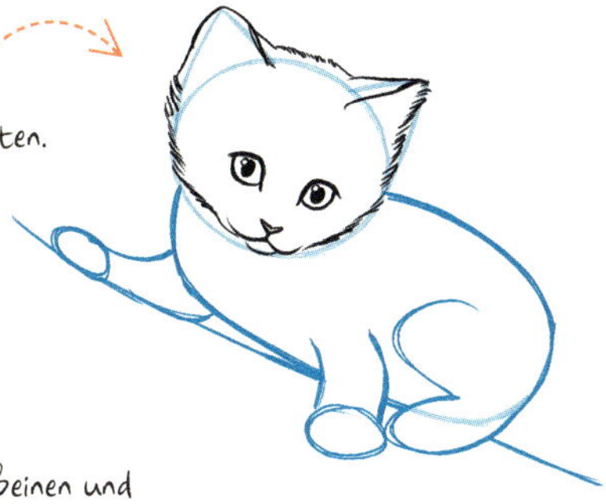

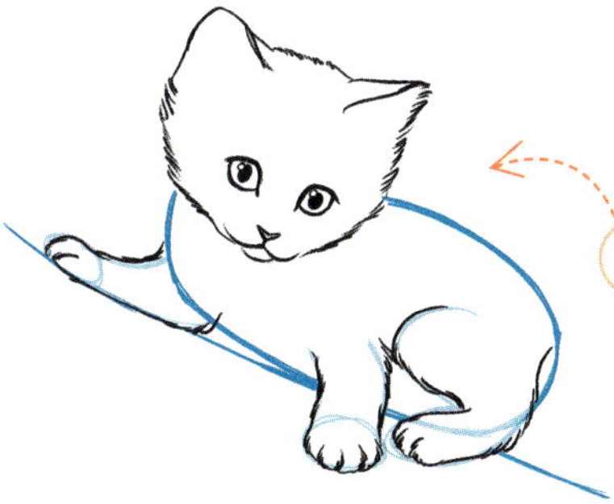

7 Ebenso an Beinen und Pfoten fortfahren.

8 Nun folgt das Fell am Rücken, Bauch, Hals und Schwanz.

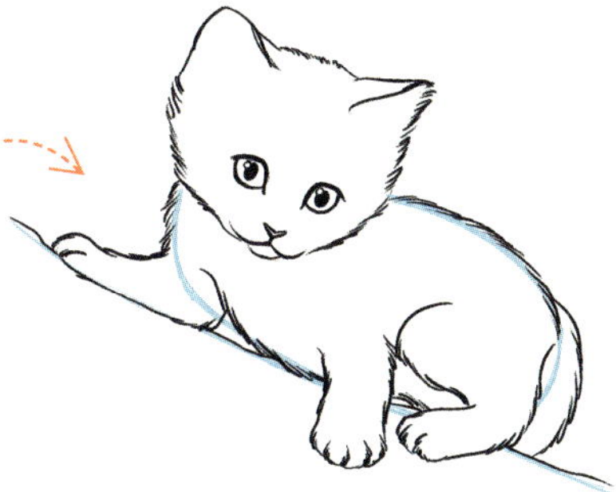

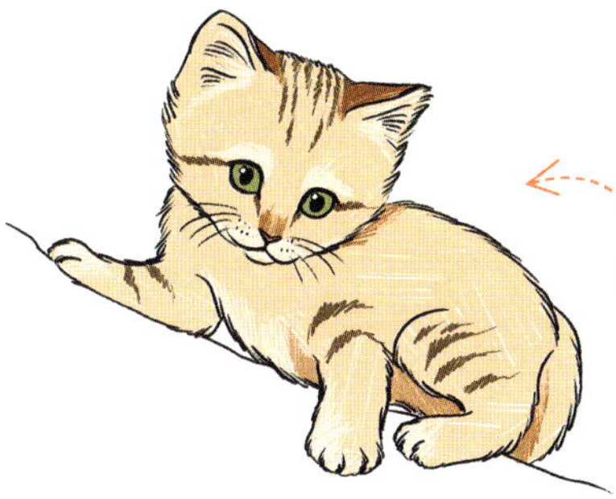

9 Den Körper in Sandbeige kolorieren. Bereiche, auf die Licht fällt, bleiben etwas heller. Die Augen olivgrün kolorieren. Einige braune Streifen auf der Stirn, dem Gesicht und den Beinen einfügen. Die Schnurrhaare zeichnen und winzige schwarze Punkte um ihren Ansatz herum einfügen.

10 Einige dunklere Striche in das Fell einzeichnen. Zuletzt den Ast in einem hellbraunen Ton kolorieren.

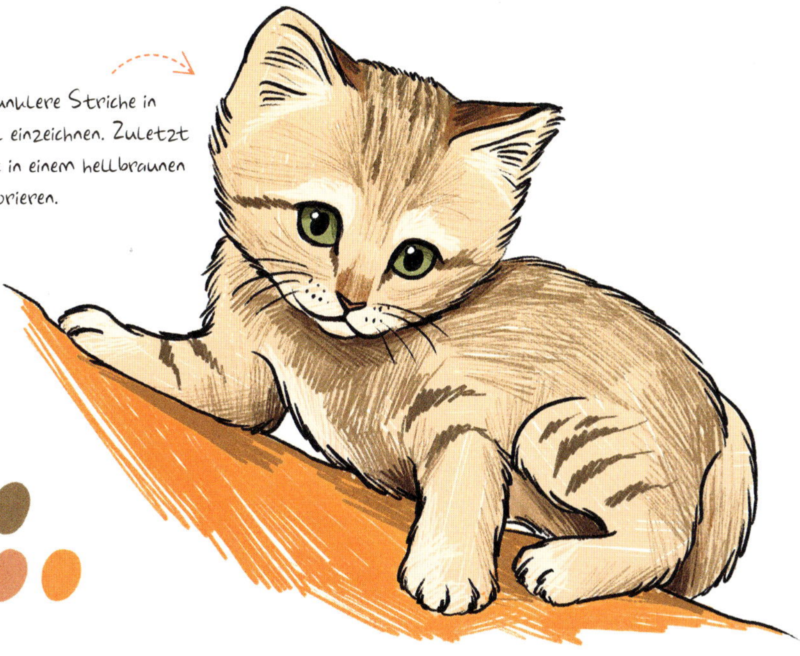

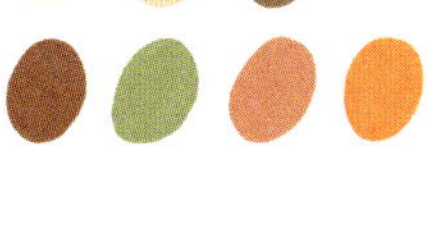

Gundi

Wer hätte gedacht, dass ein Nagetier, das nicht viel größer als eine Hand ist, so niedlich sein kann?

1 Mit einem Kreis für den Kopf beginnen. In die Mitte eine gestrichelte Linie zeichnen. Oben links ein kleines Oval für das Ohr hinzufügen.

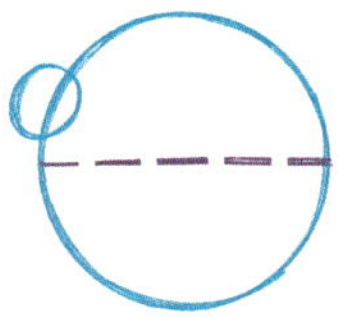

2 Schräg unter dem Kopf und überlappend einen weiteren Kreis zeichnen. Er sollte etwa doppelt so groß wie der Kopf sein.sein.

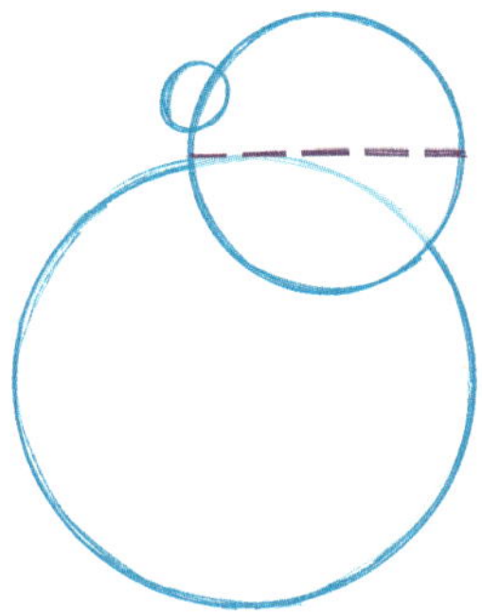

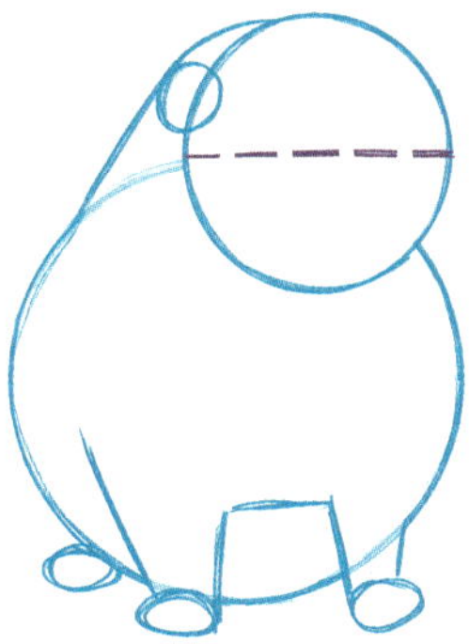

3 Kopf und Körper mit einer Kurve verbinden, um den Hals darzustellen. Die Vorderbeine hinzufügen und zwei Kreise für die Füße zeichnen. Auf der linken Seite einen Kreis für den Hinterfuß anfügen.

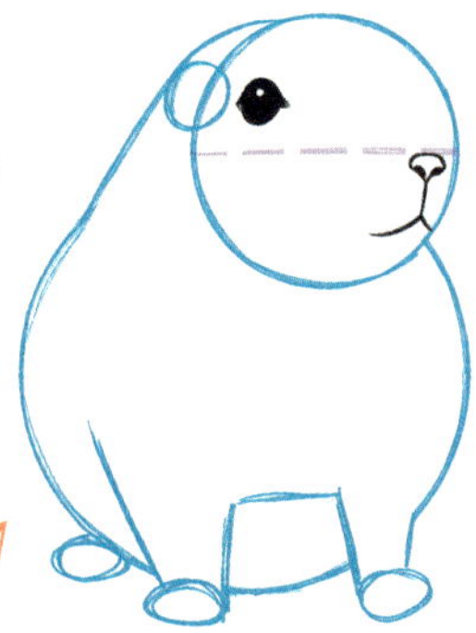

4 Das große, runde Auge mit spitzen Winkeln zeichnen. Eine dunkle Pupille mit einem winzigen Lichtreflex hinzufügen. Nase und Mund skizzieren.

5 Die Umrisse des Ohrs zeichnen. Zwei Bögen für die Schnauze skizzieren. Mit einigen Punkten den Ansatz der Schnurrhaare darstellen.

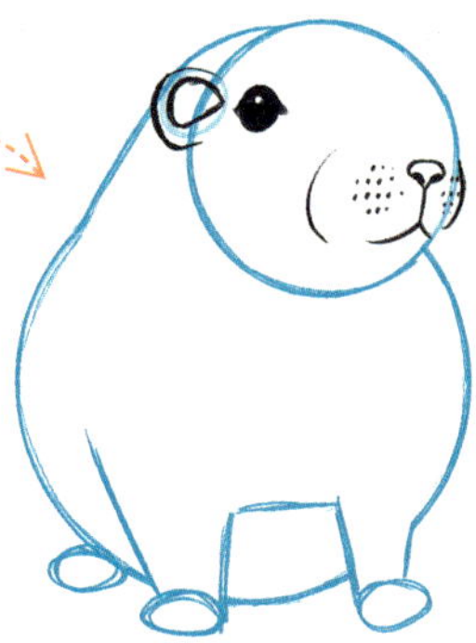

6 Das Fell im Kopfbereich mit kurzen, schnellen Strichen andeuten.

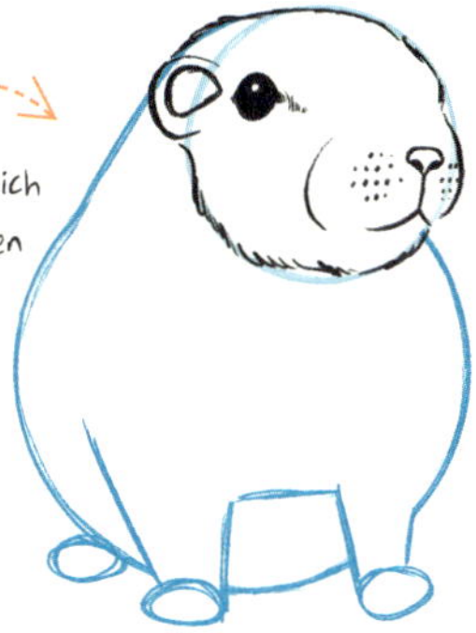

7 Beine und Füße ebenso stricheln.

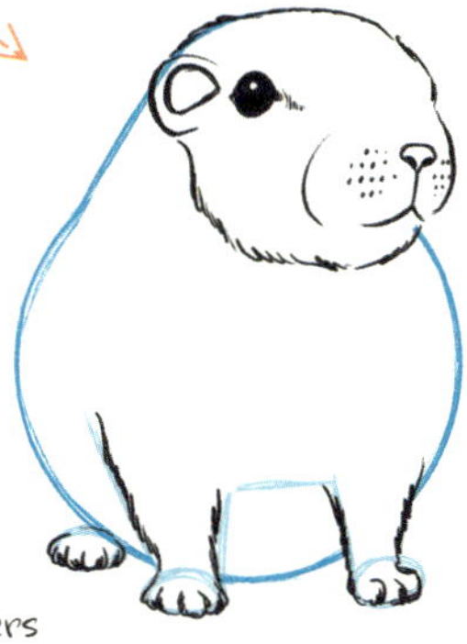

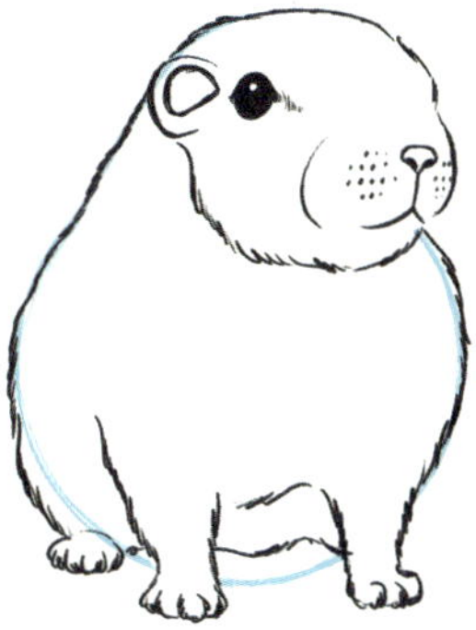

8 Den restlichen Umriss des Körpers stricheln. Dabei die Form des Bauches und die zusätzliche Fellfalte zwischen den Vorderbeinen beachten.

9 Den Körper in einem orange-braunen Grundton kolorieren. Die äußeren Ränder der Ohren, Augen und Füße bleiben heller, weil sie im Licht liegen.

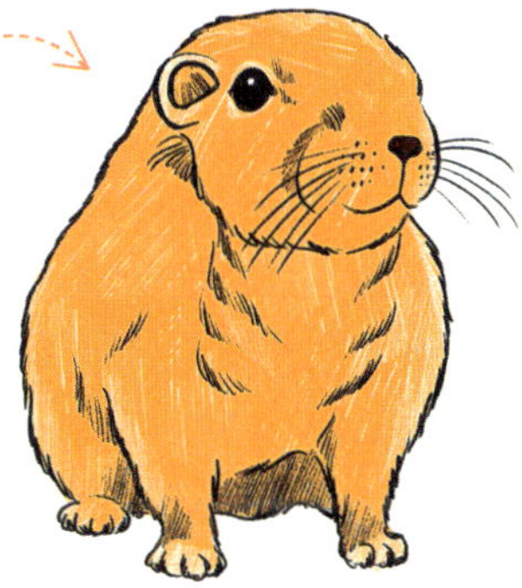

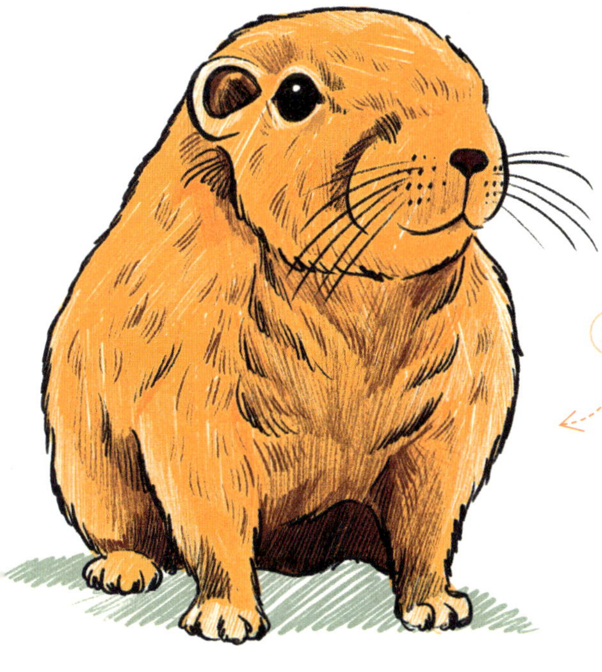

10 Die Schattenbereiche etwas dunkler eintönen. Das Gras mit einigen grünen Strichen andeuten. Zuletzt einige dunklere Striche ins Fell einfügen, damit es flauschiger aussieht.

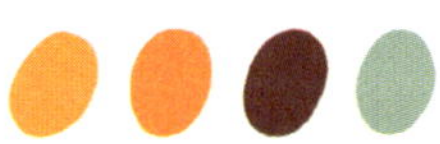

Servaℓ

Die großen, pelzigen Ohren des Servals sehen sehr niedlich aus, vor allem sind sie aber wichtig für die Jagd nach Beute

1 Mit einem Kreis für den Kopf beginnen. Eine leicht schräge, gestrichelte Hilfslinie einzeichnen.

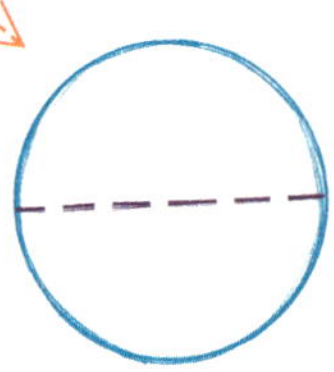

2 Zwei Bögen oberhalb des Kopfes für die Ohren einzeichnen. Eine gebogene, vertikale Linie durch die Mitte und eine kleinere Kreislinie darunter für die Schnauze hinzufügen.

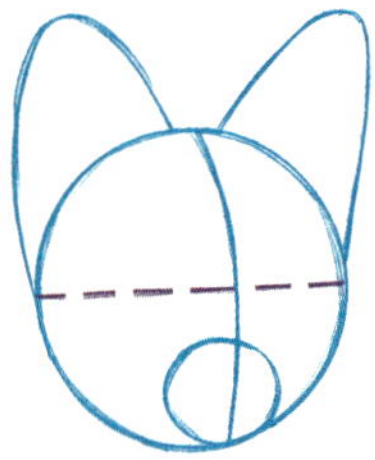

3 Den Oberkörper und die Beine skizzieren. Kreise für die Füße und eine horizontale Linie für den Ast einzeichnen.

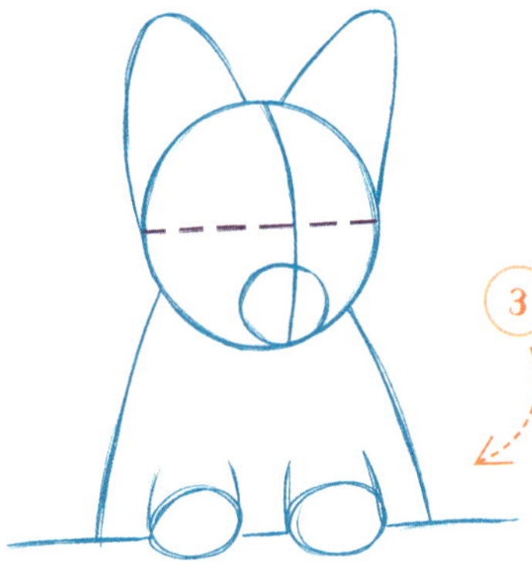

4 Die Augen unter die horizontale Hilfslinie zeichnen. Schwarze Pupillen mit winzigen Lichtreflexen oben links einfügen. Die Nase und den Mund innerhalb der kleineren Kreislinie skizzieren.

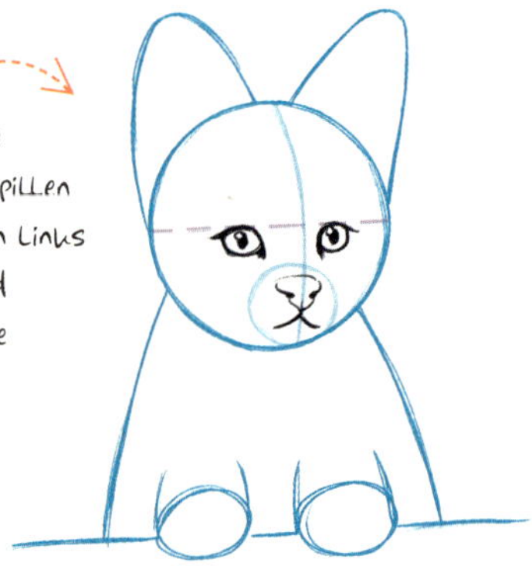

5 Das Fell an den Ohren mit einer Reihe von kurzen Strichen andeuten.

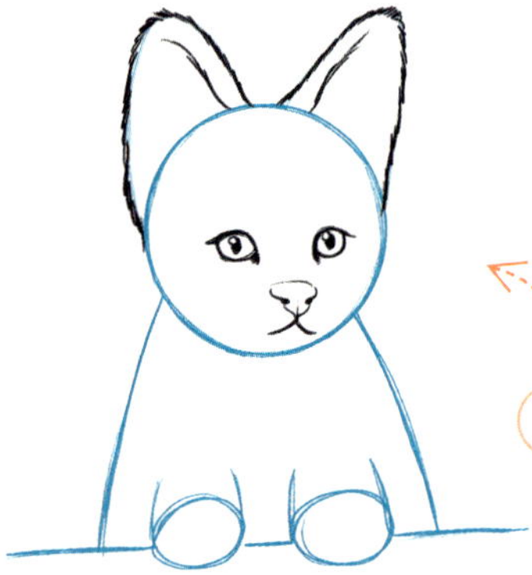

6 Die Umrissen des Kopfes ebenso stricheln. Die Größe der Striche variieren, damit das Fell natürlich aussieht.

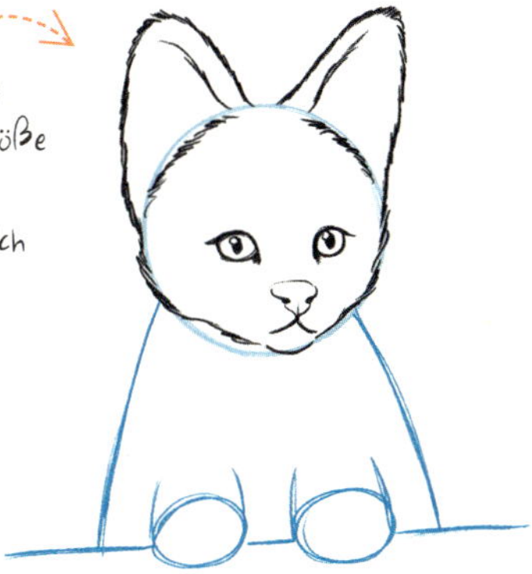

7 Den Oberkörper, die Beine und die Pfoten stricheln.

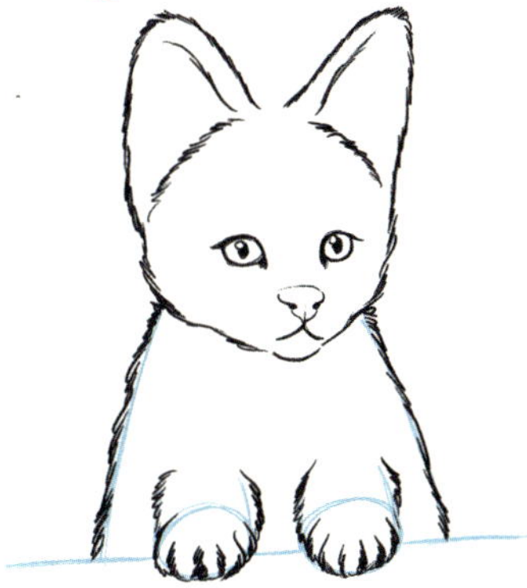

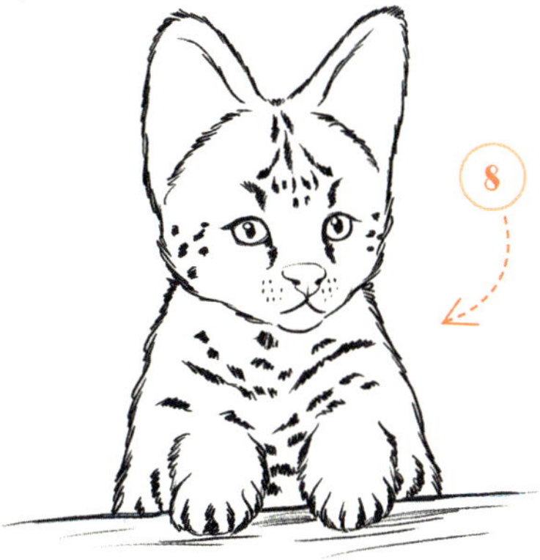

8 Einige Streifen im Fell andeuten. Den Ansatz der Schnurrhaare mit kleinen Punkten darstellen.

9 Den Serval in Sandbeige kolorieren. Hellere Töne im Inneren der Ohren um den Mund herum und an den äußeren Rändern des Halses verwenden.

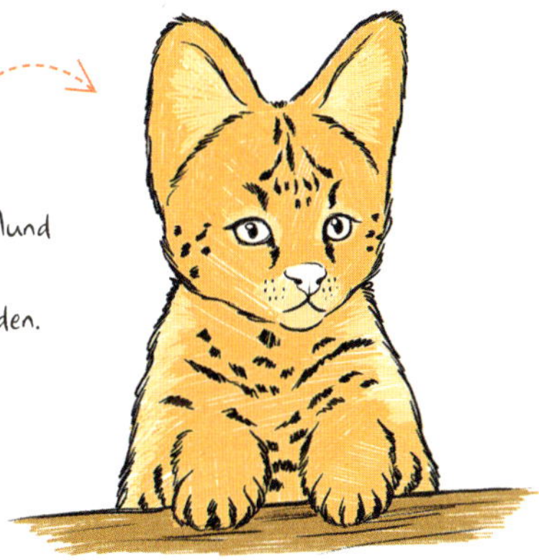

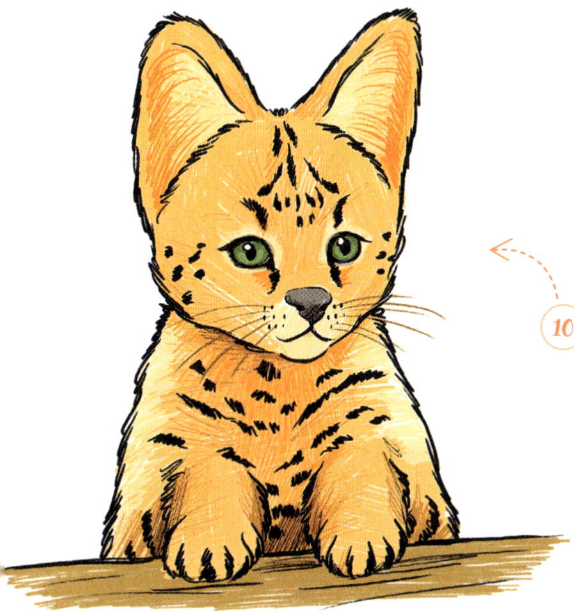

10 Die Augen grün und die Nase grau eintönen. Einige lange, braune Schnurrhaare einzeichnen. Zum Schluss dunklere Töne in das Fell einfügen, um die plastische Wirkung zu verstärken.

Giraffe

Mit einfachen Grundformen gelingen der zierliche Kopf der Giraffe und der lange Hals auch Ungeübten.

1 Mit einem Kreis für den Kopf beginnen. In der Mitte eine gestrichelte Hilfslinie einfügen. Eine U-Form für die Schnauze skizzieren.

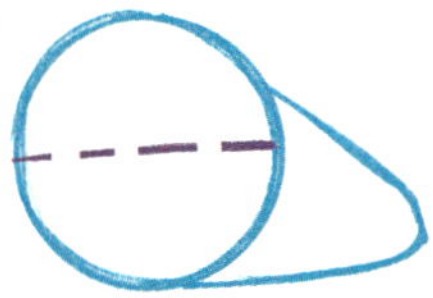

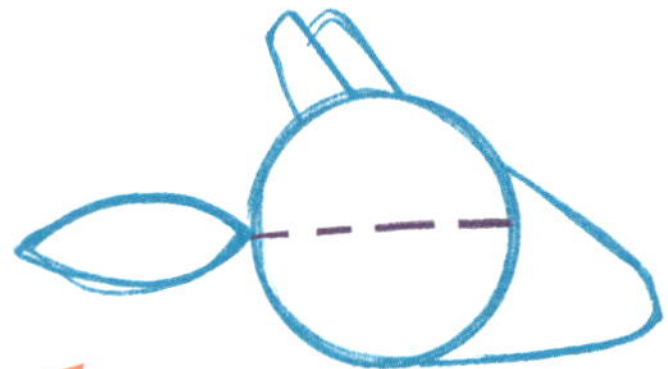

2 Auf der linken Seite eine Tropfenform für das Ohr zeichnen. Die Hörner oben auf dem Kopf andeuten.

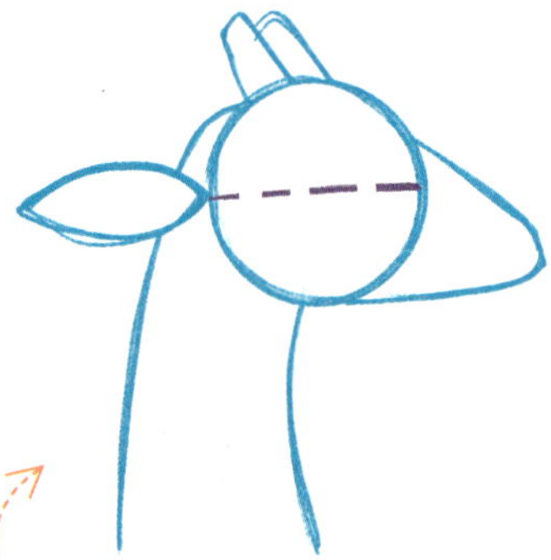

3 Zwei Kurven für den Hals skizzieren.

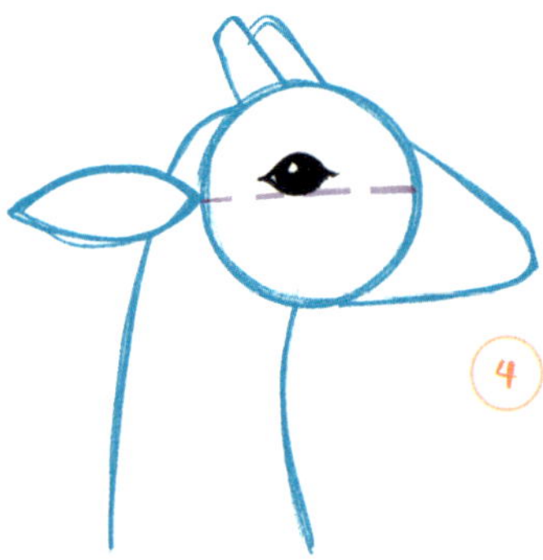

4 Das Auge über die Hilfslinie zeichnen. Die Pupille schwarz färben, aber einen kleinen Lichtreflex freilassen.

5 Den Umriss der Schnauze nachzeichnen und einen lockeren Strich für das Maul einfügen. Die Schnauze darf nicht zu lang werden, sie soll in die vorgezeichnete U-förmige Linie passen. Das Nasenloch andeuten.

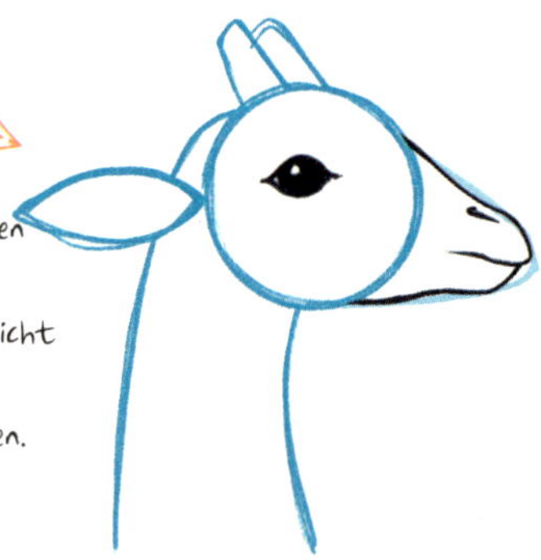

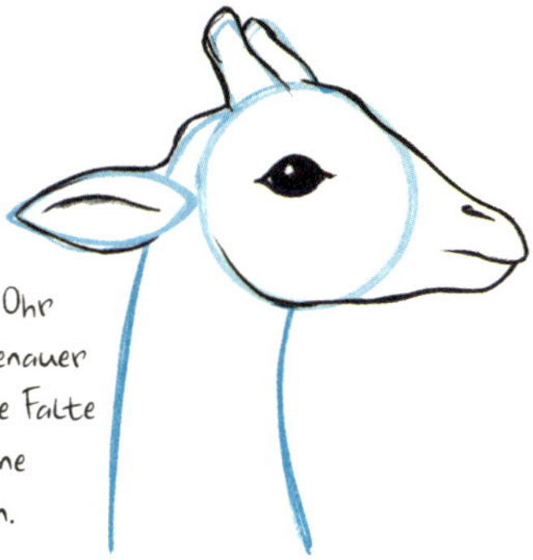

6 Die Hörner, das Ohr und den Kopf genauer ausarbeiten. Die Falte im Ohr durch eine Kurve andeuten.

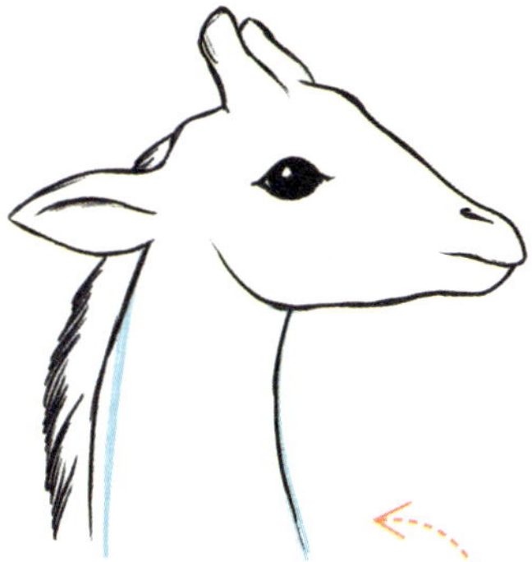

7 Die Mähne am Hals mit einer Reihe von kurzen Strichen darstellen.

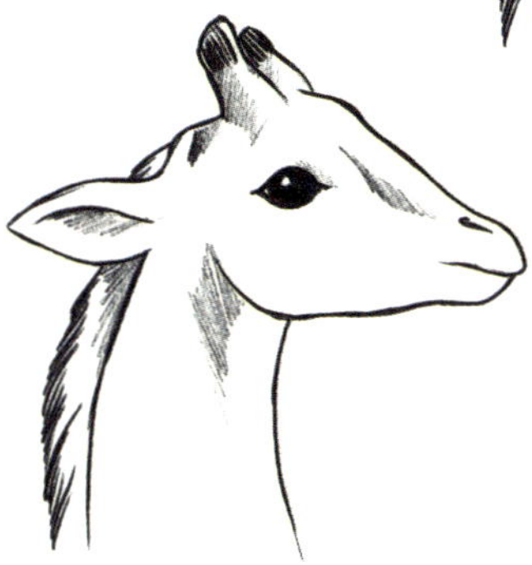

8 Mit weichen Strichen einige Schattierungen in der Mähne andeuten.

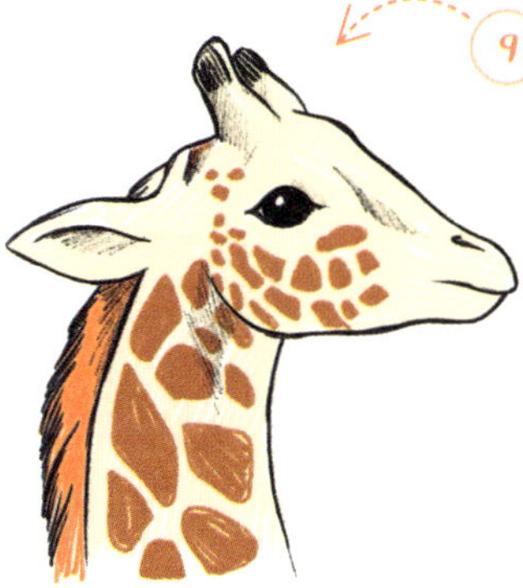

9 Die Giraffe in einem hellen Sandton grundieren. Die Formen des Fellmusters in Hellbraun kolorieren. Jede Form sollte etwas anders aussehen. Dazwischen etwas Platz lassen. Die Ohren, die Hörner, die Stirn und die Schnauze haben kein Muster. Die Mähne hellbraun kolorieren.

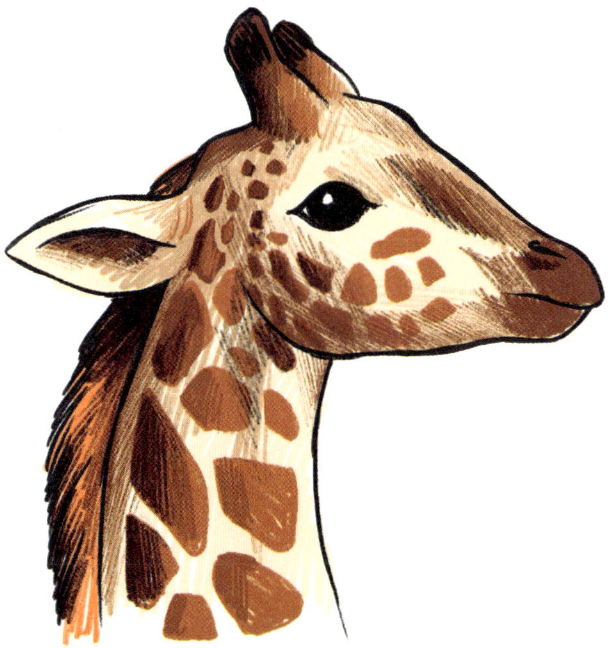

10 Die Hörner, den Oberkopf und die Schnauze hellbraun ausmalen. Zum Schluss das Gesicht und den oberen Teil der Hörner in dunkleren Tönen kolorieren.

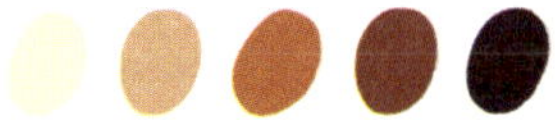

Dikdik

Das Dikdik ist die kleinste Antilope der Welt. Mit ihren großen braunen Augen und den riesigen, pelzigen Ohren sieht sie bezaubernd aus.

1 Mit einem Kreis für den Kopf beginnen. In der Mitte eine gestrichelte Hilfslinie einzeichnen.

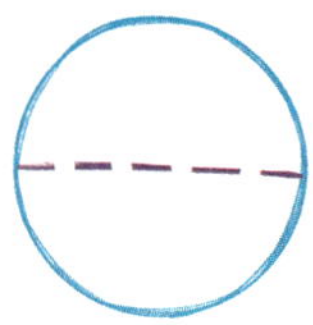

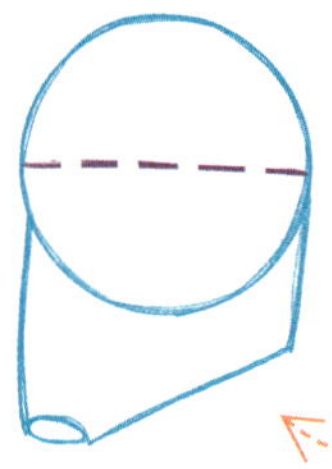

2 Eine eckige Form für die Schnauze anfügen und die Nase mit einem kleinen Oval an der Spitze andeuten.

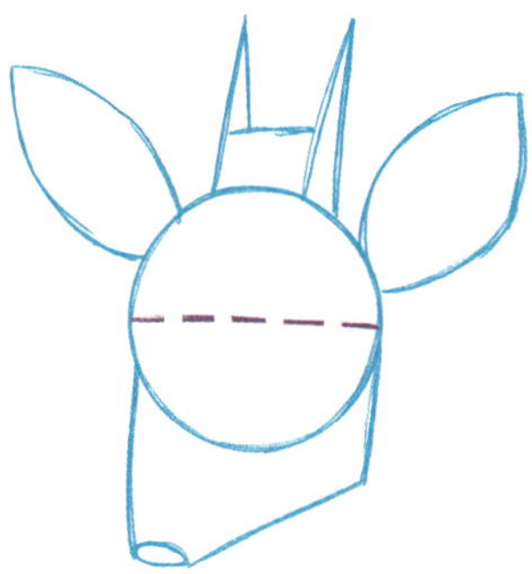

3 Die großen Ohren und die dazwischenliegenden Hörner vorzeichnen.

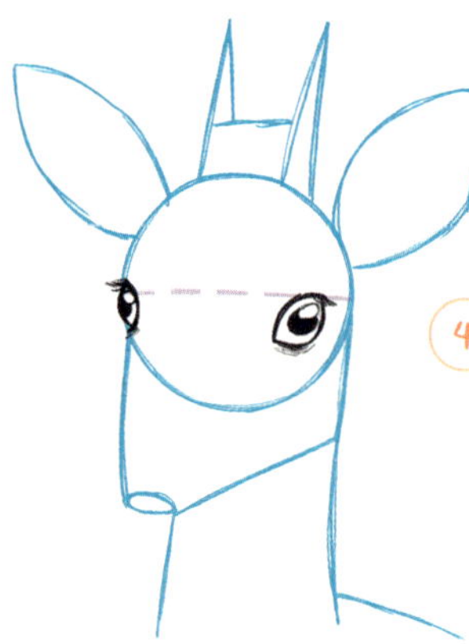

4 Die Augen unter der Hilfslinie einzeichnen. Das linke Auge ist nur halb zu sehen. Große schwarze Pupillen mit Lichtreflexen am oberen Rand hinzufügen. An beiden Augen einige zarte Wimpern andeuten.

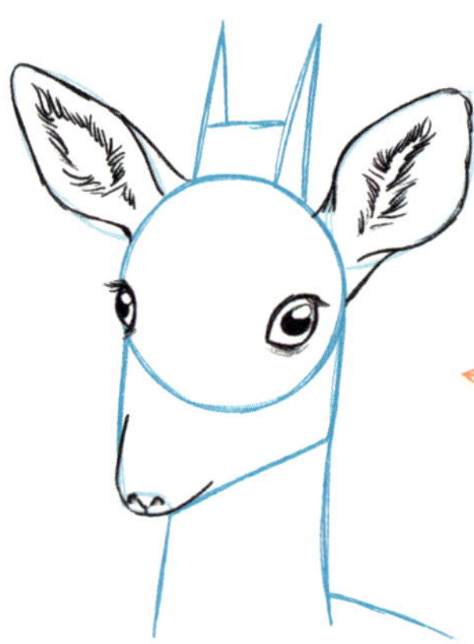

5 Die Umrisse der pelzigen Ohren mit schnellen, kurzen Strichen nachzeichnen. Das Fell im Inneren mit lockeren Strichen andeuten. Nase und Nasenlöcher einzeichnen.

6 Die restlichen Umrisse von Kopf und Hals stricheln, um das Fell anzudeuten.

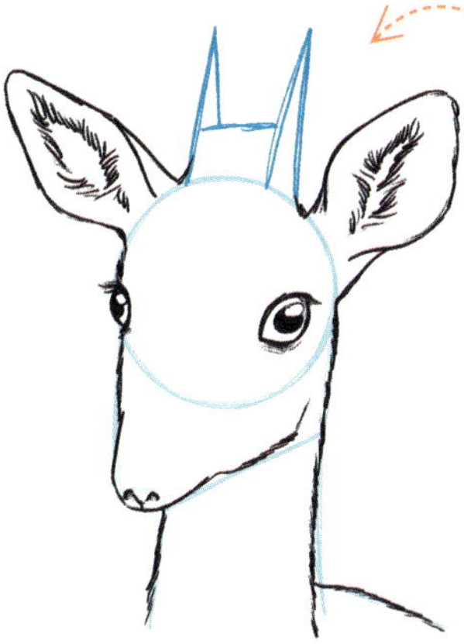

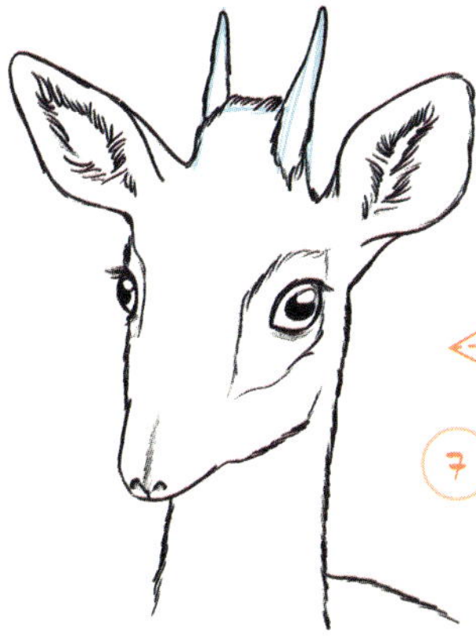

7 Die Hörner ausarbeiten und um die Augen herum ein Fellmuster andeuten.

8 Mit weichen, kurzen Strichen einige Schattierungen auf der Stirn und am Hals einfügen.

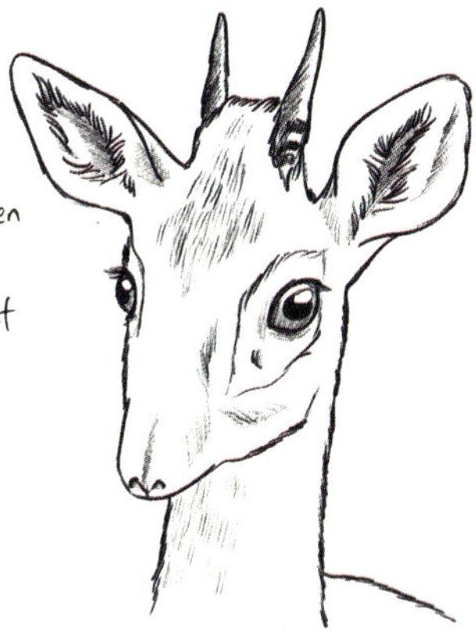

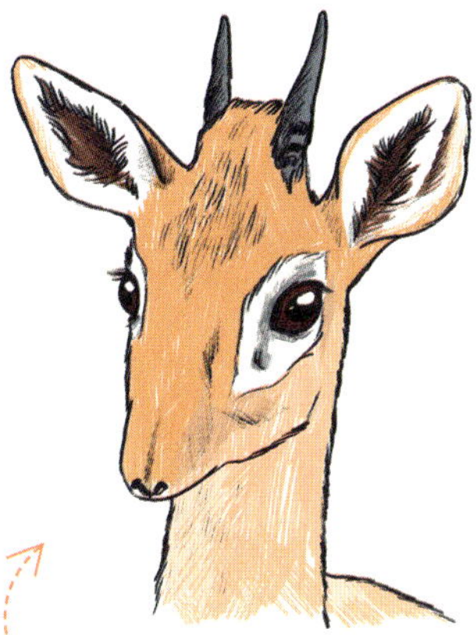

9 Das Fell in Sandbeige kolorieren. Die Augen und die Innenseite der Ohren bleiben weiß. Die Augen und das Innere der Ohren dunkelbraun eintönen. Die Hörner und die Umgebung der Augen mit Grau kolorieren.

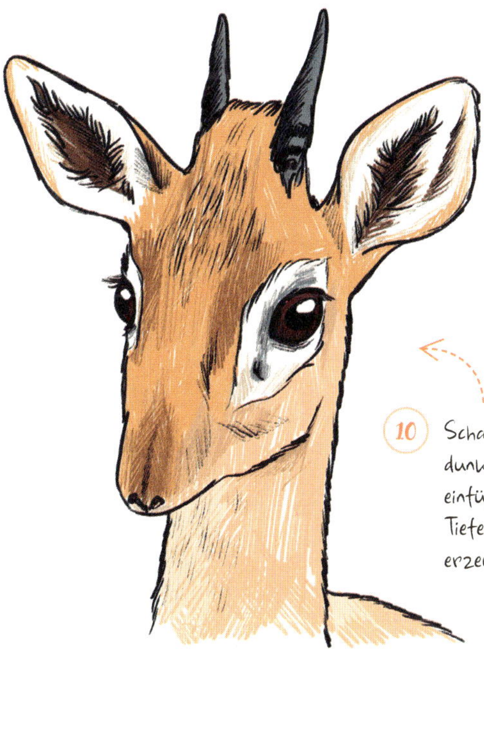

10 Schatten in einigen dunkleren Tönen einfügen, um eine Tiefenwirkung zu erzeugen.

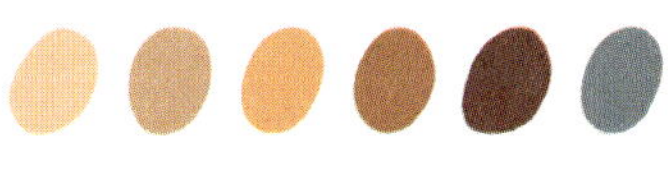

Erdmännchen

Erdmännchen sind ständig auf der Hut, stehen oft Wache und drehen ihren Kopf, um Gefahren frühzeitig zu erkennen.

1 Mit einem Oval für den Kopf beginnen. In der Mitte eine gestrichelte Linie einfügen. Die Schnauze mit einem kleinen Kreis andeuten und zwei Halbkreise für die Ohren anfügen.

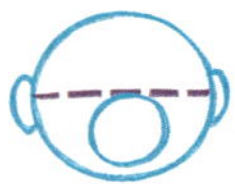

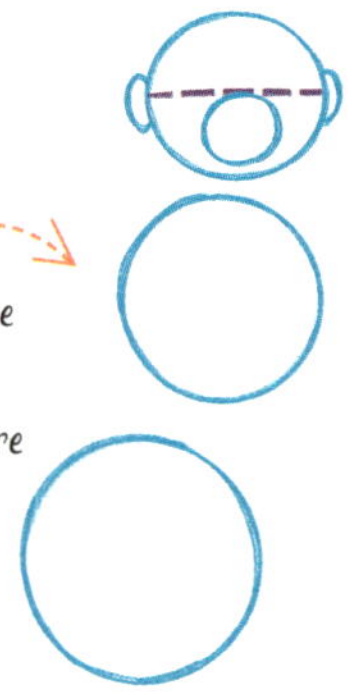

2 Zwei weitere Kreise für den Körper zeichnen, der untere ist etwas größer als der obere.

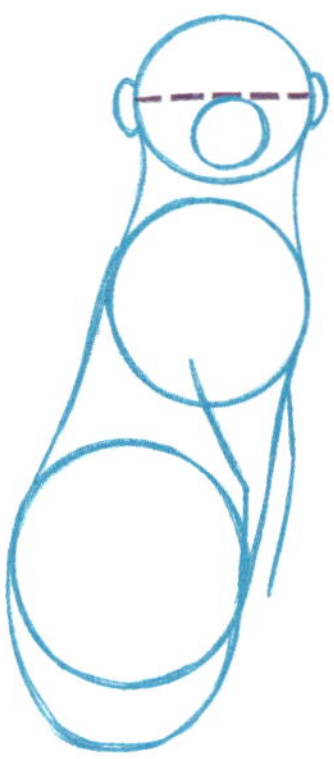

3 Die Kreise verbinden, um den Körper zu formen. Eine U-Form unter den unteren Kreis zeichnen. Zwei Striche für die Vorderbeine hinzufügen.

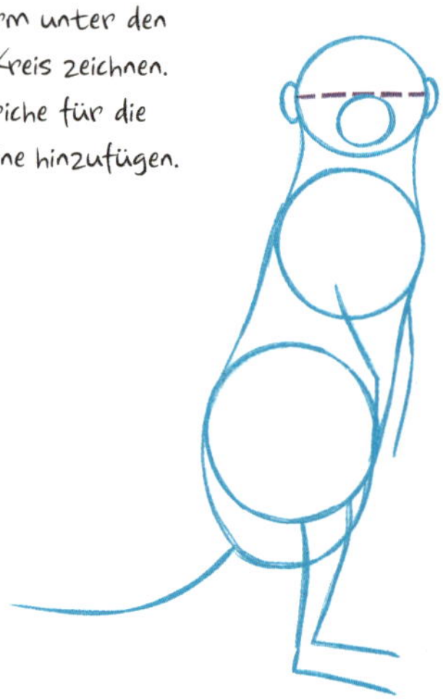

4 Vom unteren Kreis aus zwei Striche für die Hinterbeine zeichnen. Links eine lange Kurve für den Schwanz hinzufügen.

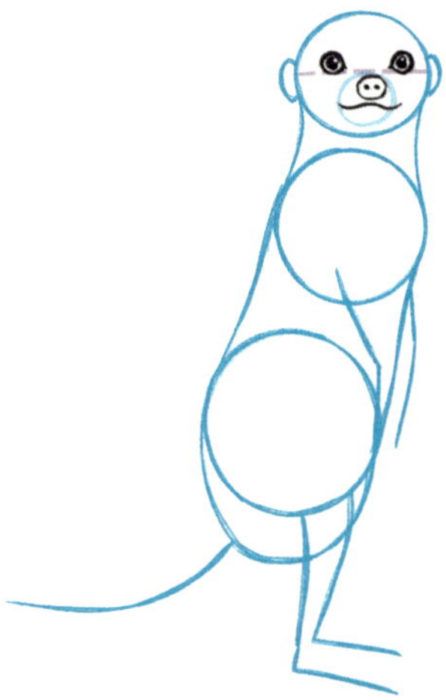

5 Die Augen auf der Hilfslinie einzeichnen. Große schwarze Pupillen mit winzigen weißen Lichtreflexen an den Seiten hinzufügen. Die sechseckige Nase und einen gewellten Mund zeichnen.

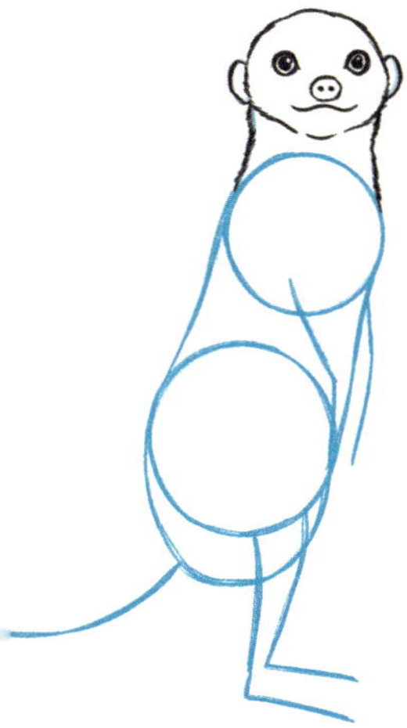

6 Das Fell an Kopf und Ohren mit kurzen, schnellen Strichen andeuten. Die flache, leicht spitze Kieferkontur und den Hals hinzufügen.

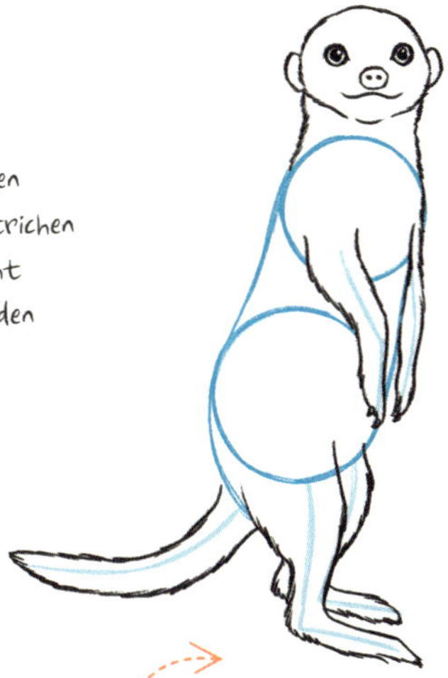

7 Die Vorder- und Hinterbeine genauer ausarbeiten, die Zehen mit kleinen, gebogenen Strichen darstellen. Den Schwanz ausarbeiten. Sein Ansatz am Körper ist etwas dicker als seine Spitze.

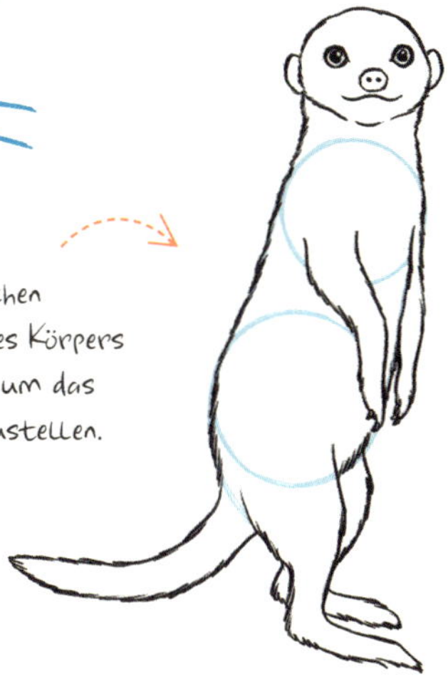

8 Die restlichen Umrisse des Körpers stricheln, um das Fell darzustellen.

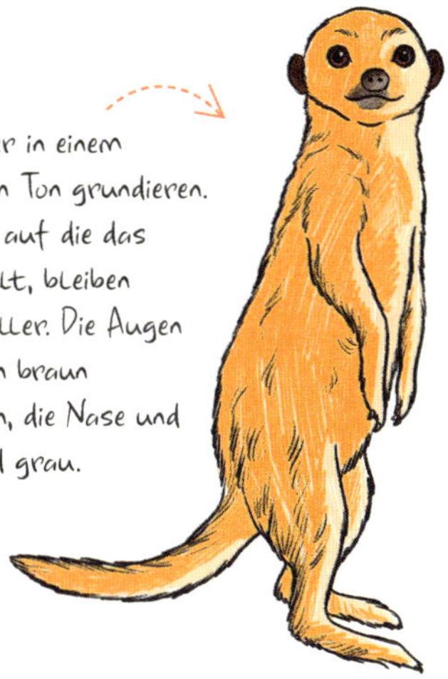

9 Den Körper in einem gelblichen Ton grundieren. Bereiche, auf die das Licht fällt, bleiben etwas heller. Die Augen und Ohren braun kolorieren, die Nase und den Mund grau.

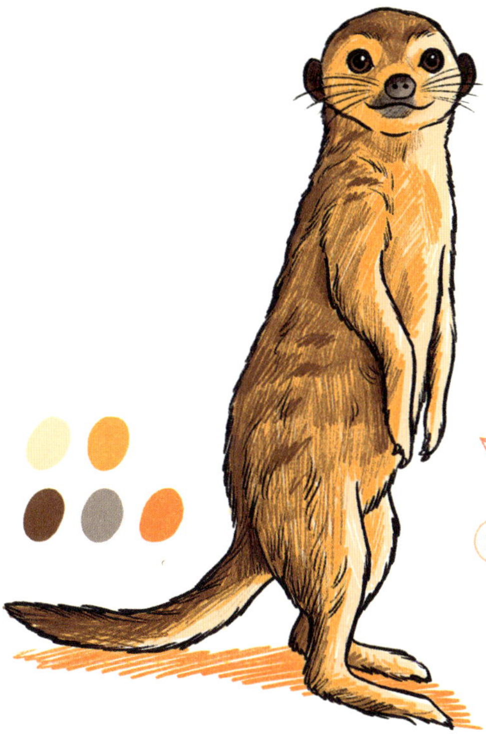

10 Die Rückseite von Körper und Schwanz etwas dunkler schattieren. Zuletzt den Boden mit einigen Strichen schraffieren, um den Eindruck zu vermeiden, dass das Erdmännchen in der Luft schwebt.

Fennek

Der Fennek ist zwar die kleinste Fuchsart, aber das macht er mit seinen riesigen Ohren wett.

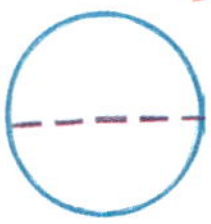

1 Mit einem Kreis für den Kopf beginnen. In der Mitte eine gestrichelte Hilfslinie einzeichnen.

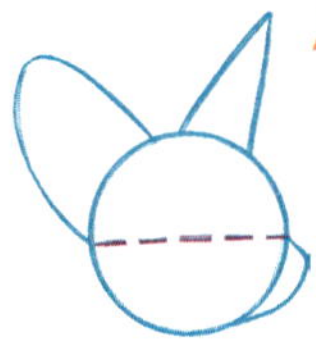

2 Eine U-Form und ein Dreieck für die großen Ohren anfügen. Unten rechts die Schnauze mit einer flachen U-Form andeuten.

3 Einen größeren Kreis für den Körper zeichnen. Er sollte doppelt so groß sein wie der Kopf.

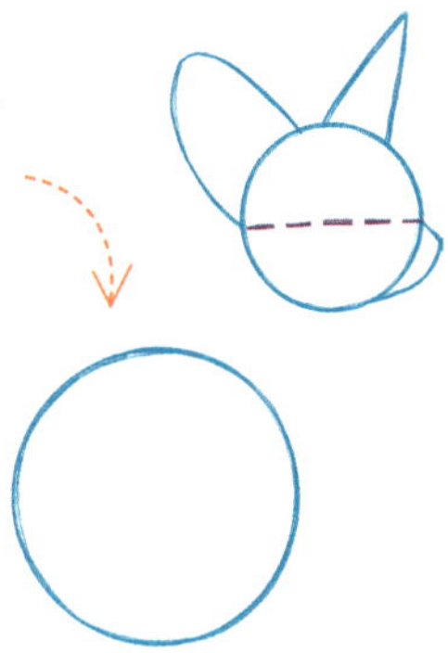

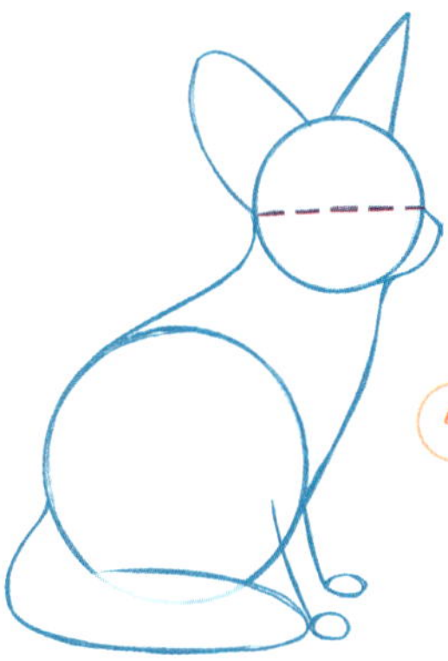

4 Die beiden Kreise verbinden, um den Hals und die Brust zu bilden. Darunter den Schwanz grob andeuten. Striche für die Beine anfügen und für die Füße Kreise an die Enden zeichnen.

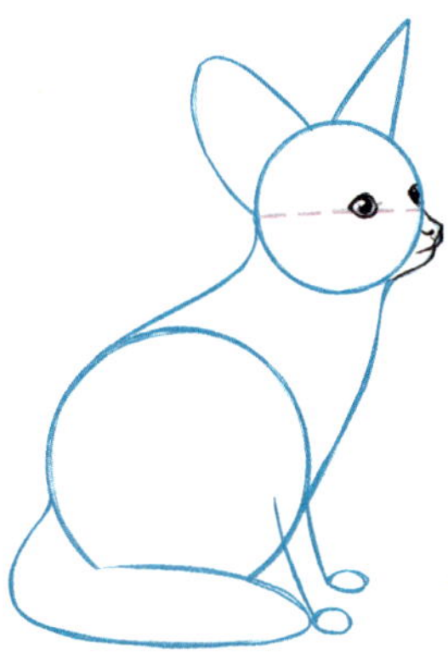

5 Ein Auge knapp über die Hilfslinie zeichnen, das andere Auge höher. Hier wirkt sich die Perspektive auf die Größe und Form der Augen aus. Schwarze Pupillen mit winzigen Lichtreflexen einfügen. Die Umrisse von Nase, Mund und Kinn anhand der Kontur der Schnauze ausarbeiten.

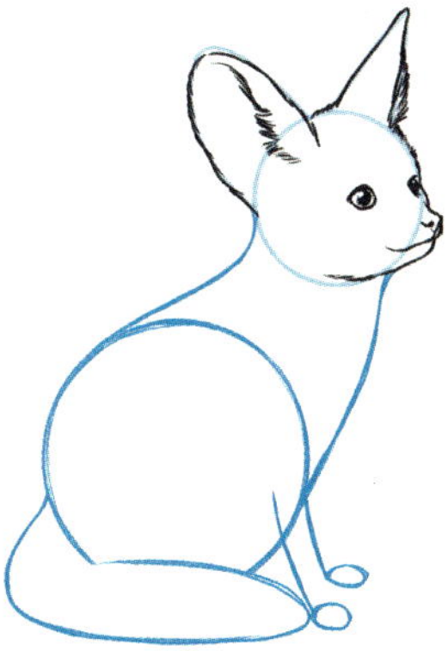

6 Das Fell an den Rändern der Ohren mit kurzen, geraden Strichen andeuten. Für die Haare in den Ohrmuscheln längere Striche verwenden.

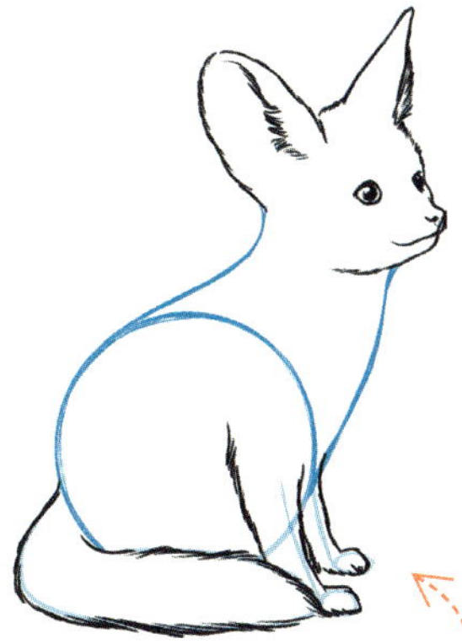

7 Die Vorderbeine, die Füße und den Schwanz genauer ausarbeiten. Der Schwanz sollte dick und buschig sein und am Ende spitz zulaufen.

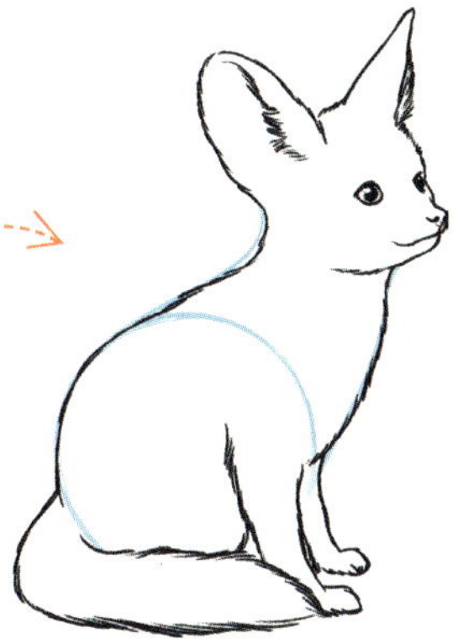

8 Die restlichen Körperkonturen stricheln, um das Fell anzudeuten.

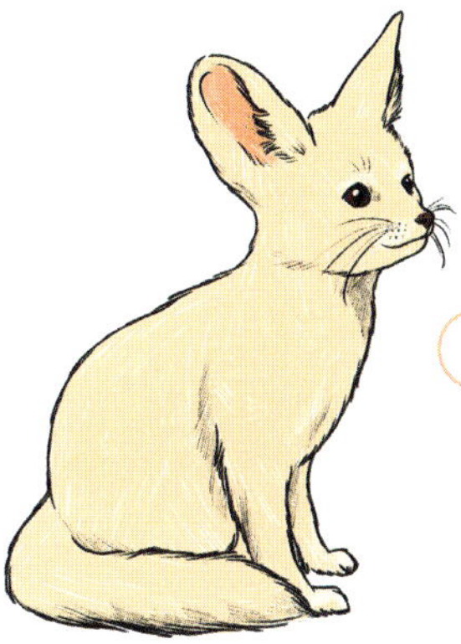

9 Den Körper in hellem Beige kolorieren, die inneren Ohren in Rosa. Die Schnurrhaare einzeichnen und um den Ansatz winzige Pünktchen verteilen. Augen und Nase dunkelbraun kolorieren. Erste Schattierungen einfügen.

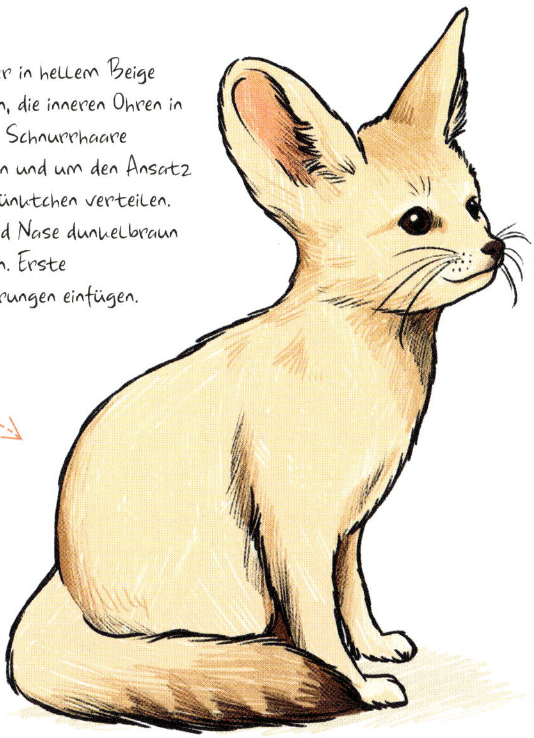

10 Weitere dunkle Schattierungen einzeichnen. Zuletzt den Boden mit einigen Strichen andeuten, um die Zeichnung zu verankern.

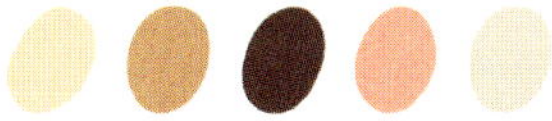

Wombat

Dieser kleine Verwandte des Kängurus hat kräftige Krallen, mit denen er ausgedehnte Baue gräbt.

1 Mit einem Kreis für den Kopf beginnen. Im unteren Bereich einen kleinen Kreis für die Nase einfügen.

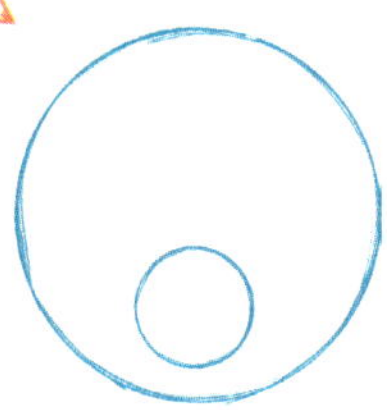

2 Zwei Dreiecke für die Ohren hinzufügen. Eine gestrichelte Linie in die Mitte zeichnen.

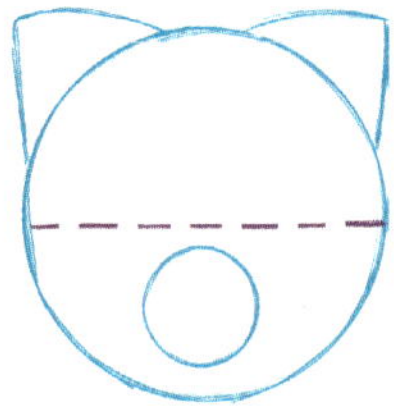

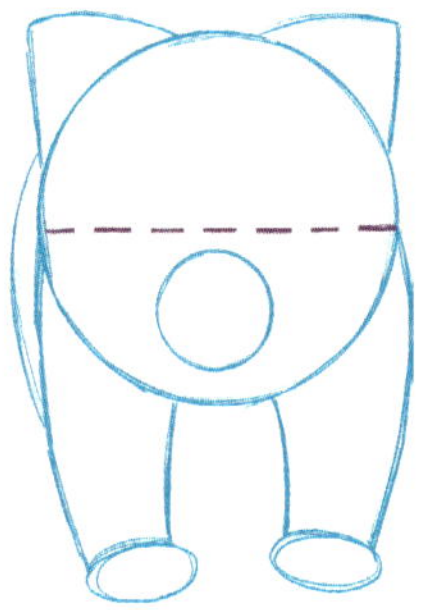

3 Die Vorderbeine grob skizzieren und Ovale für die Füße anfügen. Auf der linken Seite des Körpers einen kleinen Bogen andeuten.

4 Die Augen oberhalb der Hilfslinie einzeichnen. Schwarze Pupillen mit kleinen weißen Lichtreflexen hinzufügen. Darunter die Nase einzeichnen.

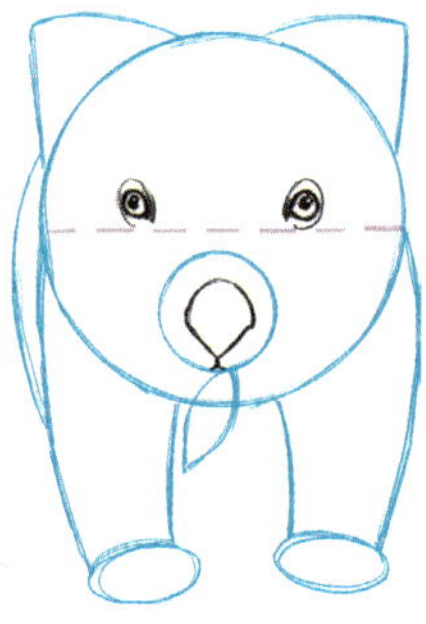

5 Die Schnurrhaare andeuten und das Blatt, das der Wombat im Maul hat, skizzieren.

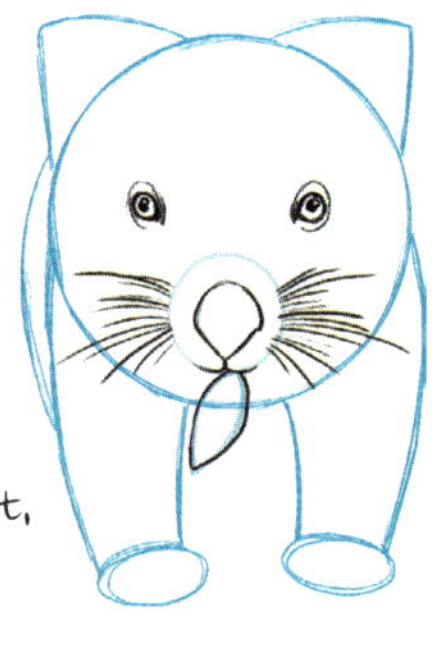

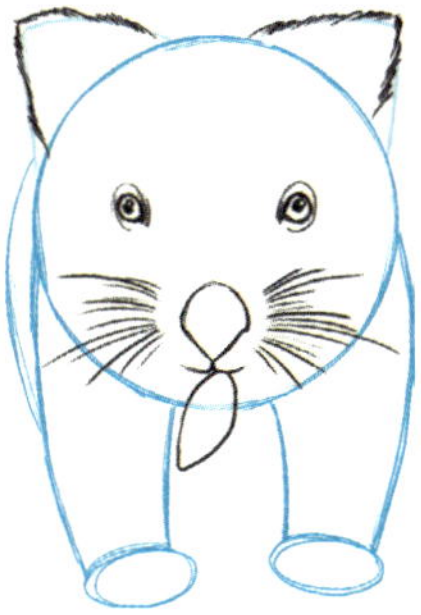

6 Die Umrisse der pelzigen Ohren mit schnellen, kurzen Strichen nachzeichnen.

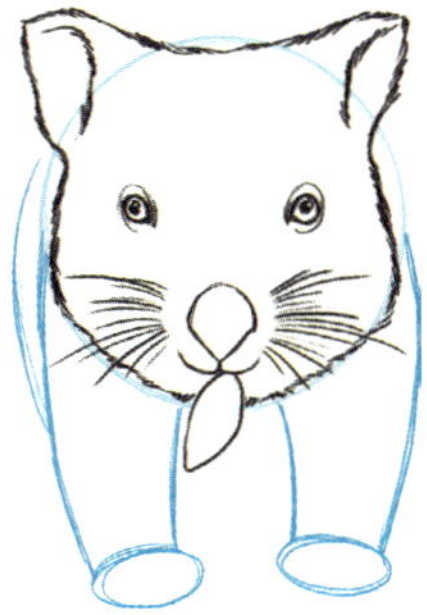

7 Das Gesicht ebenso stricheln. Die Ohrmuscheln durch kleine, gestrichelte Bögen andeuten.

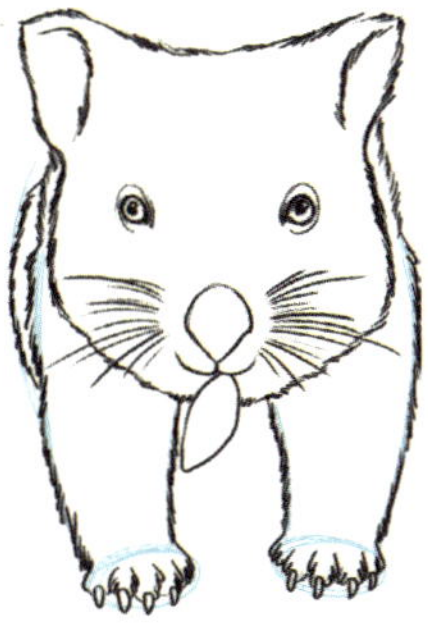

8 Die übrigen Konturen von Körper und Beinen ebenfalls stricheln. Pelzige Zehen und Krallen hinzufügen.

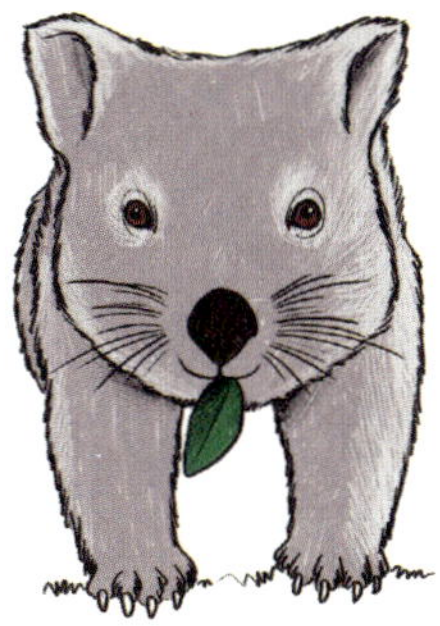

9 Den Körper in Grau kolorieren. Braun für die Augen verwenden, dunkleres Braun für die Nase und Grün für das Blatt.

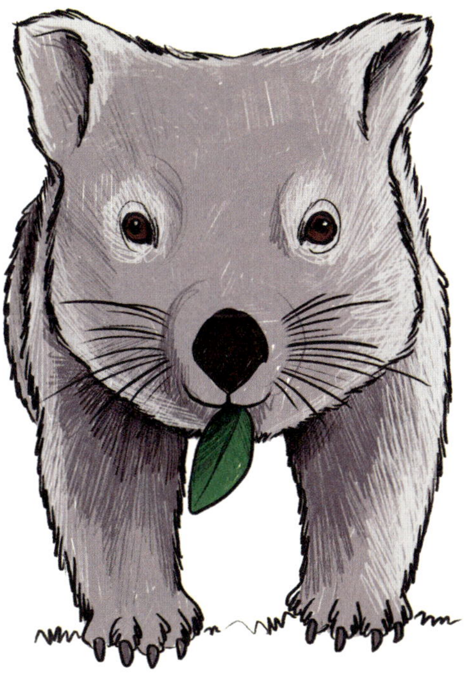

10 Zuletzt einige Schatten mit dunkleren Farbtönen einfügen.

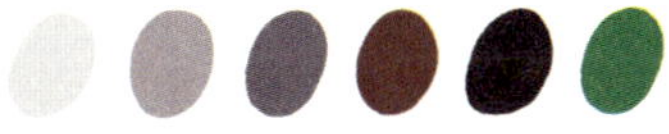

Zebra

Ein Kreis, ein Kegel und ein Bogen – mehr ist nicht nötig, um die Proportionen des Kopfes dieses Zebrafohlens gut zu treffen.

1 Einen kleinen Kreis für die Schnauze zeichnen. Darüber eine Kegelform für die Nase hinzufügen.

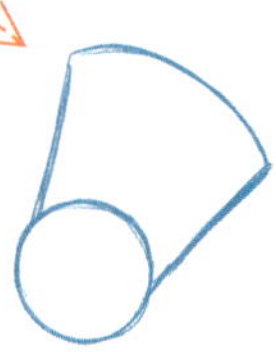

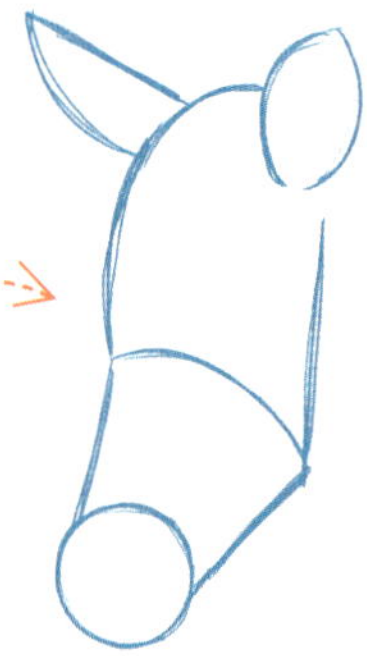

2 Den oberen Teil des Kopfes mit zwei Strichen skizzieren. Die Ohren andeuten.

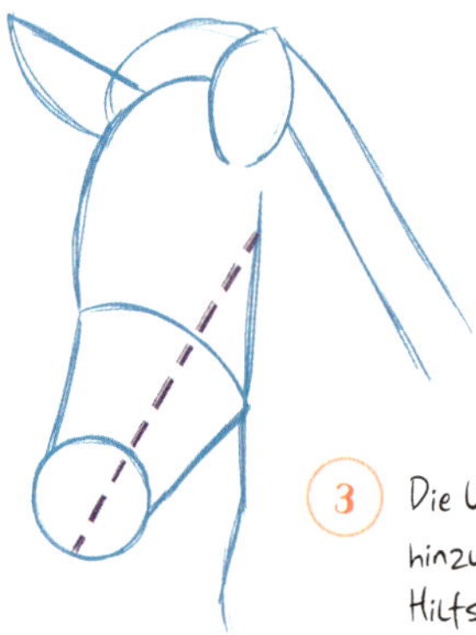

3 Die Umrisse von Hals und Mähne hinzufügen. Dann die gestrichelten Hilfslinien einzeichnen, um die Gesichtszüge richtig zu positionieren.

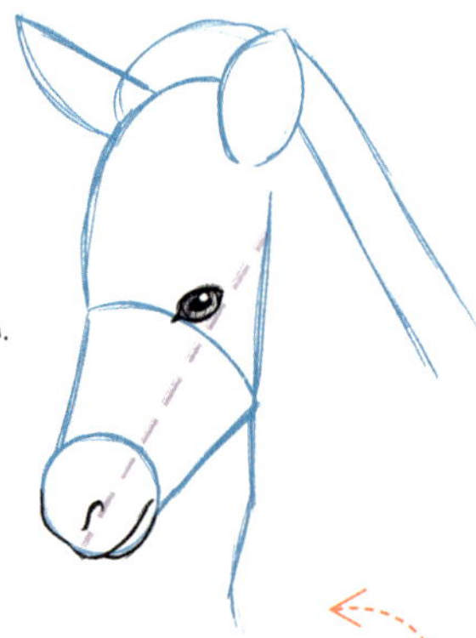

4 Das Auge zeichnen. Eine schwarze Pupille mit einem kleinen Lichtreflex einfügen. Die Schnauze innerhalb des vorgezeichneten Kreises genauer zeichnen und den geschwungenen Mund und die Nasenlöcher hinzufügen.

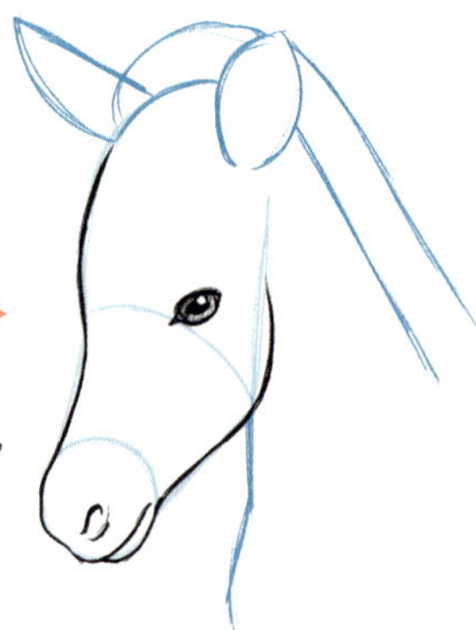

5 Das Gesicht weiter ausarbeiten, dabei die geschwungene Wange berücksichtigen.

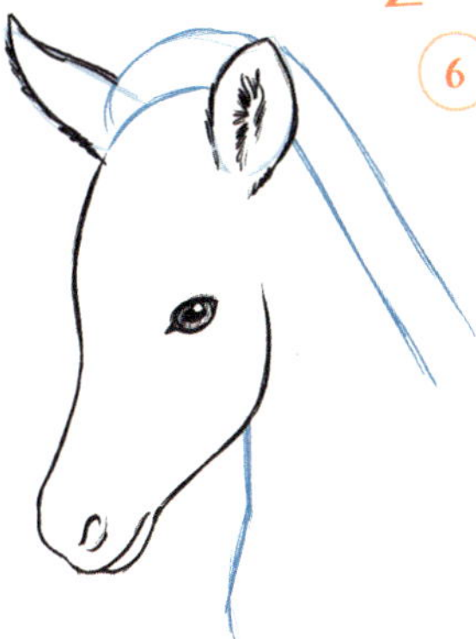

6 Die Umrisse der Ohren mit kurzen Strichen nacharbeiten, um das Fell anzudeuten. Etwas Fell im Inneren der Ohren hinzufügen.

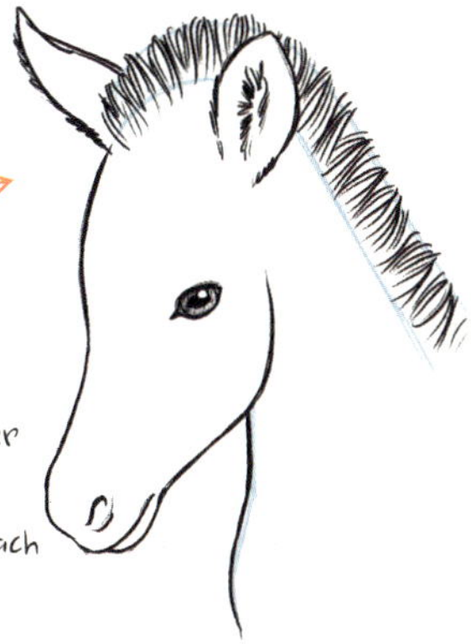

7 Für die Mähne kurze, gerade Striche von der Kopf- und Halskontur nach oben zeichnen.

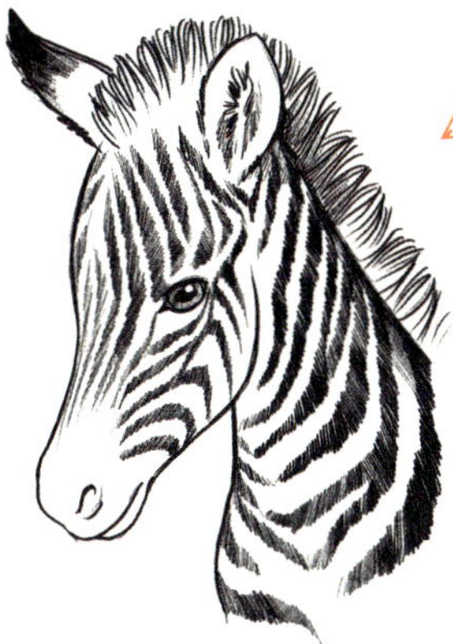

8 Dunkle Streifen auf Kopf und Hals hinzufügen und die Spitze eines Ohrs abdunkeln.

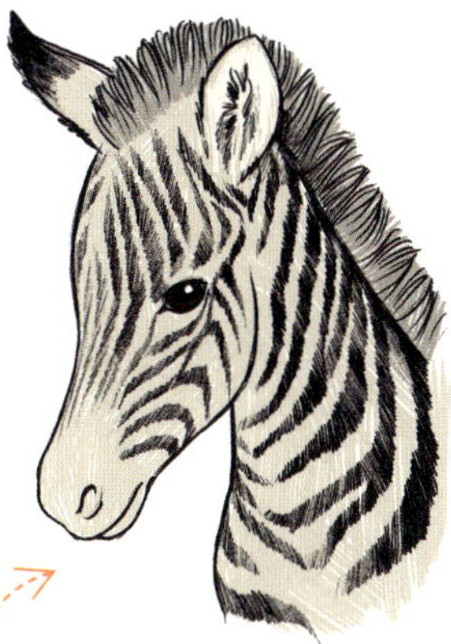

9 Kopf und Hals in einem hellen Sandton kolorieren, die Mähne in Grau.

10 Für die Spitzen der Ohren und die Nase Braun verwenden. Zuletzt den Ansatz der Mähne etwas dunkler schattieren.

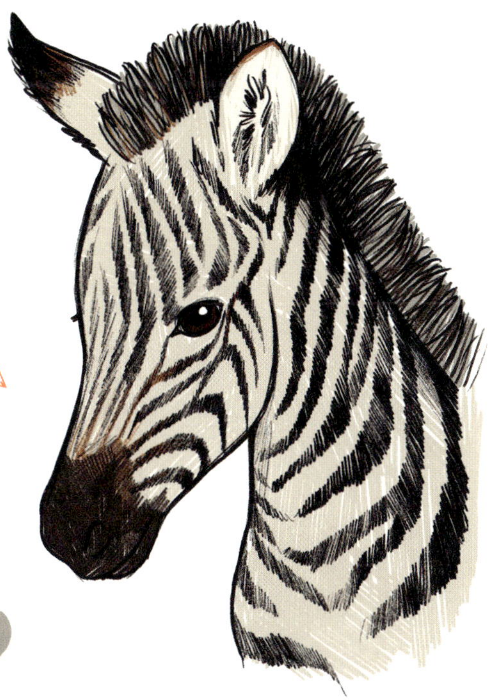

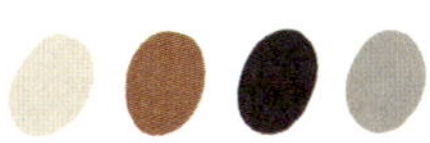

Gepard

An diesem bezaubernden Gepardenjungen können Sie das Zeichnen von weichem Fell gut üben.

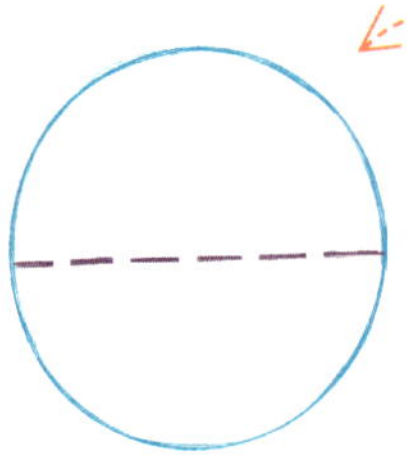

1 Mit einem Kreis für den Kopf beginnen. Eine gestrichelte Hilfslinie in der Mitte einfügen.

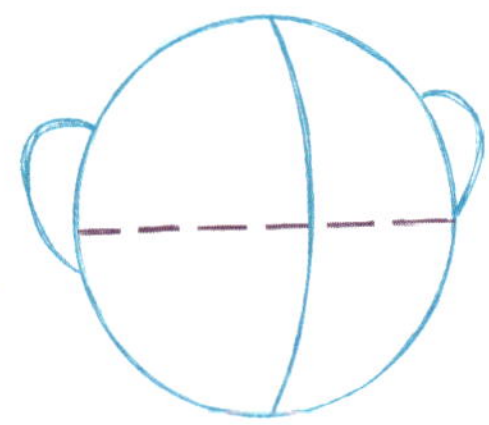

2 Eine gekrümmte, senkrechte Mittellinie einzeichnen und zwei kleine Halbkreise für die Ohren anfügen.

3 Für die Augen zwei Kreise oberhalb der horizontalen Hilfslinie einzeichnen, darunter ein Oval für die Schnauze setzen. Den Hals mit geraden Strichen andeuten.

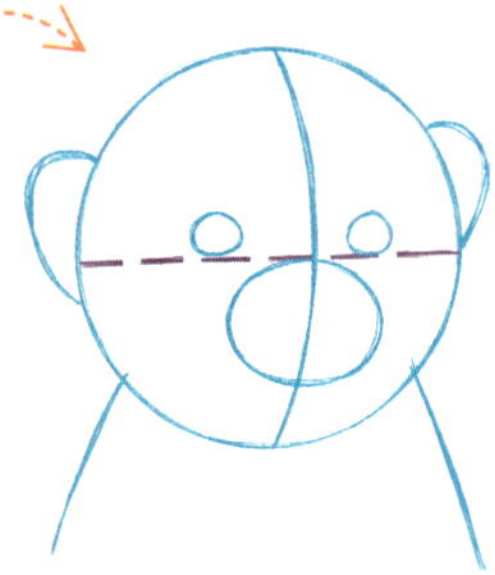

4 Die Augen genauer ausarbeiten. Die schwarzen Pupillen mit den winzigen Lichtreflexen nicht vergessen.

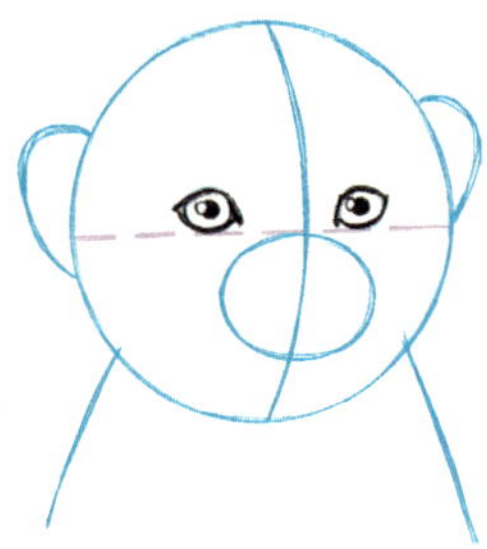

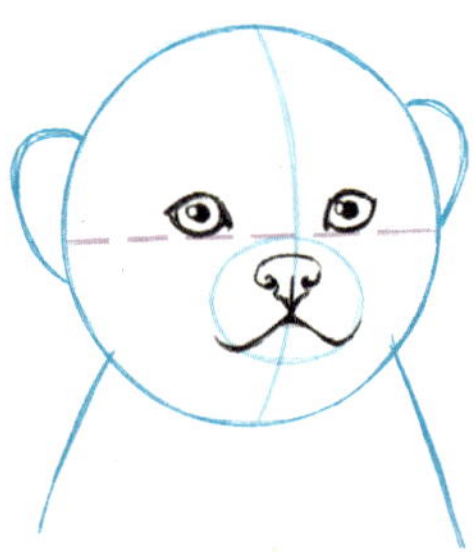

5 Die Nase und den Mund in die ovale Hilfslinie einzeichnen.

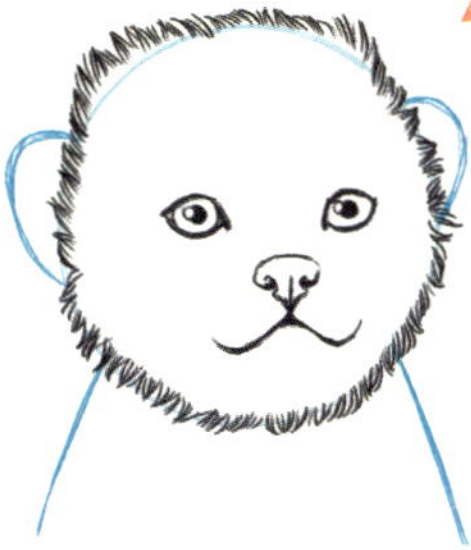

6 Das Fell durch viele kleine Striche um die Kopfkontur herum andeuten. Dabei die Länge der Striche variieren, um ein natürliches Aussehen zu erzielen.

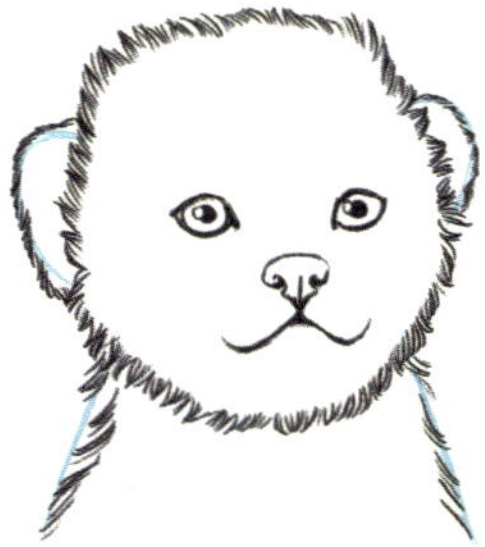

7 Das Fell an Ohren und Hals ebenso stricheln.

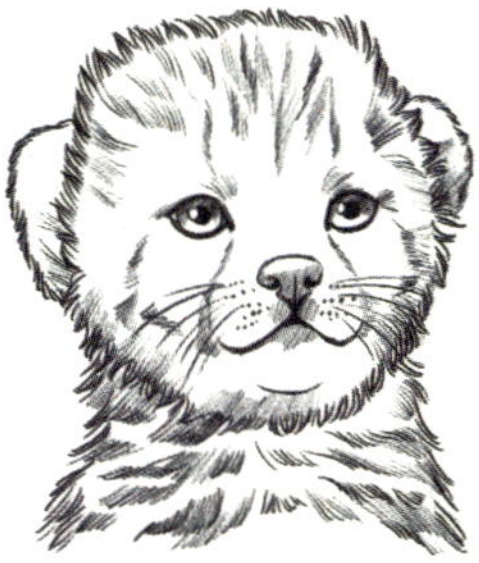

8 Nun das Fell auf dem restlichen Körper einfügen. Die Striche folgen immer der Wuchsrichtung der Haare. Je mehr Striche Sie einfügen, desto detaillierter wird das Fell erscheinen. Schwarze Schnurrhaare einzeichnen und winzige Punkten um ihren Ansatz verteilen.

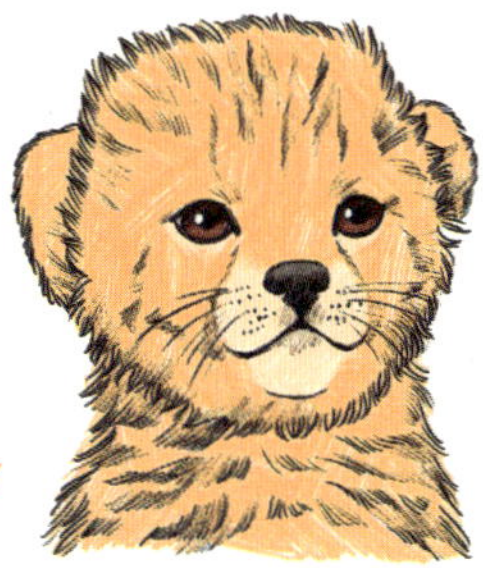

9 Den Geparden mit Beige kolorieren. Eine hellere Farbe für die Schnauze und unter den Augen verwenden. Die Augen braun eintönen und für die Nase ein dunkles Grau wählen.

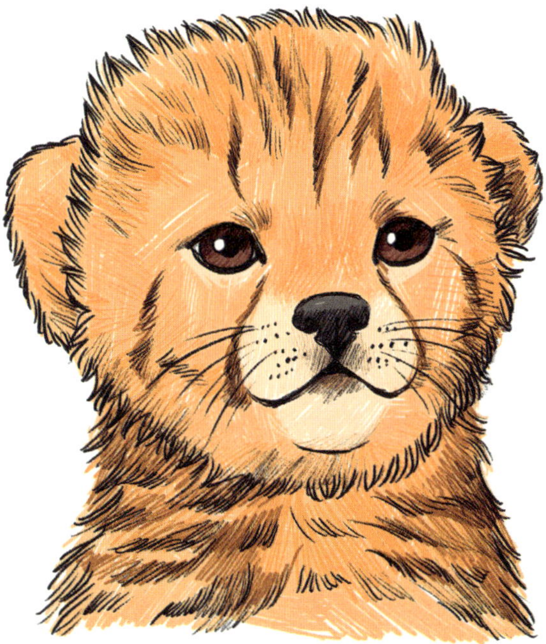

10 Zuletzt einige dunklere Töne um die Nase, den Kopf und den Hals herum einfügen.

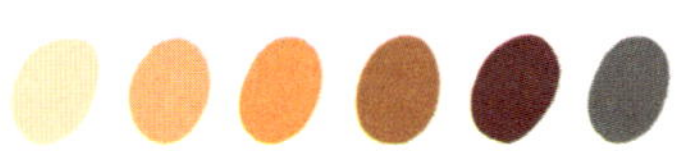

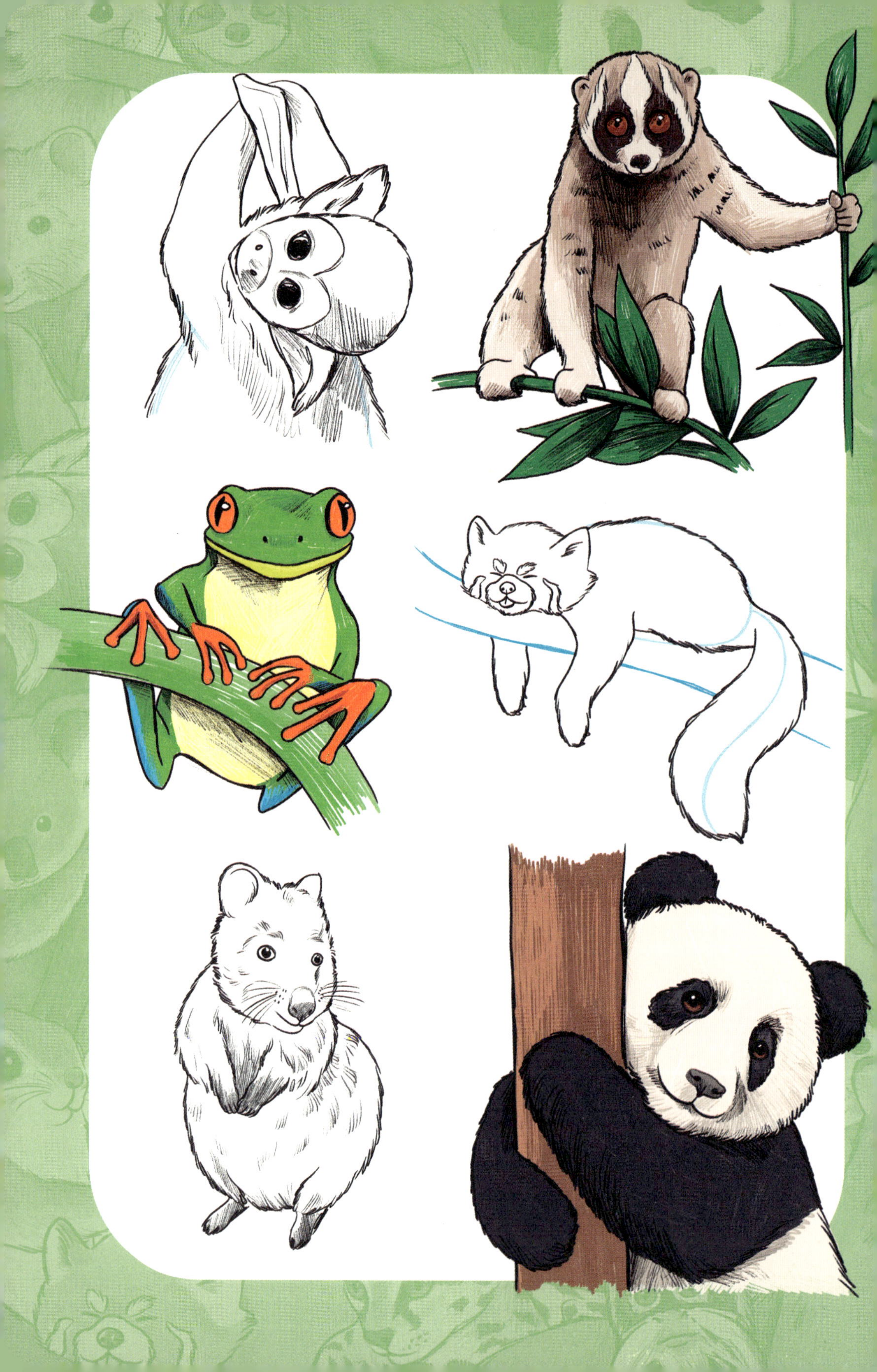

Wald & Gebirge

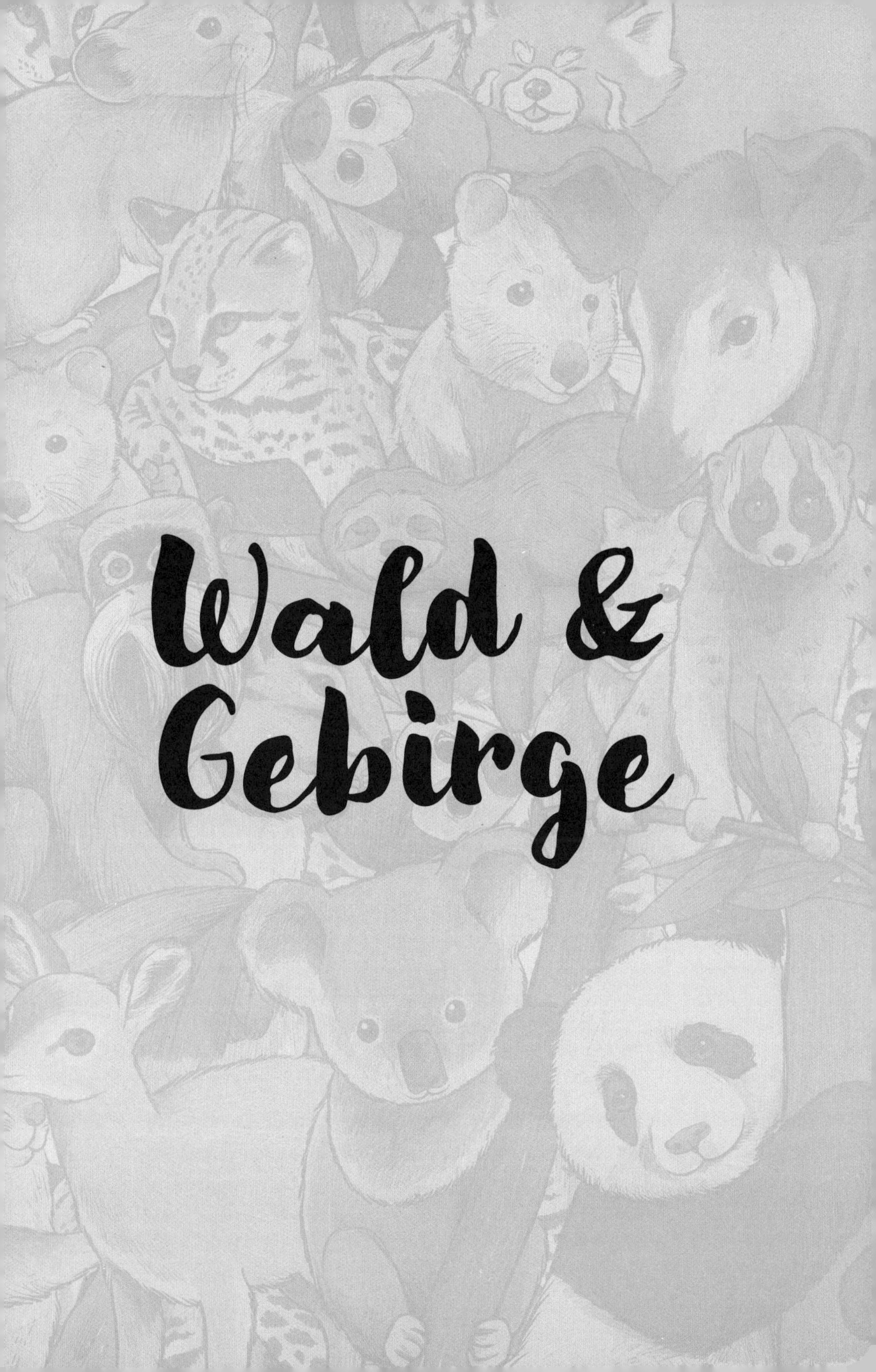

Flughörnchen

Mit den großen pechschwarzen Augen und der rosa Nase ist das sibirische Flughörnchen eins der niedlichsten Tiere der Erde.

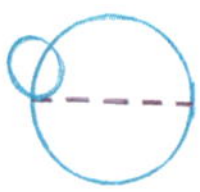

1 Mit einem Kreis für den Kopf beginnen. Eine gestrichelte Hilfslinie hineinzeichnen und oben links ein kleines Oval für das Ohr hinzufügen.

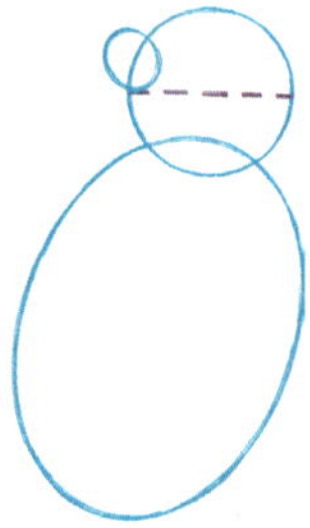

2 Als Hilfslinie für den Körper ein längliches Oval zeichnen, das den Kopf leicht überlappt.

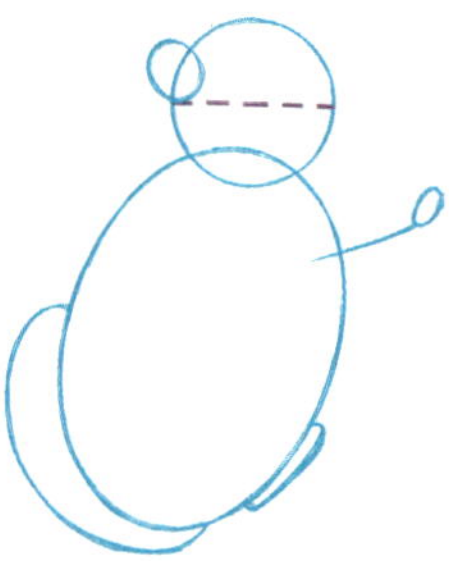

3 Den Arm mit einem Strich andeuten und ans Ende einen Kreis für die Vorderpfote setzen. Am unteren Körper eine Hilfslinie für den Schwanz skizzieren und ein flaches Rechteck für den Fuß anfügen.

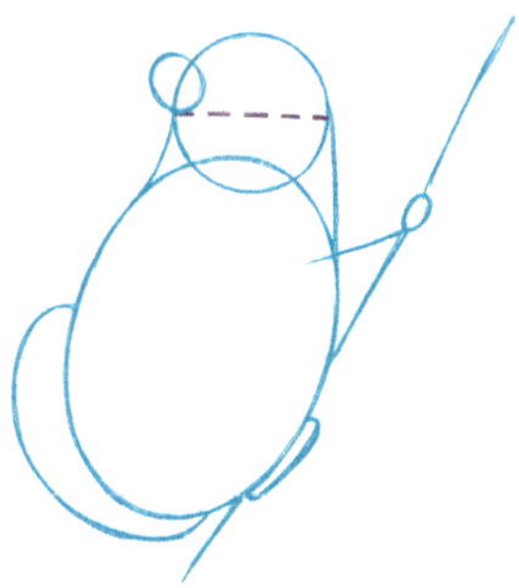

4 Die ovalen und kreisförmigen Hilfslinien verbinden, um den Hals zu erhalten. Für den Zweig auf der rechten Seite einen langen Strich hinzufügen.

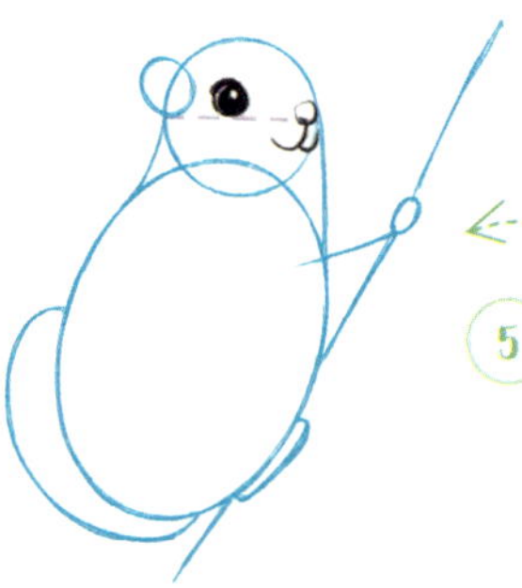

5 Das runde Auge direkt über die horizontale Hilfslinie andeuten. Die große, schwarze Pupille mit einem Lichtreflex hinzufügen. Die Nase und den Mund zeichnen.

6 Die Kontur von Kopf und Ohr mit kurzen Strichen nacharbeiten, um das Fell anzudeuten. Die Ohrmuschel durch einen Bogen andeuten.

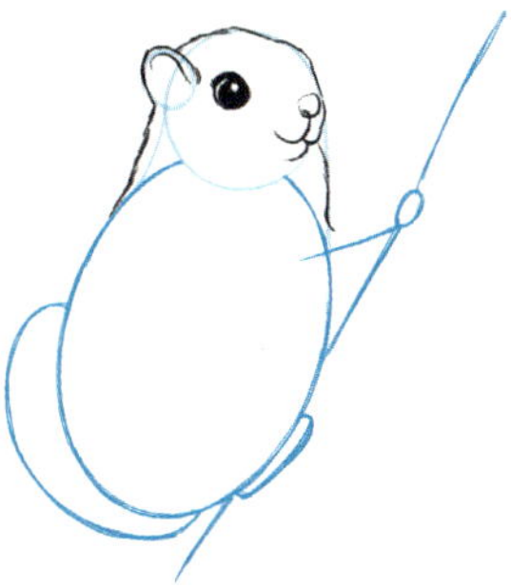

7 Vorder- und Hinterbeine anhand der Hilfslinien genauer ausarbeiten. An beiden Füßen kleine Zehen hinzufügen.

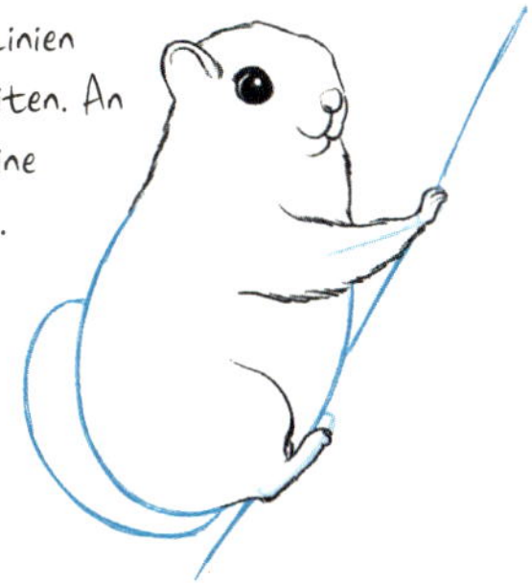

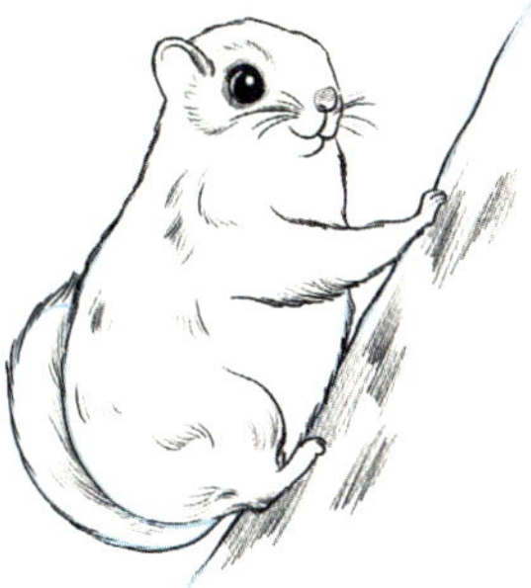

8 Den Umriss des restlichen Körpers und die Schwanzkontur stricheln. Mit geschwungenen Strichen das Fell auf dem Körper andeuten. Die zarten Schnurrhaare einzeichnen. Schatten auf dem Zweig hinzufügen.

9 Das Flughörnchen mit hellen Beige- und Brauntönen kolorieren. Für die Nase einen Pfirsichton verwenden.

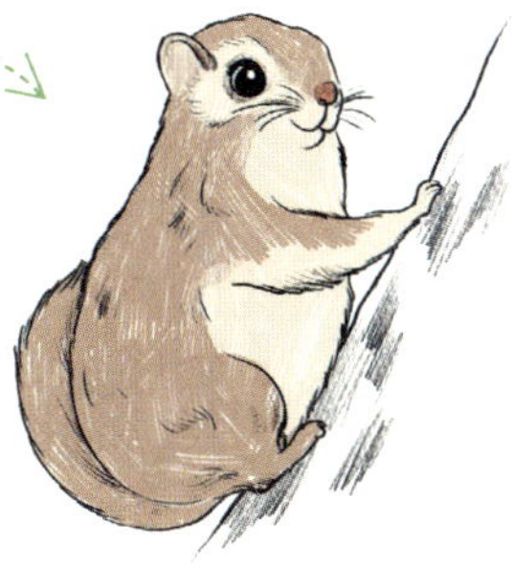

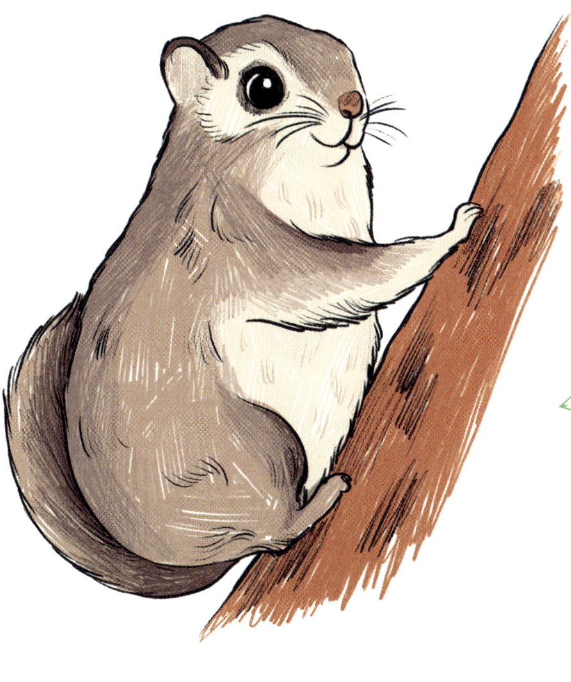

10 Zuletzt einige dunklere Töne einfügen, um eine Tiefenwirkung zu erzeugen. Den Zweig in einem helleren Braun kolorieren.

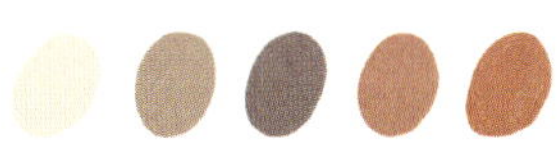

Quokka

Das Quokka, das nur in Westaustralien vorkommt, ist etwa so groß wie eine Hauskatze. An diesem Tier kann man das Zeichnen von Fell gut üben.

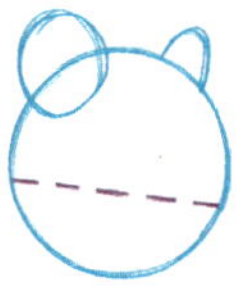

1 Mit einem Kreis für den Kopf beginnen. In der unteren Hälfte eine schräge gestrichelte Hilfslinie einzeichnen. Ein Oval und einen Halbkreis oben für die Ohren hinzufügen.

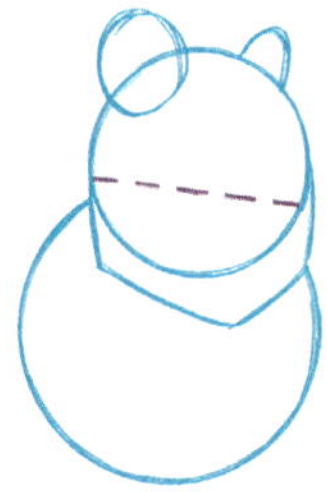

2 Eine kantige Form für den Kiefer anfügen, dann darunter einen größeren Kreis für die Brust zeichnen.

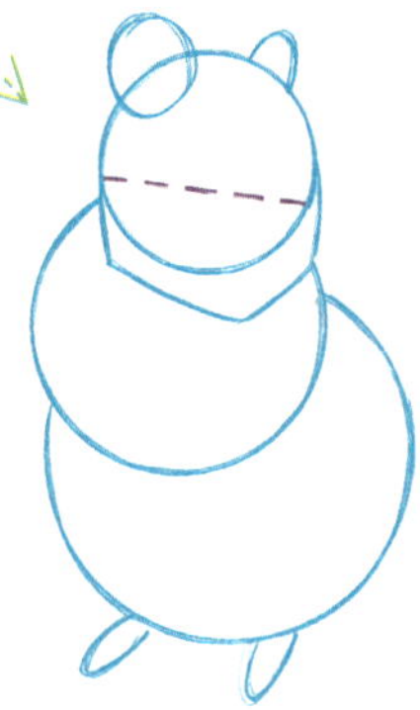

3 Einen weiteren, etwas größeren Kreis unterhalb der Brust hinzufügen, er dient als Orientierung für den hinteren Körper. Zwei schmale Ovale für die Füße andeuten.

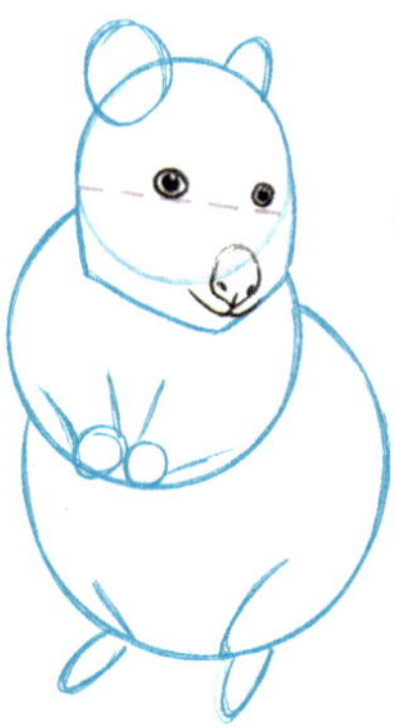

4 Die Augen oberhalb der horizontalen Linie einzeichnen. Sie haben schwarze Pupillen mit weißen Lichtreflexen. Die Nase, die Nasenlöcher und den Mund einzeichnen.

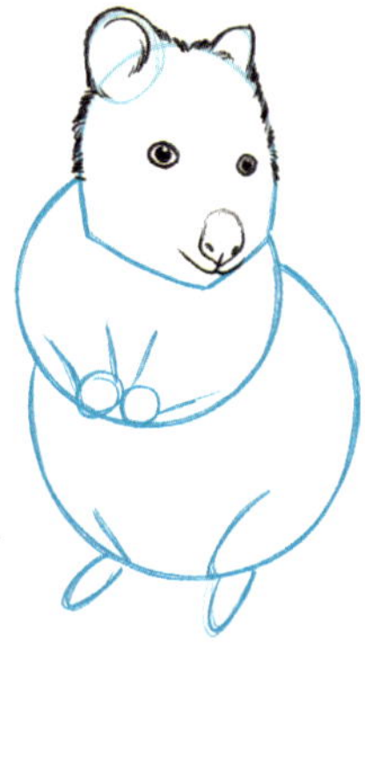

5 Für das Fell die Kontur von Kopf und Ohren mit kurzen Strichen nachzeichnen. Ein kleiner Bogen für das vordere Ohr.

6 Die Konturen von Kiefer und Brust stricheln. Die pelzigen Arme und zierlichen Hände ausarbeiten. Mit kleinen Punkten den Ansatz der Schnurrhaare darstellen.

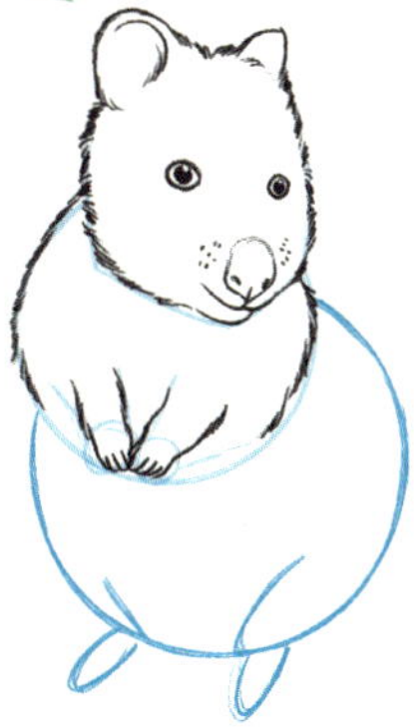

7 Aus den restlichen Kreisen die Formen des Körpers und die Hinterbeine entwickeln.

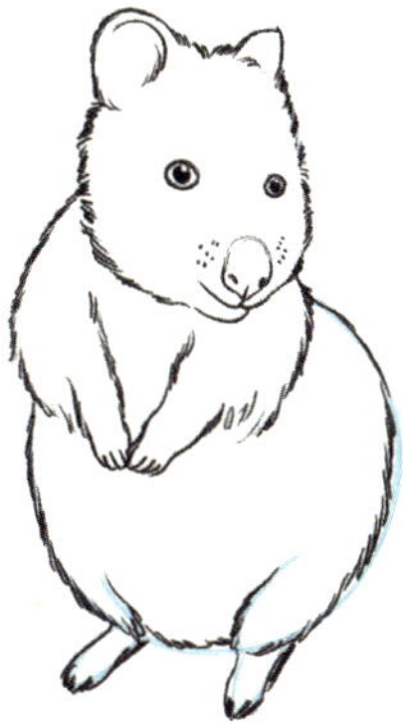

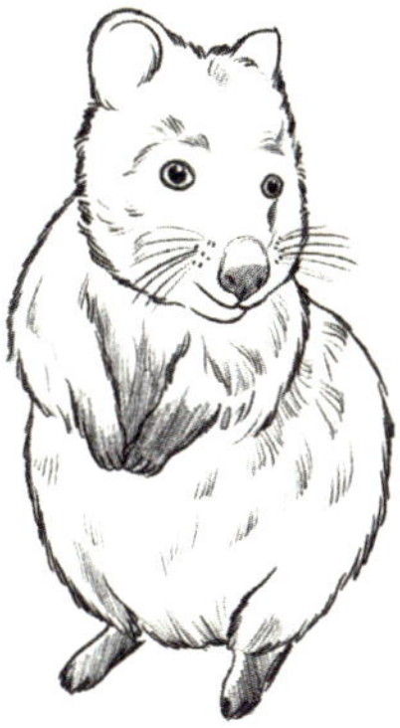

8 Erste Schattierungen hinzufügen, um Fellflecken darzustellen. Sie sollten so angeordnet sein, dass der rundliche Körper betont wird. Lange, zarte Schnurrhaare hinzufügen.

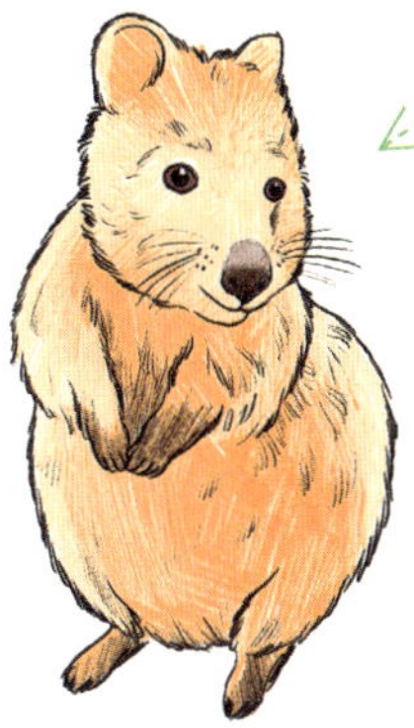

9 Das Fell mit einem gelblichen Beige kolorieren und mit einem Hellbraun stellenweise abdunkeln. Die Augen und die Nase braun eintönen.eintönen.

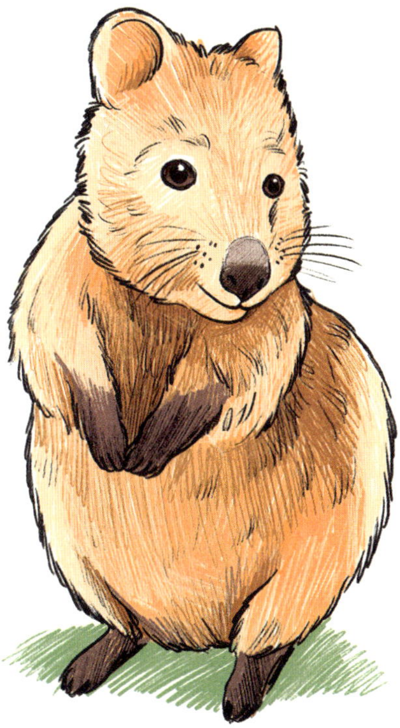

10 Die Schattenbereiche mit dunkleren Tönen herausarbeiten. Für die Füße ein dunkleres Braun verwenden. Das Gras unter dem Tier mit einigen lockeren Strichen andeuten.

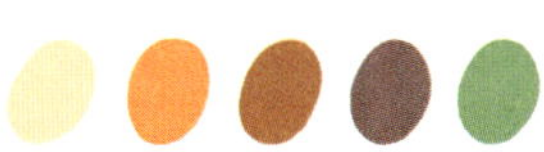

Saguinus Imperator

Zu seinem Namen soll der Kaiserschnurrbarttamarin gekommen sein, weil er mit seinem langen Schnurrbart aussieht wie der letzte deutsche Kaiser Wilhelm II

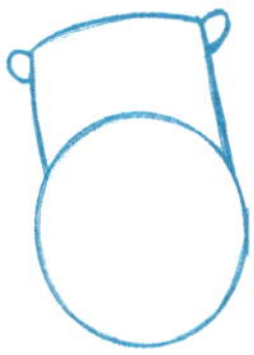

1 Mit einem Kreis für den Bart beginnen. Darüber einen quadratischen Kopf und an den Seiten zwei kleine Ovale für die Ohren hinzufügen.

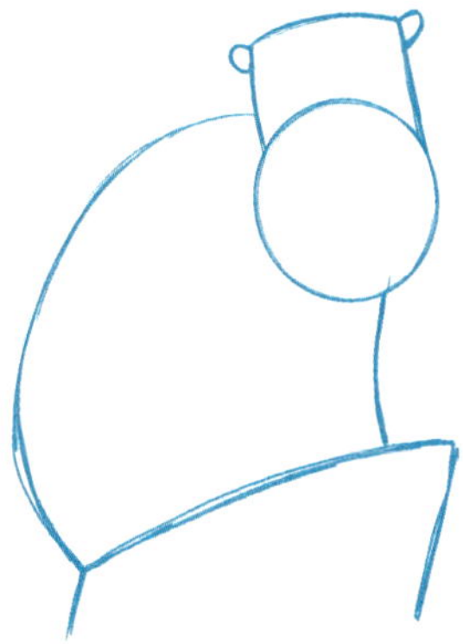

2 Den Körper mit zwei Bögen andeuten. Den Baumstamm, auf dem der Tamarin sitzt, mit drei geraden Strichen skizzieren.

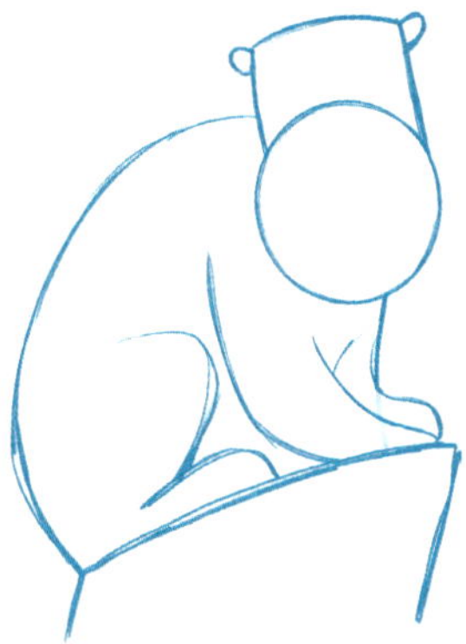

3 Die Beine mit Bögen andeuten, wie auf der Abbildung.

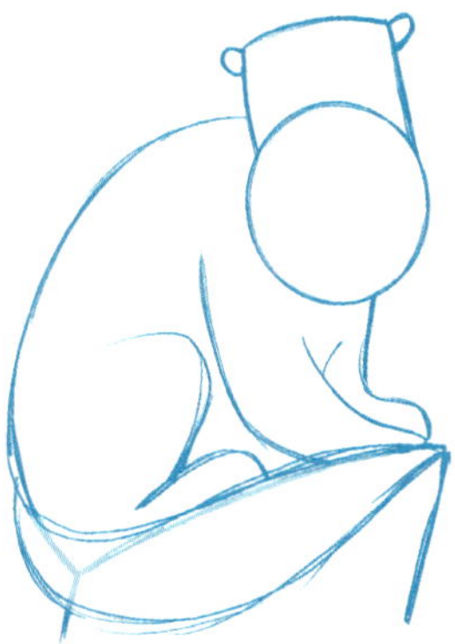

4 Zwei weitere Bögen bilden die Umrisse des Schwanzes.

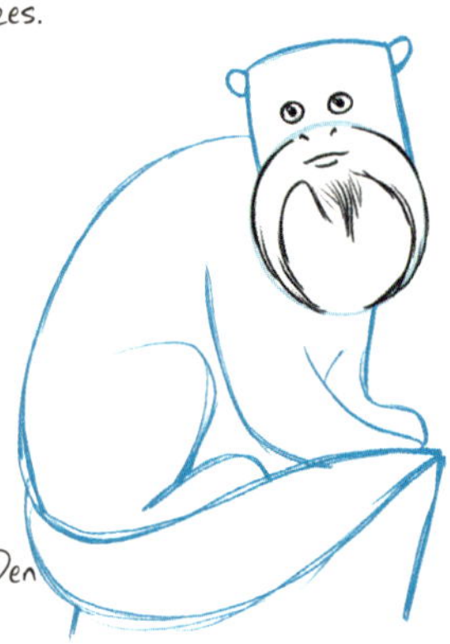

5 Die Augen einzeichnen, dabei die kleinen weißen Lichtreflexe nicht vergessen. Den Bart mit gekrümmten Strichen zeichnen.

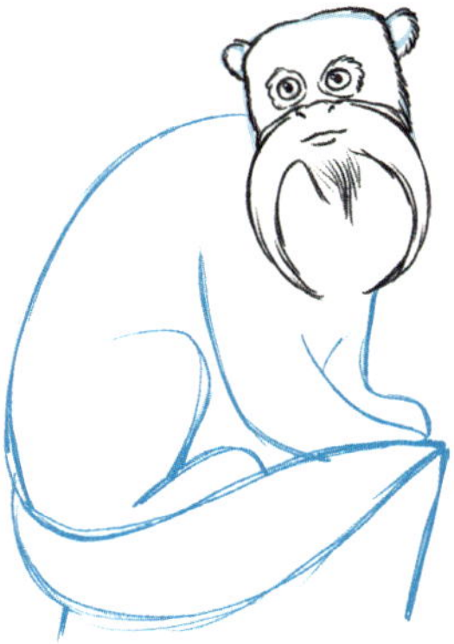

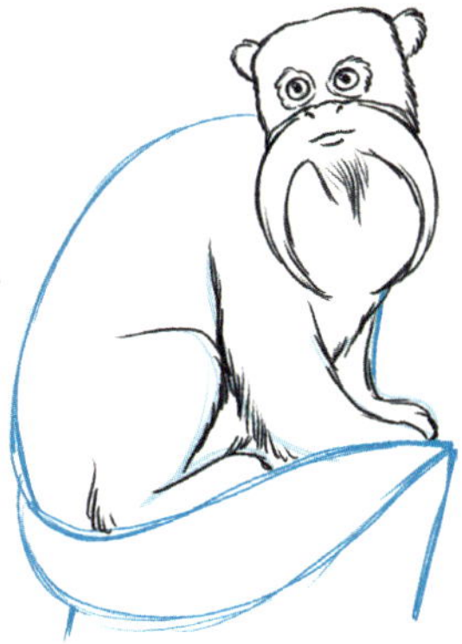

6 Die Kontur von Kopf und Ohren mit kurzen, schnellen Strichen nachzeichnen, um das Fell anzudeuten. Gewellte Kreise um die Augen herum hinzufügen.

7 Das Fell an den Beinen ebenso andeuten, aber mit etwas längeren Strichen.

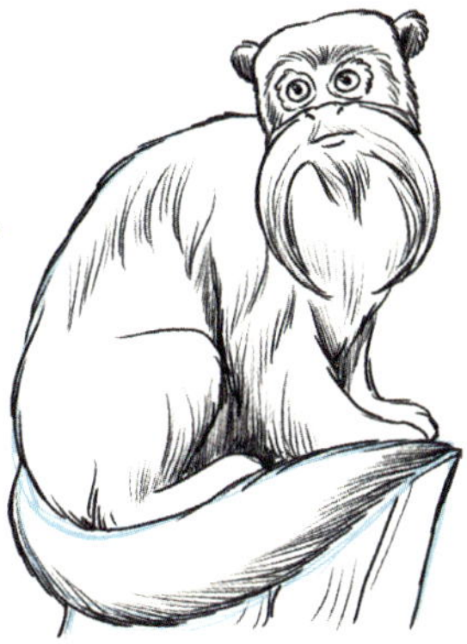

8 Die restlichen Umrisse des Körpers stricheln und auf den Flächen einige längere Striche für das Fell einzeichnen. Die Schattenbereiche leicht abdunkeln.

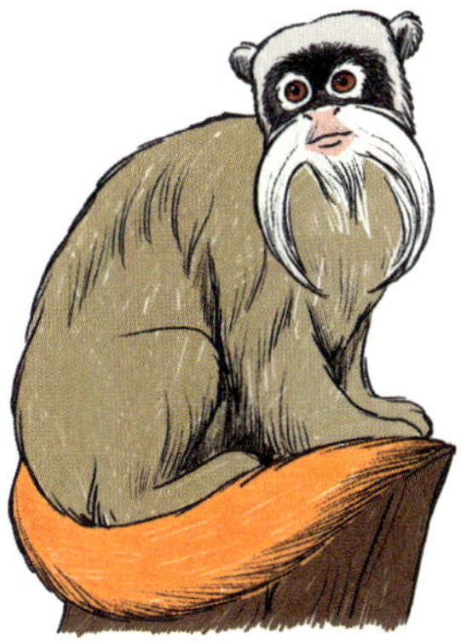

9 Den Körper mit einem Olivton kolorieren. Für die Maske im Gesicht Dunkelgrau verwenden und für den Schwanz helles Orange. Den oberen Teil des Kopfes, die Augenpartie und den Bart in einem hellen Grau eintönen. Die Augen braun und die Nase und den Mund rosa kolorieren.

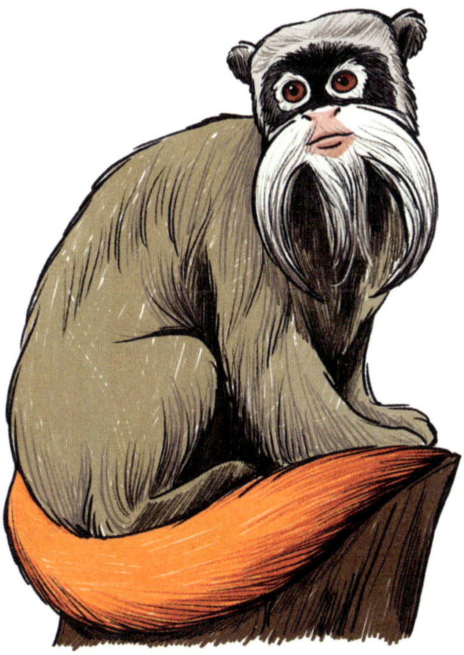

10 Zuletzt einige dunklere Töne auf dem Fell einfügen.

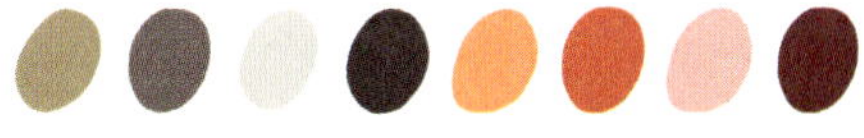

Roter Panda

Der rote Panda lebt in den Gebirgswäldern Asiens. Sein dichtes Fell und der lange, buschige Schwanz halten ihn schön warm.

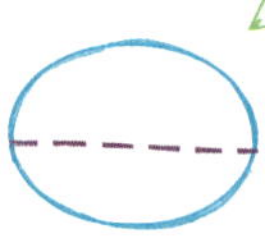

1 Mit einem Oval für den Kopf beginnen. In der Mitte eine gestrichelte Linie einzeichnen.

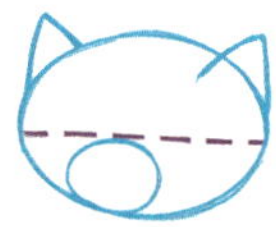

2 Zwei Dreiecke für die Ohren und einen kleinen Kreis für die Schnauze hinzufügen.

3 Rechts ein längliches Oval für den Körper anfügen.

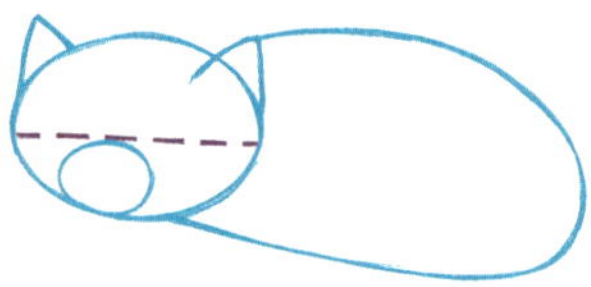

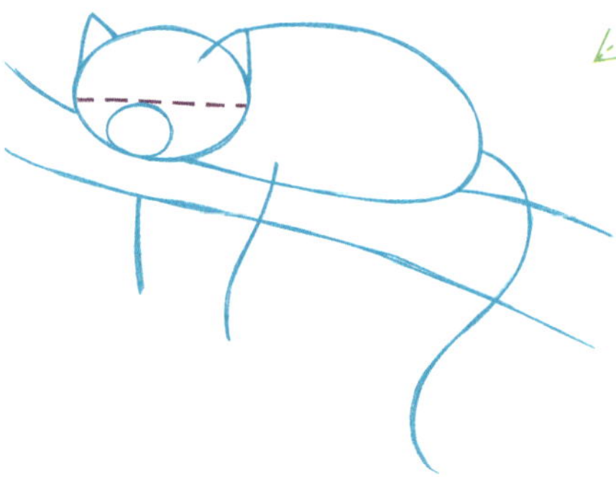

4 Den Ast mit zwei Linien andeuten. Dann zwei Striche für die Vorderbeine skizzieren, eine auf jeder Seite des Astes, und eine lange, gewellte Linie für den Schwanz.

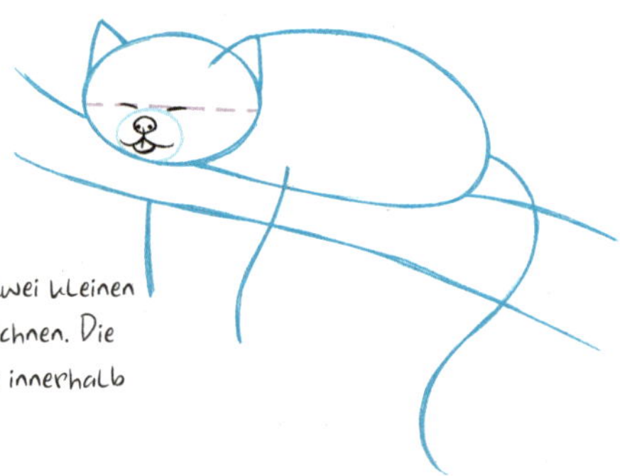

5 Die geschlossenen Augen mit zwei kleinen Bögen auf der Hilfslinie einzeichnen. Die Nase, den Mund und die Zunge innerhalb der Schnauzenlinie einfügen.

6 Die Umrisse der Ohren mit kurzen Strichen nachzeichnen, um das Fell anzudeuten. Einige Haare in den Ohrmuscheln einfügen. Auch die Konturen der Schnauze stricheln. Pelzige Augenbrauen einzeichnen.

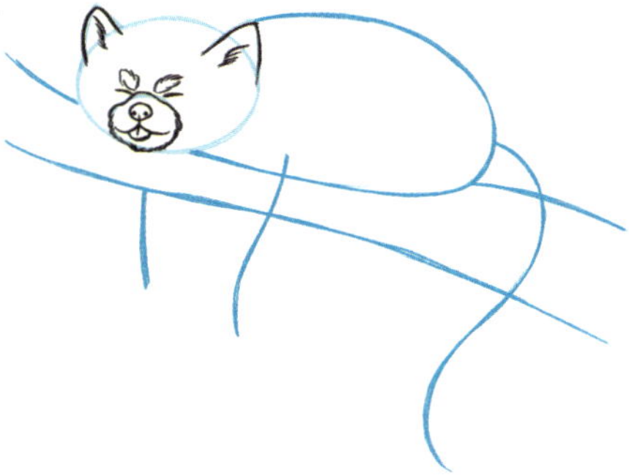

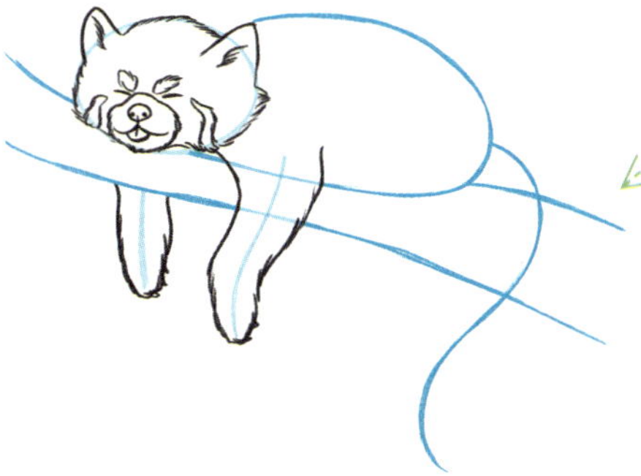

7 Die restliche Kontur des Kopfs stricheln. Das Fellmuster auf den Wangen einzeichnen. Die Vorderbeine anhand der Hilfslinien ausarbeiten. Sie hängen auf beiden Seiten des Astes herab.

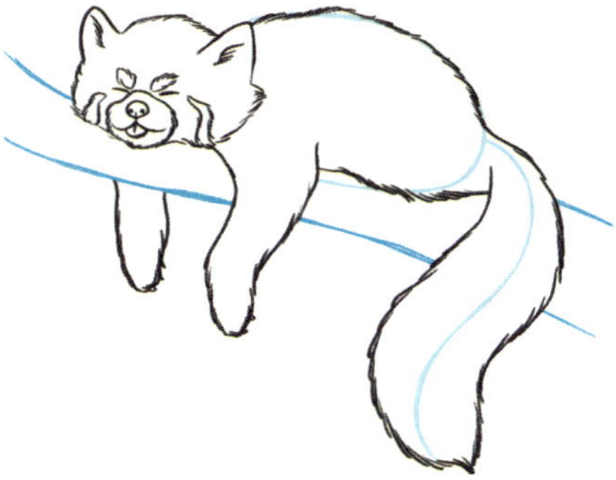

8 Die übrigen Umrisse des Körpers stricheln und den buschigen Schwanz ausarbeiten.

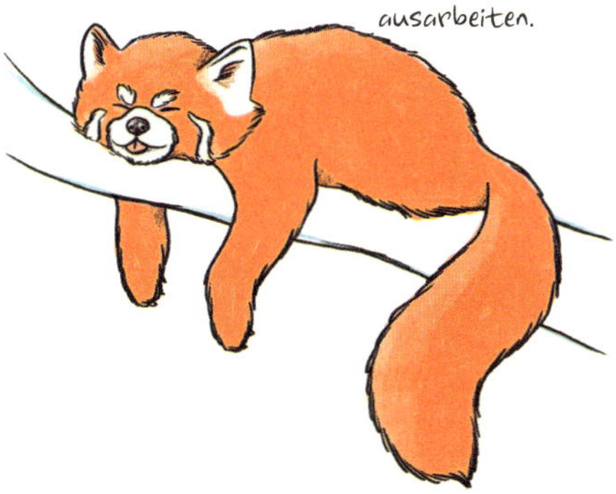

9 Den Umriss des Astes dunkler nachziehen. Den Panda mit Orange kolorieren, dabei bleiben Augenbrauen, Schnauze und Wangenzeichnung vorerst weiß. Diese Bereiche mit etwas Grau blass eintönen. Für die Zunge Rosa verwenden.

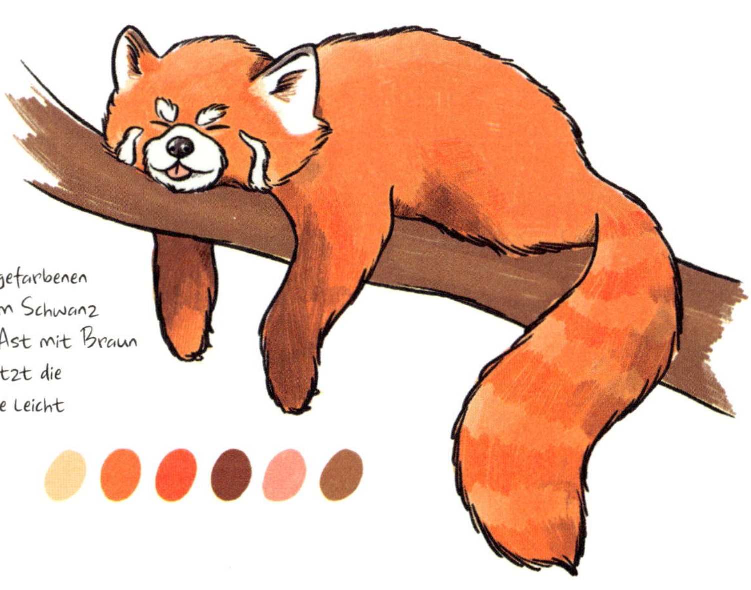

10 Die dunkel orangefarbenen Streifen auf dem Schwanz hinzufügen. Den Ast mit Braun kolorieren. Zuletzt die Schattenbereiche leicht abdunkeln.

Langschwanzkatze

Diese kleine Wildkatze aus Mittel- und Südamerika hat ein kurzes, glattes Fell mit dunkelbrauner und rötlicher Zeichnung. Beim Zeichnen des Fells und der Zeichnung die Striche immer in der Wuchsrichtung führen.

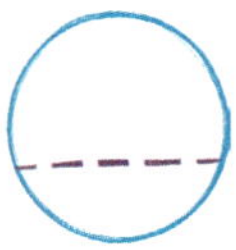

1 Mit einem Kreis für den Kopf beginnen. In der unteren Hälfte eine gestrichelte Hilfslinie einzeichnen.

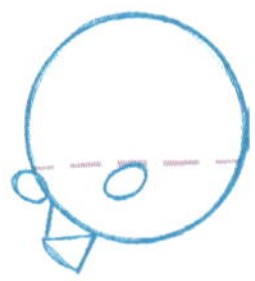

2 Unterhalb der Hilfslinie zwei kleine Ovale für die Augen andeuten, wie auf der Abbildung. Für die Nase links unten zwei kleine Dreiecke anfügen.

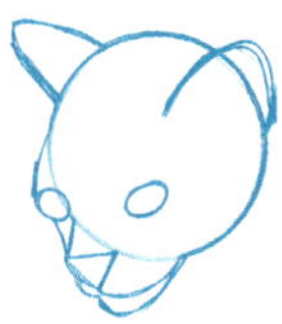

3 Zwei Bögen für die Ohren zeichnen. Augen und Nase mit einigen kurzen Bögen mit dem Kopfkreis verbinden, wie auf der Abbildung. Den Teil des Kreises zwischen diesen Punkten ausradieren.

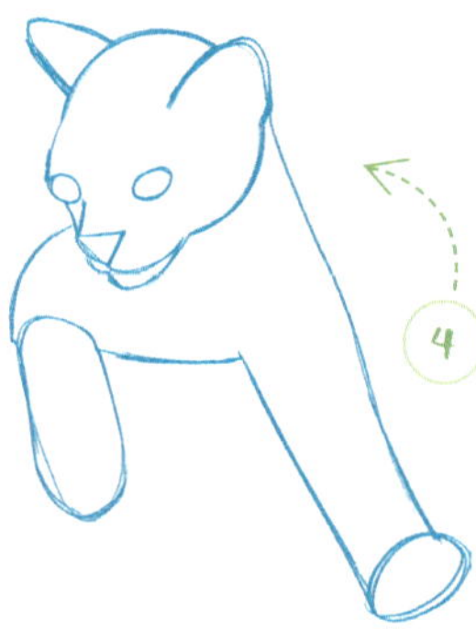

4 Hals und Beine mit groben Hilfslinien vorzeichnen.

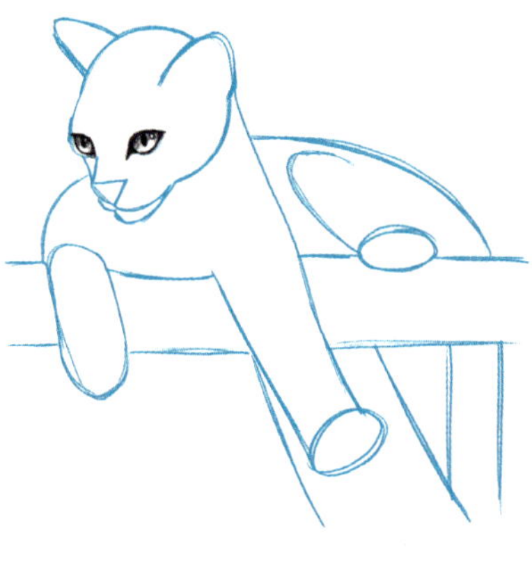

5 Die Äste des Baumes skizzieren. Kurven für den Rücken, den Schwanz und das Hinterbein hinzufügen. Die Augen ausarbeiten. Die Pupillen sind schwarz mit winzigen Lichtreflexen.

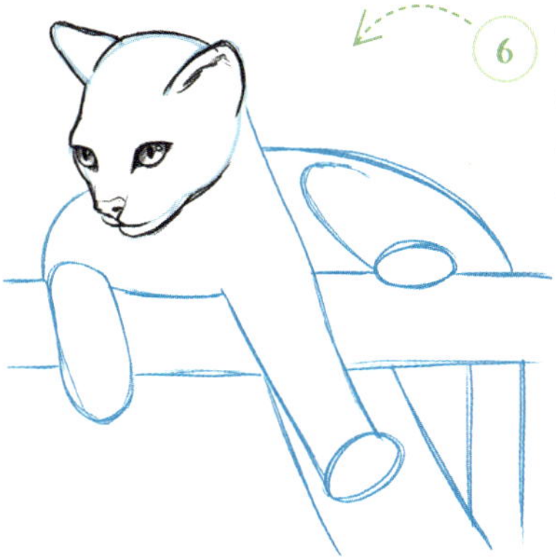

6 Die Umrisse von Kopf, Ohren, Nase und Mund genauer ausarbeiten. Den Rand der Ohrmuschel mit kurzen Strichen andeuten.

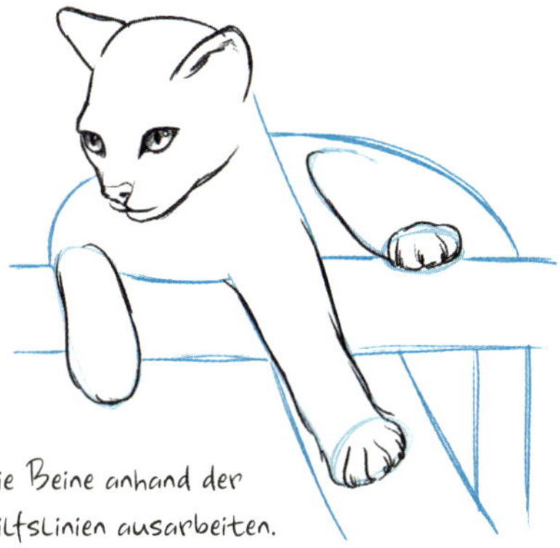

7 Die Beine anhand der Hilfslinien ausarbeiten. Füße mit pelzigen Zehen hinzufügen.

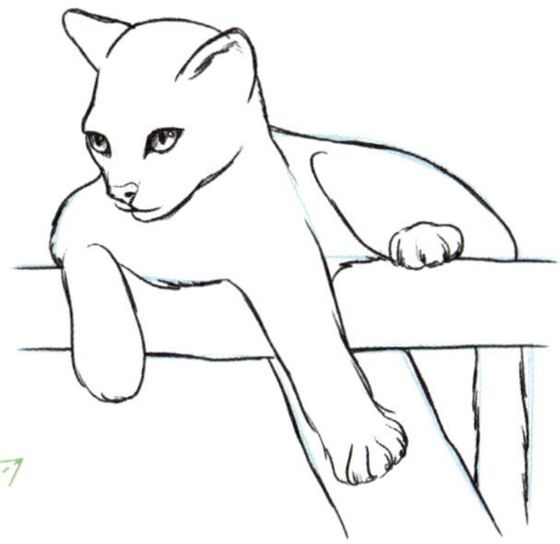

8 Die restlichen Körperkonturen deutlicher ausarbeiten. Die Linien der Äste abdunkeln.

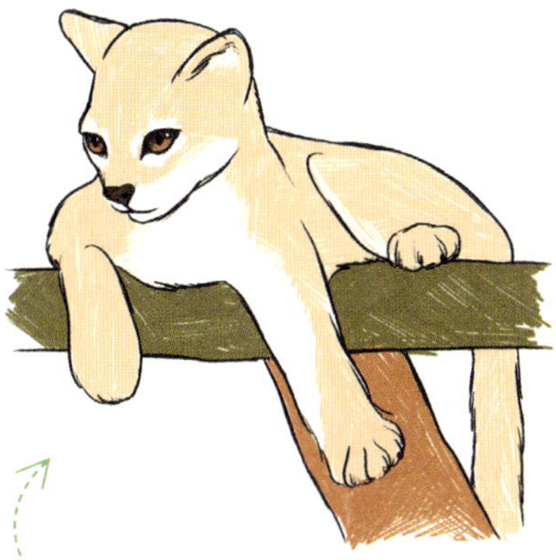

9 Den Körper in einem hellen Sandbeige grundieren, dabei einige Bereiche weiß lassen, wie auf der Abbildung. Für die Augen Braun verwenden. Die Äste grün und braun kolorieren.

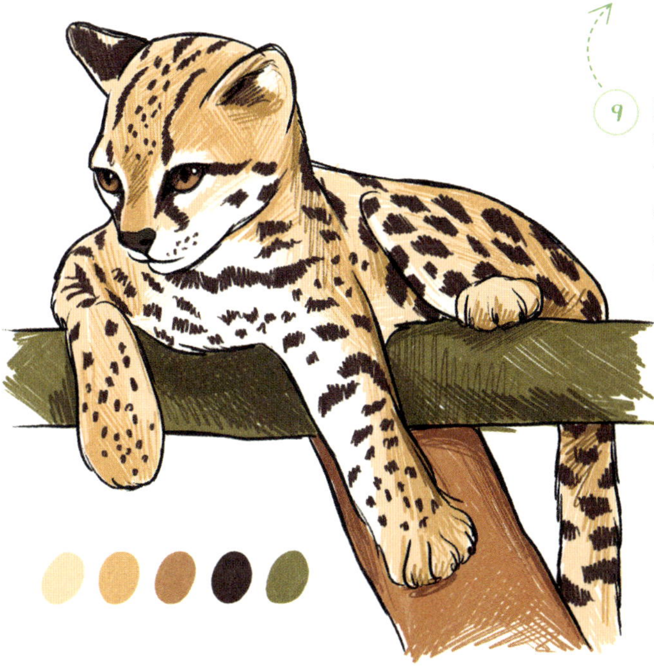

10 Den Körper etwas abdunkeln, dann die dunklen Rosetten- und Streifenzeichnungen hinzufügen. Zuletzt die Schatten abdunkeln.

Plumplori

Die großen, runden Augen dieses Primaten aus Südostasien kommen so gut zur Geltung, weil sie von einer dunklen Maske umrahmt sind.

1 Mit einem Kreis für den Kopf und zwei kleinen Bögen für die Ohren beginnen. Eine gestrichelte Hilfslinie in der Mitte hinzufügen.

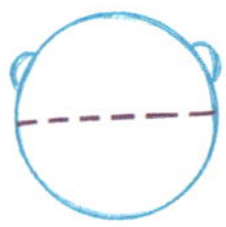

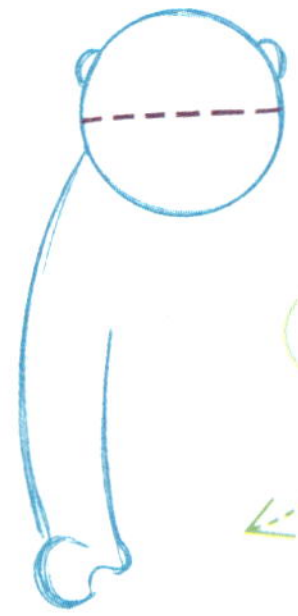

2 Den Arm mit zwei Bögen skizzieren. Am Ende eine schalenförmige Hand andeuten.

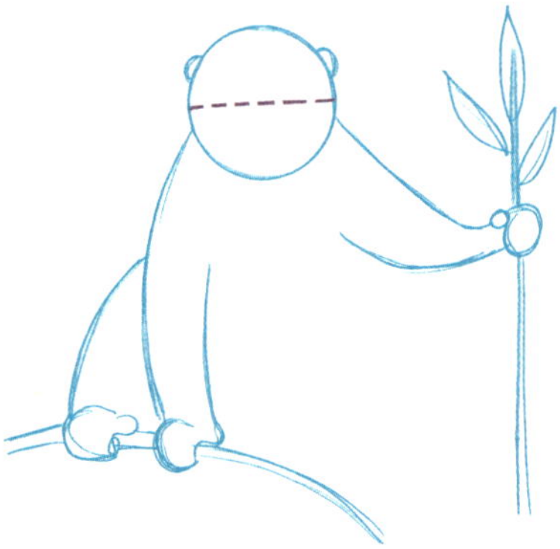

3 Den anderen Arm skizzieren. Hier hat die Hand eine ovale Form und hält einen Zweig. Das Hinterbein skizzieren. Der Fuß umfasst denselben Zweig.

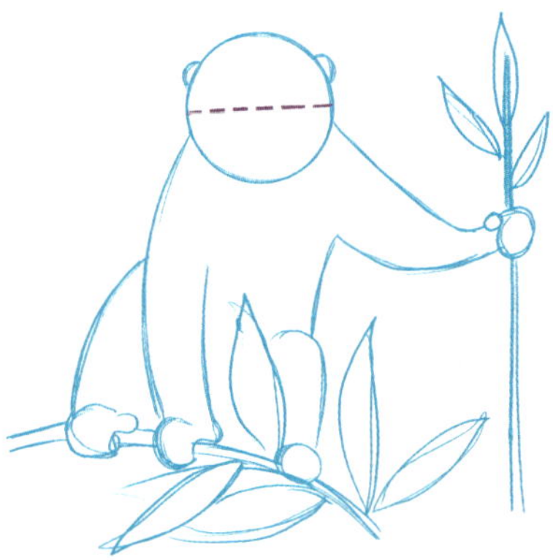

4 Einige Blätter an den unteren Zweig zeichnen. Dann das andere Hinterbein skizzieren. Auch dieser Fuß ruht auf dem Ast.

5 Die großen, runden Augen unterhalb der horizontalen Hilfslinie einzeichnen. Die kleinen schwarzen Pupillen mit weißen Lichtreflexen beachten. Die Nase und den gewellten Mund hinzufügen.

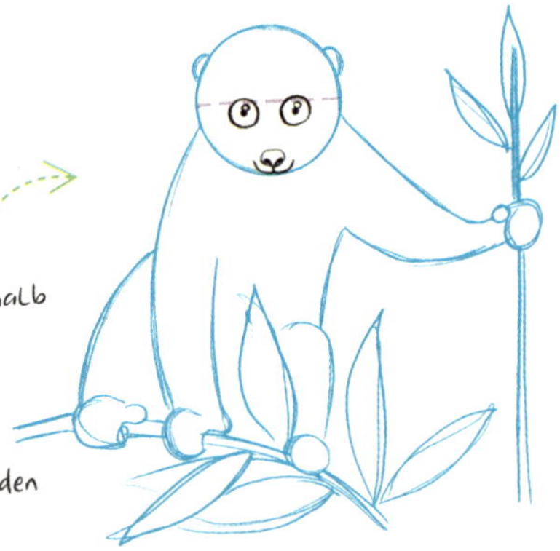

6 Die Kopfkontur mit kurzen Strichen nachzeichnen, um das Fell anzudeuten.

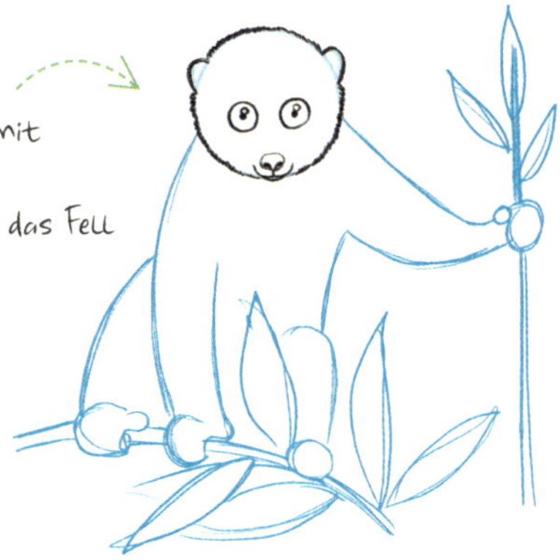

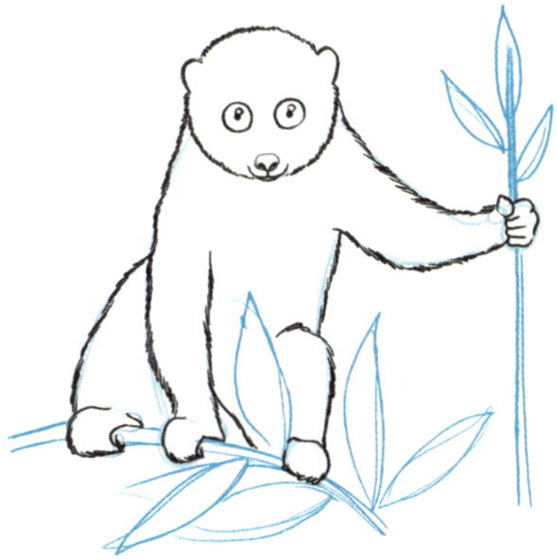

7 Die Körperkonturen ebenso stricheln.

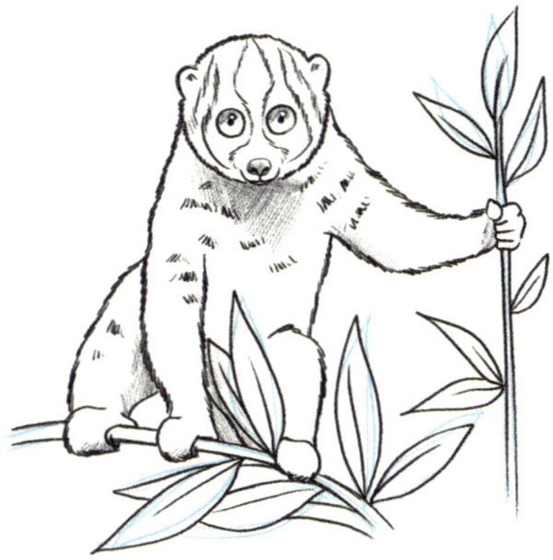

8 Eine Maske auf das Gesicht zeichnen. Mit kurzen Strichen einige Fellpartien auf dem Körper andeuten. Die Brust leicht schattieren. Die Umrisse der Äste abdunkeln.

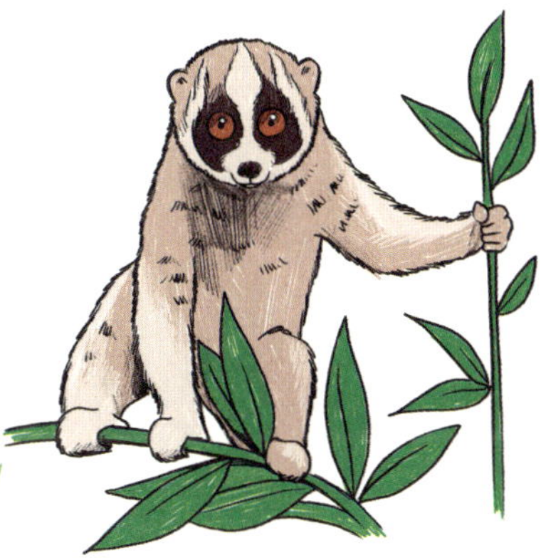

9 Das Fell in hellen Brauntönen und die Maske im Gesicht in Dunkelbraun kolorieren. Hellbraun für die Augen und Grün für die Zweige und Blätter verwenden.

10 Zuletzt noch einige Schattenbereiche abdunkeln.

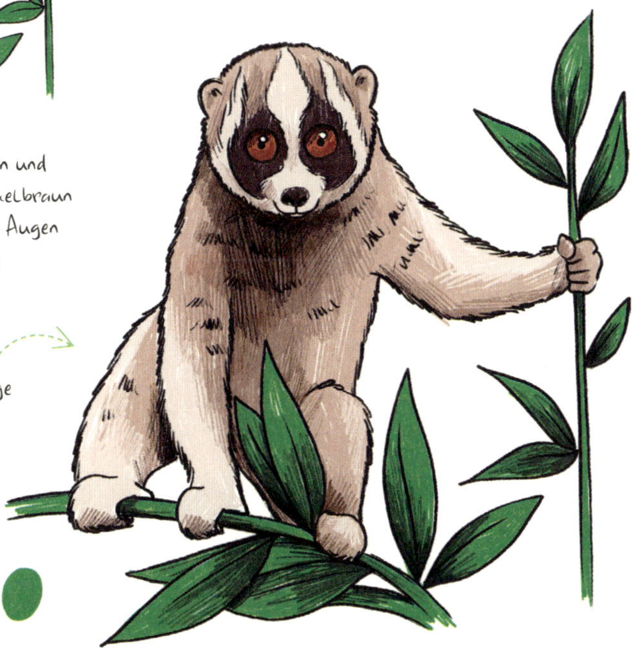

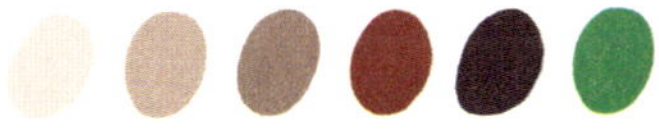

Burunduk

Burunduks oder sibirische Streifenhörnchen legen sich in Höhlen einen Wintervorrat an und benutzen ihre Backentaschen, um Samen und Nüsse zu transportieren.

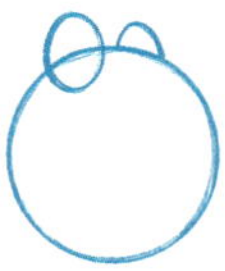

1 Mit einem Kreis für den Kopf beginnen. Ein Oval und einen Bogen für die Ohren hinzufügen.

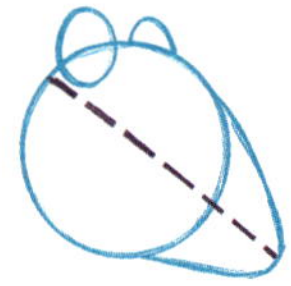

2 Unten rechts eine U-Form für die Schnauze anfügen. Eine schräge gestrichelte Hilfslinie durch die Mitte zeichnen.

3 Hilfslinien für den Hals und den Arm skizzieren und die Hand mit einem Kreis andeuten.

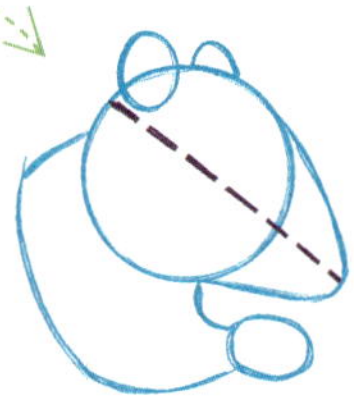

4 Einen kleinen Bogen für die zweite Hand zeichnen, außerdem zwei Kurven zwischen den Händen und der Nase. Zwei gebogene Linien für den Körper und zwei Ovale für die Füße hinzufügen. Eine gewellte Röhrenform für den Schwanz skizzieren.

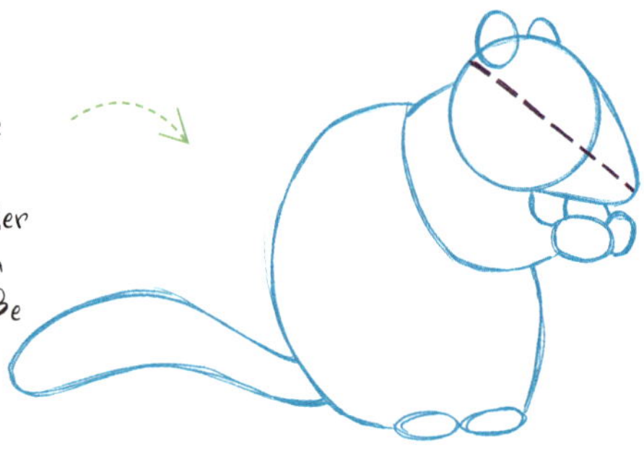

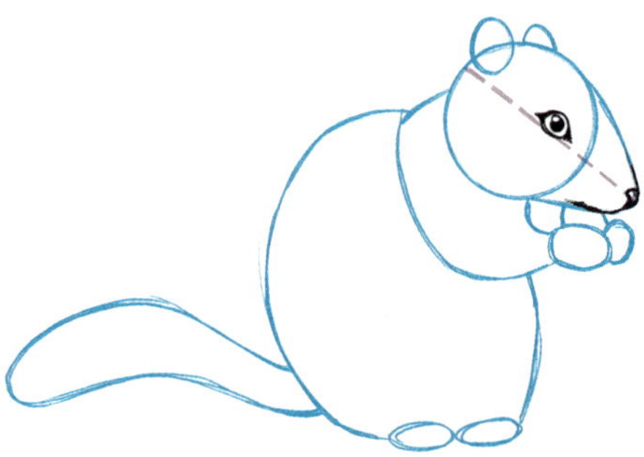

5 Das Auge auf die Hilfslinie zeichnen. Eine schwarze Pupille mit einem winzigen Lichtreflex einfügen. Die Nase und den Mund innerhalb der Nasenlinie einzeichnen.

6 Die Konturen von Kopf und Ohren mit kurzen Strichen nachzeichnen, um das Fell darzustellen. Die Hände mit den zierlichen Fingern ausarbeiten.

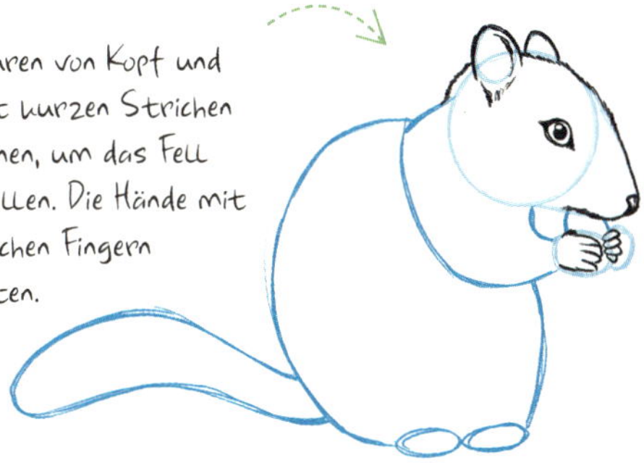

7 Nun die Hilfslinien für den Arm und den Rücken stricheln, um das Fell darzustellen. Den Umriss einer Nuss einzeichnen.

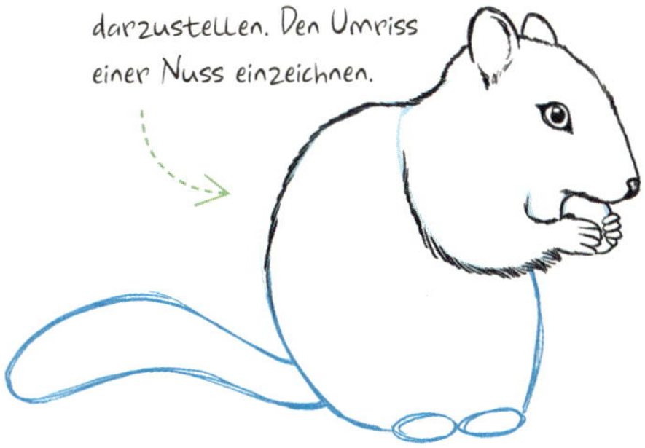

8 Die restlichen Körperkonturen ebenso stricheln, nur am Schwanz deutlich längere Striche verwenden. Die Zehen der Hinterbeine hinzufügen.

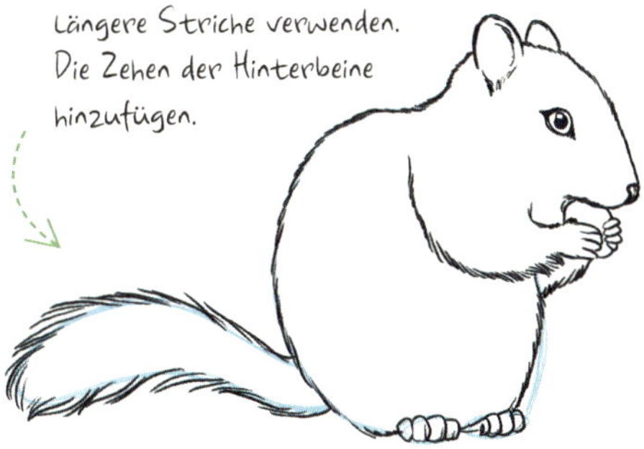

9 Den Körper mit Hellbraun und Sandbeige kolorieren. Dunkelbraun für das Auge und Hellbraun für die Nuss verwenden.

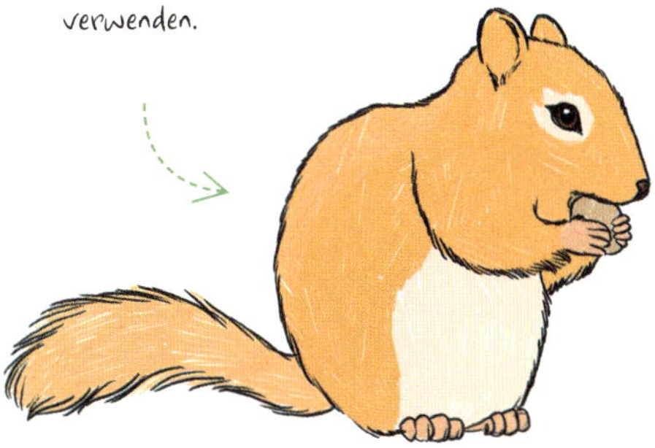

10 Einige dunkelbraune Streifen im Fell des Burunduks ausarbeiten. Zum Schluss die schattigen Bereiche etwas abdunkeln.

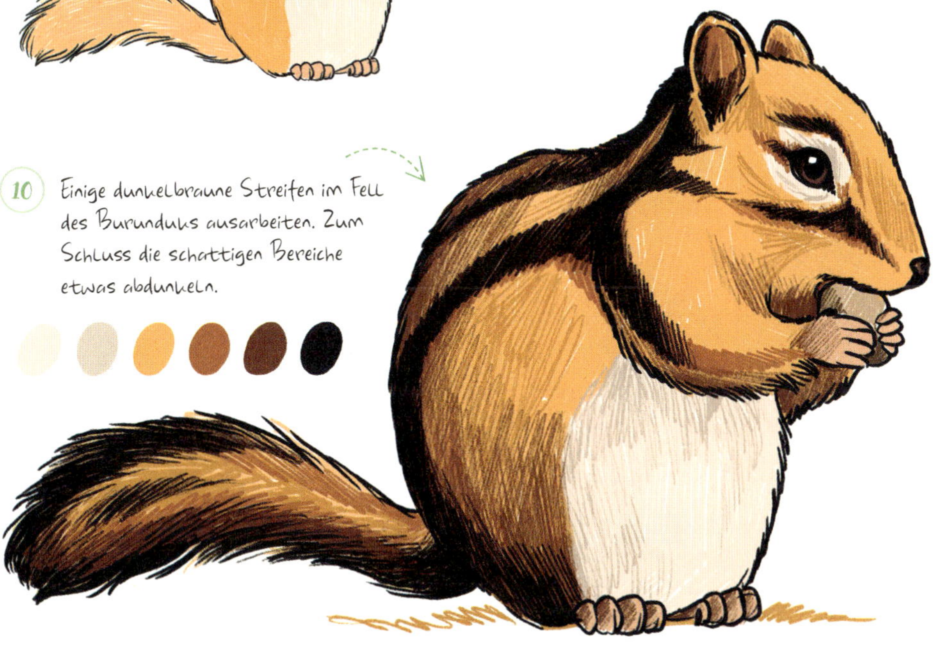

Koala

Die großen, flauschigen Ohren und die löffelförmige, ledrige Nase des Koalas bilden einen lustigen Kontrast zu seinen kleinen Augen.

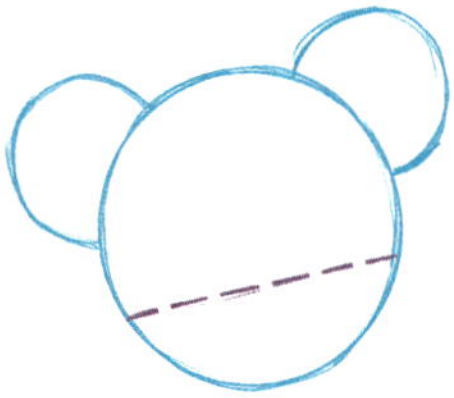

1 Mit einem Kreis für den Kopf beginnen. Eine gestrichelte Hilfslinie durch die untere Hälfte ziehen. Zwei Halbkreise für die Ohren hinzufügen.

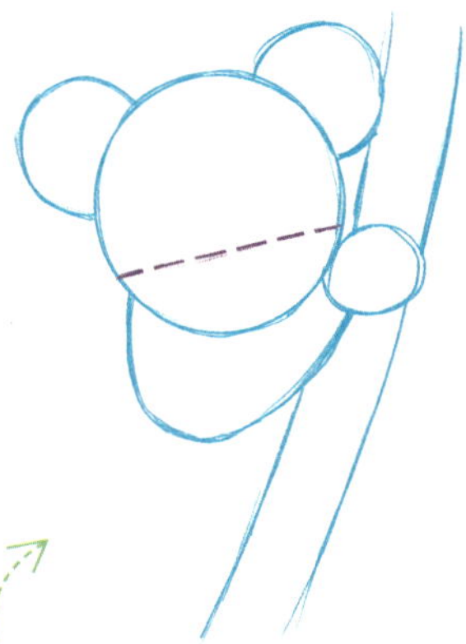

2 Den Arm mit einem Bogen andeuten, die Pfote mit einem Kreis. Den Ast, an dem sich der Koala festhält, mit zwei Linien skizzieren.

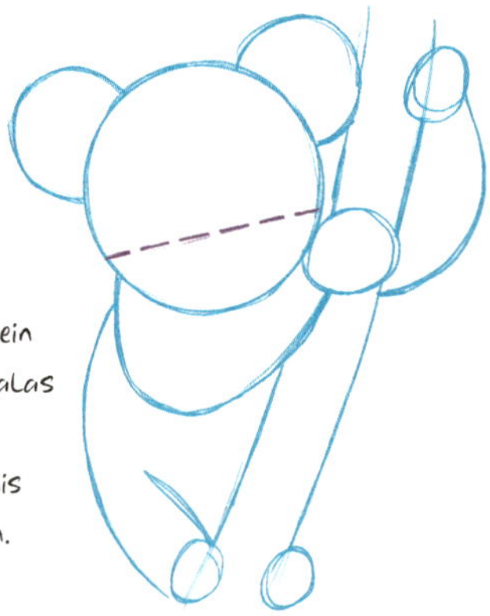

3 Hilfslinien für den anderen Arm, das Bein und die Füße des Koalas zeichnen. Dabei ihre Position im Verhältnis zum Zweig beachten.

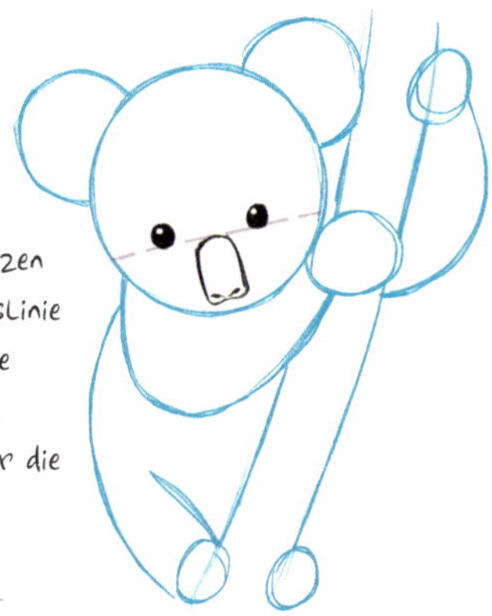

4 Die kleinen, schwarzen Augen auf die Hilfslinie zeichnen und winzige weiße Lichtreflexe freilassen. Darunter die löffelförmige Nase einfügen.

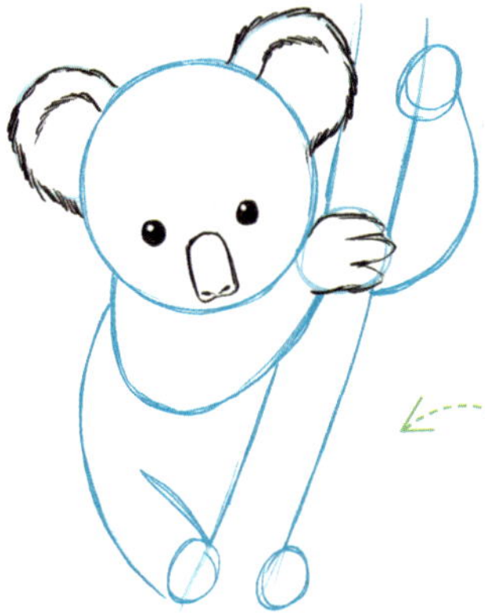

5 Die Details der rechten Pfote einzeichnen. Die Konturen der Ohren mit einer Reihe von kurzen Strichen nachzeichnen, um das Fell darzustellen.

6 Die Kopfkontur ebenso stricheln.

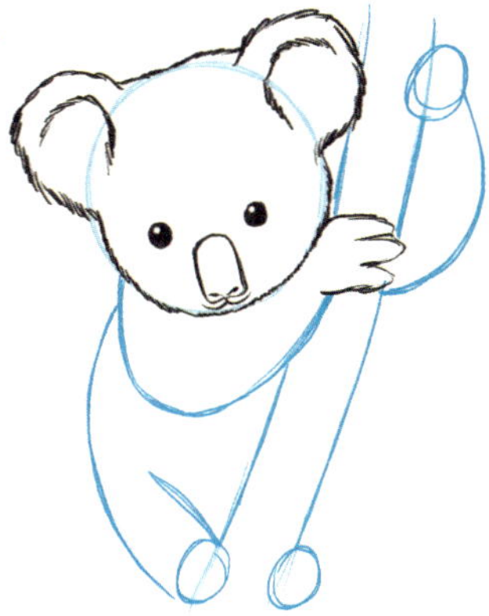

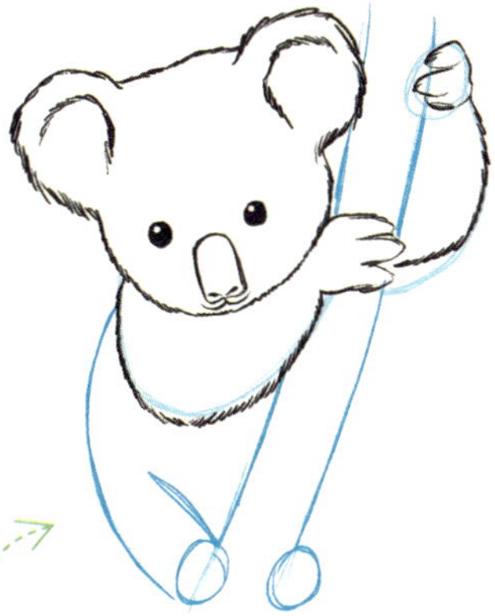

7 Danach die Konturen der Arme stricheln. Die Finger der anderen Pfote einzeichnen.

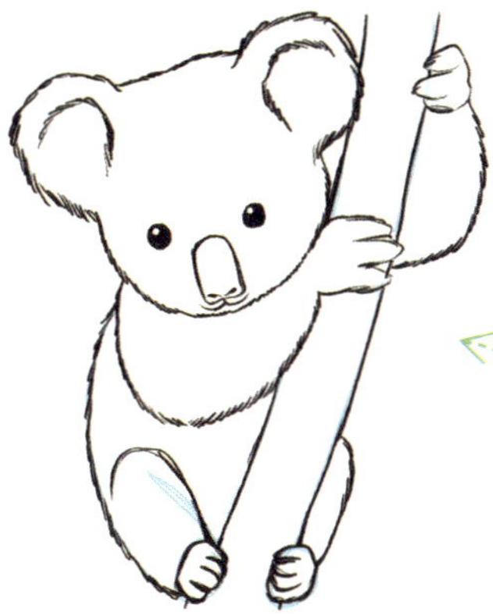

8 Die Umrisse des restlichen Körpers und des Astes vervollständigen.

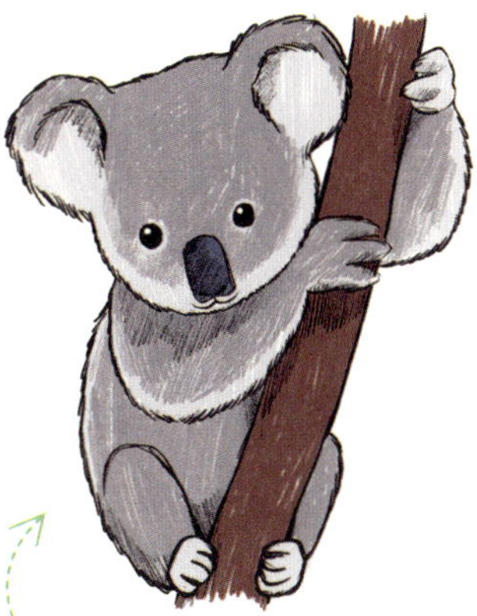

9 Den Körper grau kolorieren, wobei die Ränder und die Füße heller bleiben. Die Nase und den Zweig farbig ausmalen.

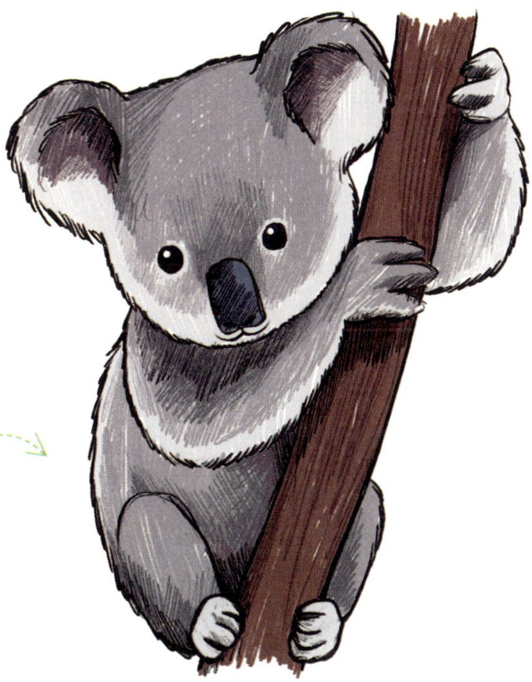

10 Zum Schluss einige dunklere Töne in den Schatten einfügen.

Totenkopfäffchen

Wenn man einem Totenkopfäffchen direkt ins Gesicht schaut, sieht es mit seinen riesigen Augen unwiderstehlich liebenswert aus.

1 Mit einem Kreis für den Kopf beginnen. Eine Linie durch die Mitte ziehen und von deren Ende zwei Bögen zurück zum Kreis zeichnen. Das wird der Kiefer.

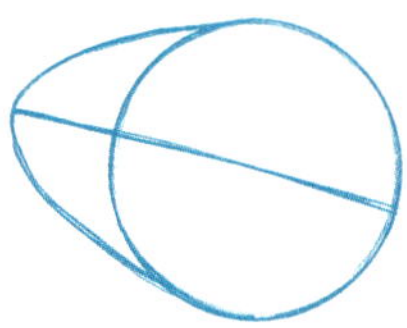

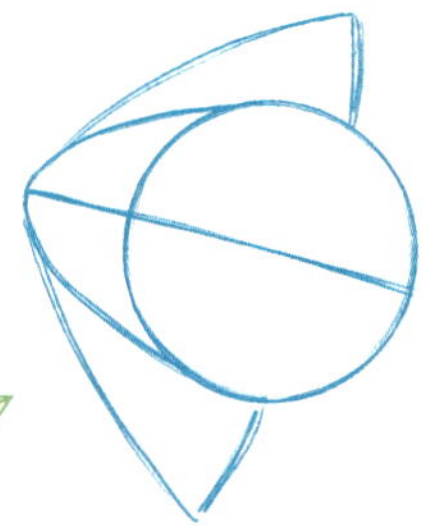

2 Oben und unten Dreiecke für die Ohren hinzufügen.

3 Einen geraden Strich für den Ast zeichnen, an dem der Affe hängt. Die Arme mit vier gebogenen Linien skizzieren.

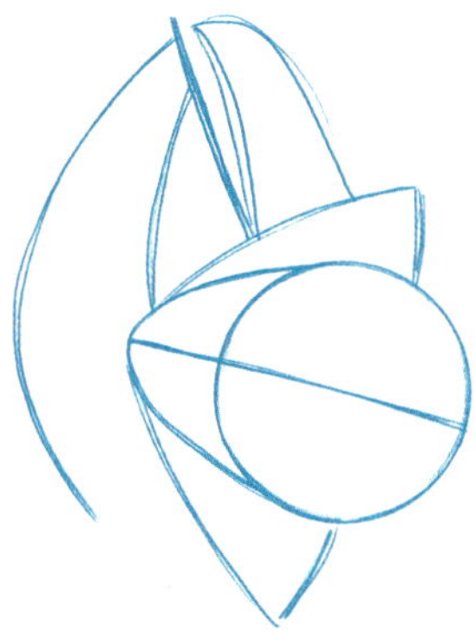

4 Den Körper mit zwei geraden Strichen andeuten. Die Augen und Nasenlöcher innerhalb der Hilfslinien einzeichnen. Die Pupillen schwarz ausfüllen und die Augenwinkel weiß lassen.

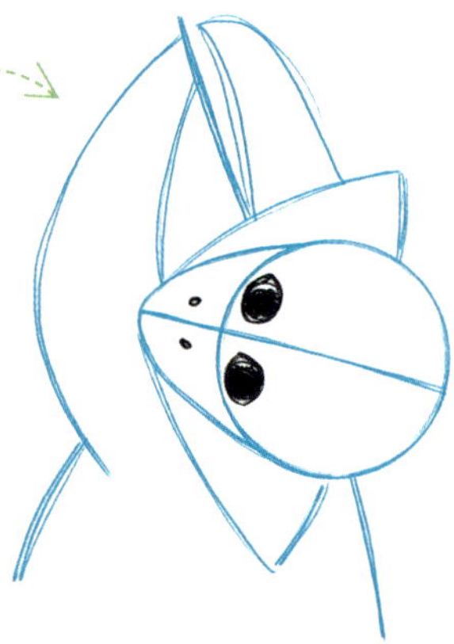

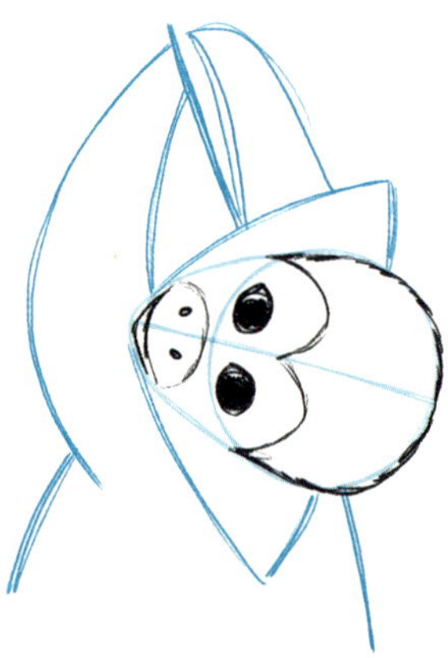

5 Die Kurven der Schnauze skizzieren. Die Kopfkontur mit einer Reihe sehr kurzer Striche nachziehen. Zwei Bögen über den Augen einzeichnen.

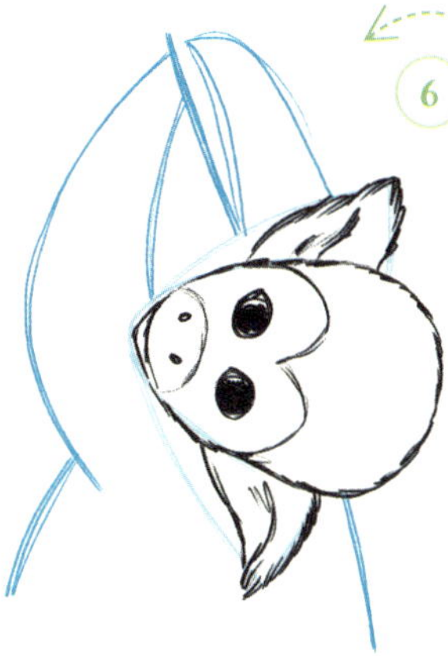

6 Die Ohren anhand der der Hilfslinien ausarbeiten. Die Öffnungen durch einige längere Striche andeuten.

7 Nun die Arme und den Zweig genauer ausarbeiten.

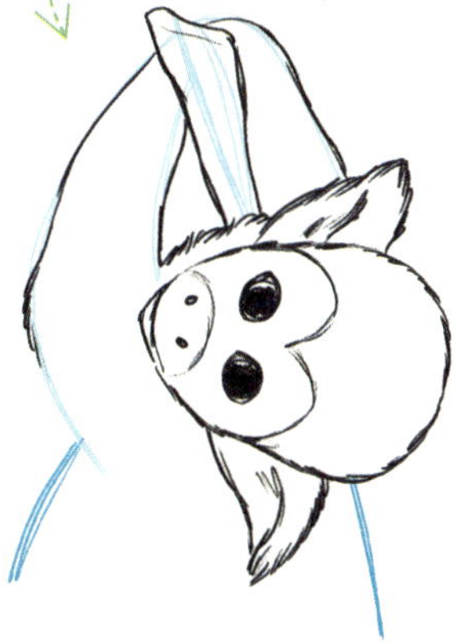

8 Die Umrisse des Körpers stricheln, dabei die Länge der Striche variieren. Erste Schatten andeuten.

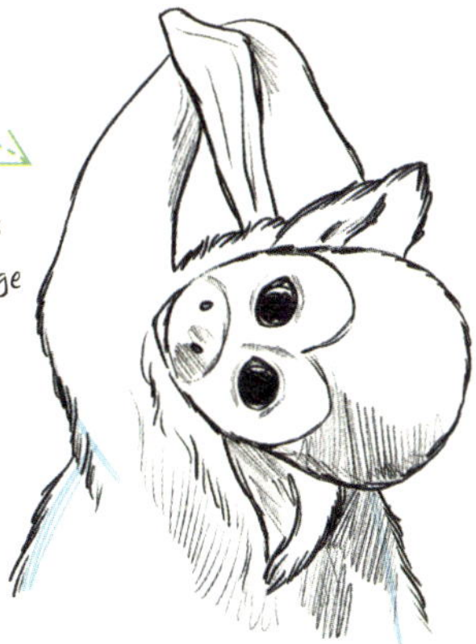

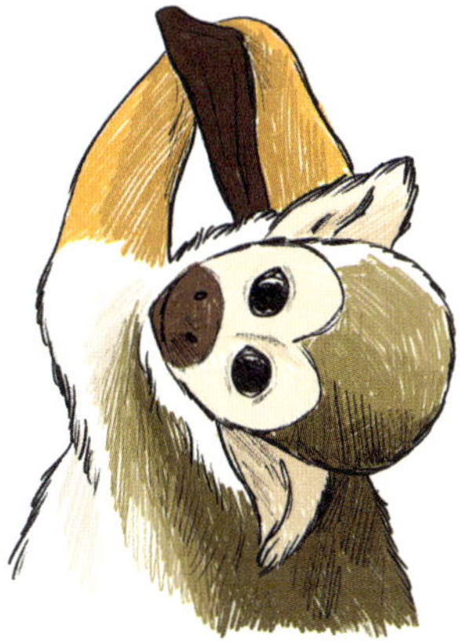

9 Gesicht und Ohren in einem hellen Sandbeige kolorieren. Für die Schnauze Braun verwenden, für die Arme Gelb und für Kopf und Körper Olivgrün.

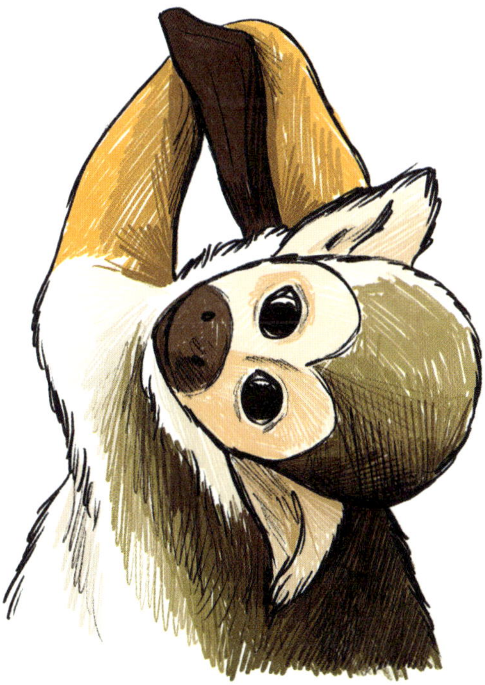

10 Zum Schluss dunklere Töne in den Schattenbereichen einfügen, um eine Tiefenwirkung zu erzeugen.

Klippspringer

Der Klippspringer ist eine Antilopenart aus Südafrika. Bei dieser Zeichnung kommt es auf die richtigen Winkel der Knie- und Fußgelenke an.

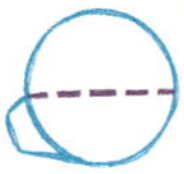

1 Mit einem Kreis für den Kopf beginnen. Eine gestrichelte Linie in der Mitte einzeichnen. Links unterhalb der gestrichelten Linie eine abgewinkelte U-Form für die Schnauze hinzufügen.

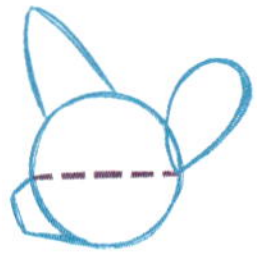

2 Zwei Bögen für die Ohren zeichnen.

3 Zwei Linien für den Hals und ein großes Oval für den Körper skizzieren.

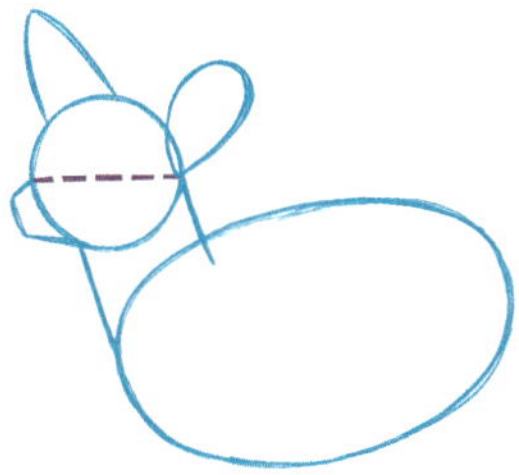

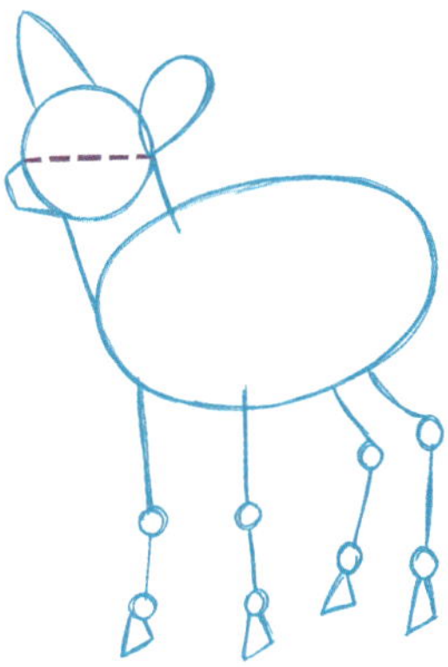

4 Die Beine mit vier Strichen skizzieren, dabei die Knie- und Fußgelenke mit Kreisen und die Hufe mit Dreiecken andeuten. Genau auf die Winkel der Hinterbeine achten.

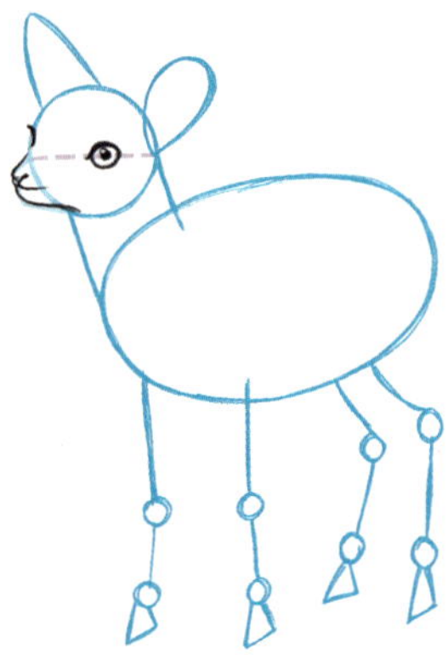

5 Das Auge auf der horizontalen Hilfslinie einzeichnen und auf den kleinen Lichtreflex im Inneren achten. Kinn und Nase anhand der Hilfslinie ausarbeiten und einen zierlichen Mund einzeichnen.

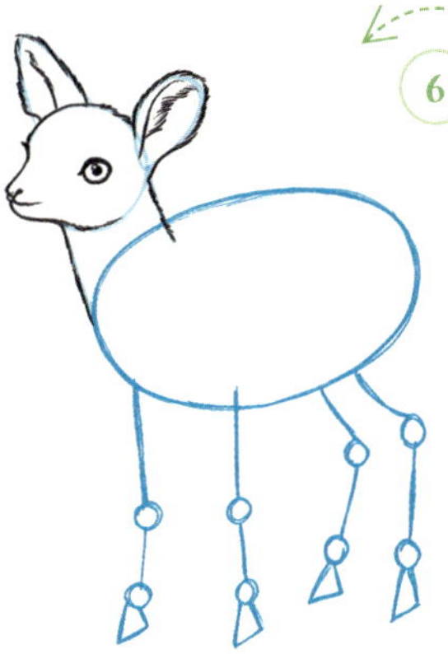

6 Die Konturen von Kopf, Ohren und Hals mit einer Reihe von kurzen Strichen nachzeichnen, um das Fell anzudeuten. Einige längere Striche in den Ohrmuscheln hinzufügen.

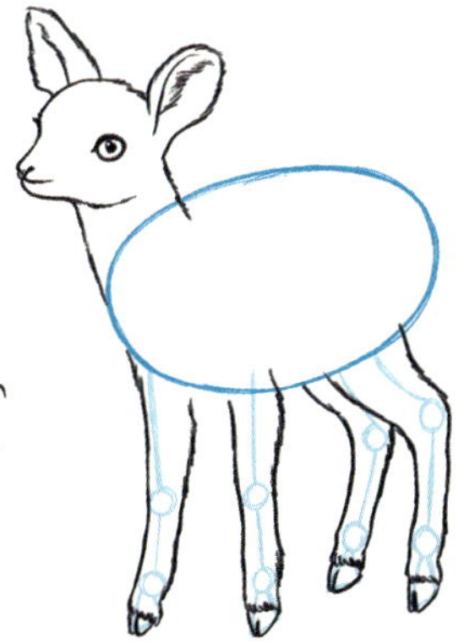

7 Die Beine anhand der Hilfslinien ausarbeiten und kurze Hufspalten andeuten.

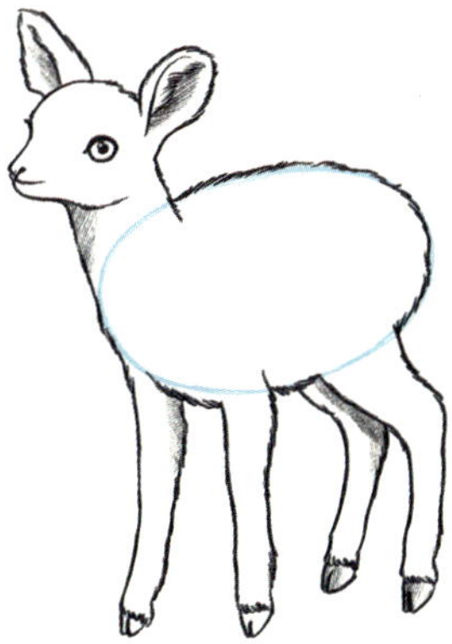

8 Die Umrisse des Körpers stricheln, um das Fell darzustellen.

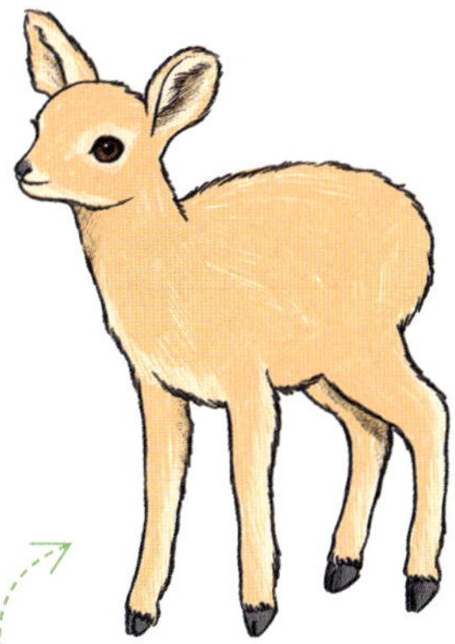

9 Den Körper in hellem Braun kolorieren, dabei bleiben die Ohren, die Augenpartie, das Kinn, die Brust und die Rückseite der Beine blasser.

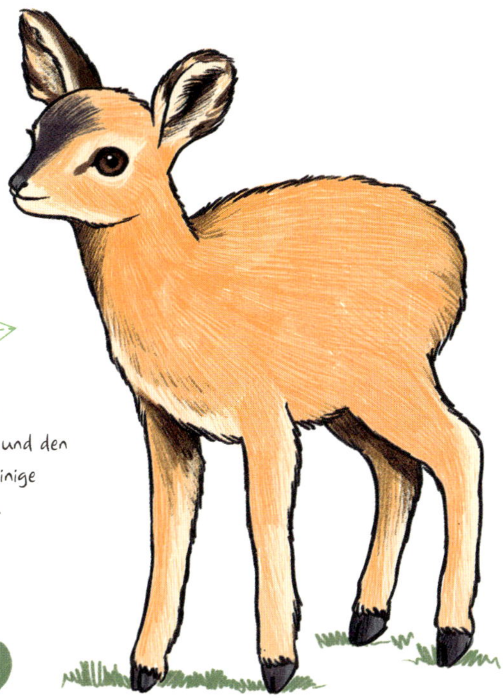

10 Die dunkelbraune und graue Fellzeichnung auf dem Kopf und den Ohren einzeichnen. Zuletzt einige Schattenbereiche abdunkeln.

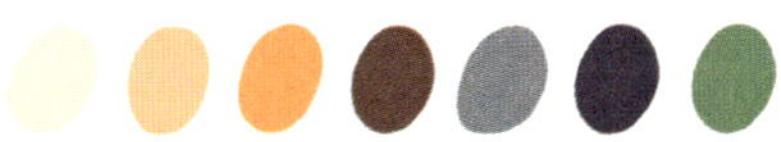

Faultier

Faultiere schlafen bis zu 15 Stunden am Tag. Es sieht lustig aus, wenn sie in den Ästen hängen und langsam ihre Nahrung verdauen.

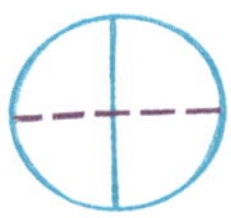

1 Mit einem leicht abgeflachten Kreis für den Kopf beginnen. Eine senkrechte und eine gestrichelte waagerechte Linie einzeichnen.

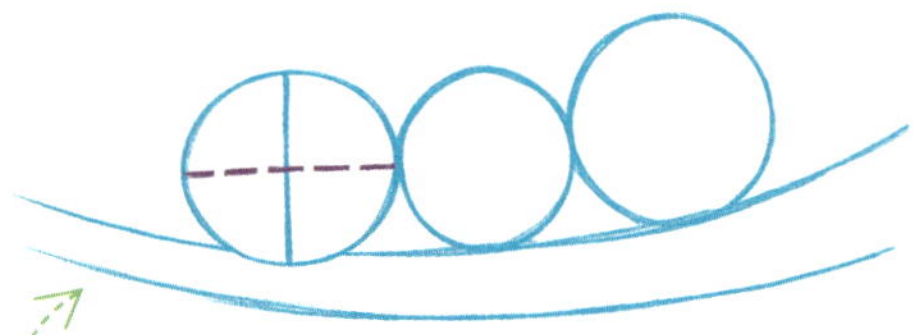

2 Zwei gebogene Linien für den Ast und zwei weitere Kreise für den Körper des Faultiers hinzufügen. Der mittlere Kreis sollte etwas kleiner sein als die beiden anderen.

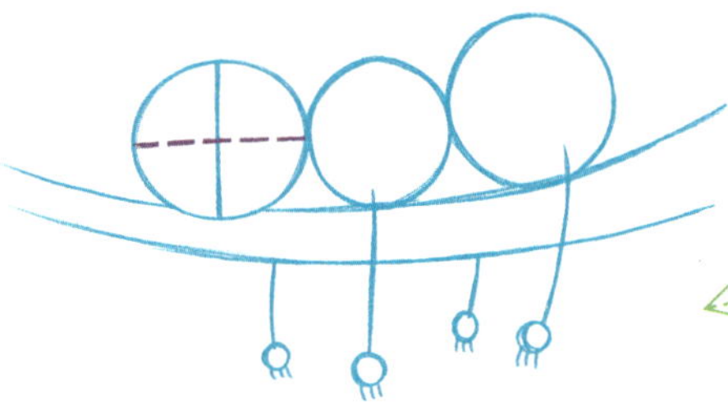

3 Die vier Beine skizzieren, mit Kreisen am Ende für die Pfoten und kleinen Linien für die Krallen. Auf ihre Position im Verhältnis zu den Kreisen achten!

4 Einen weiteren Kreis in den Kopfkreis hineinzeichnen. Die drei Hauptkreise mit einer welligen Linie verbinden. Das ist der Rücken.

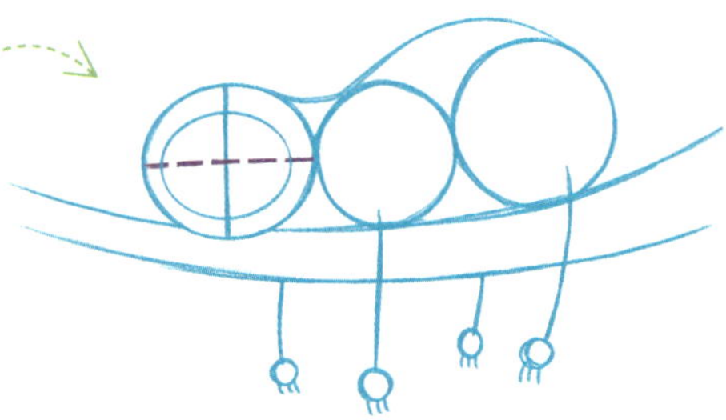

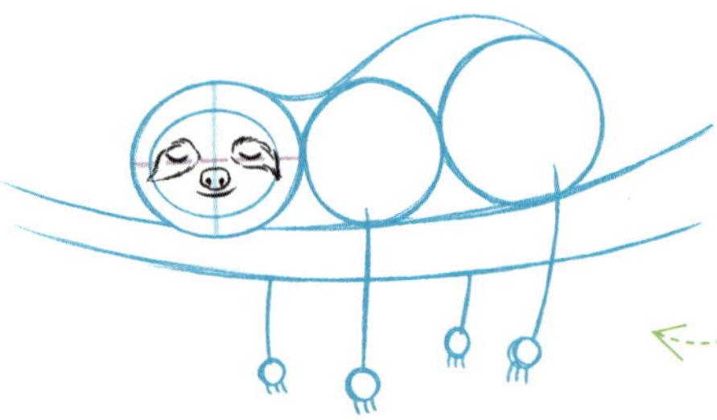

5 In den inneren Kreis des Kopfes die geschlossenen Augen, die Nase, den Mund und das maskenartige Fellmuster einzeichnen.

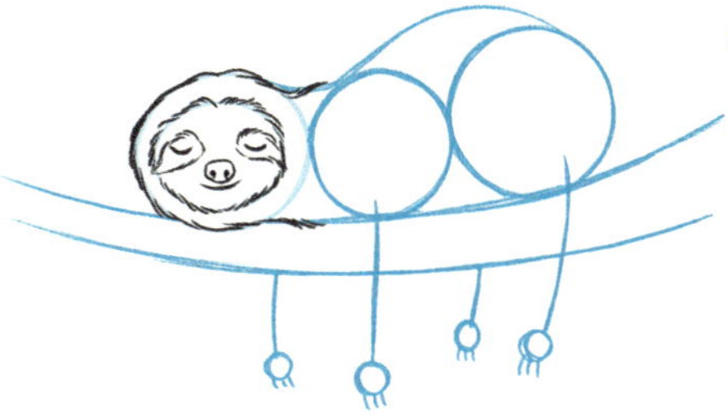

6 Die Konturen von Kopf und Gesicht mit kurzen Strichen nachzeichnen.

7 Die beiden vorderen Beine anhand der Hilfslinien genauer ausarbeiten. Sie hängen vor dem Ast.

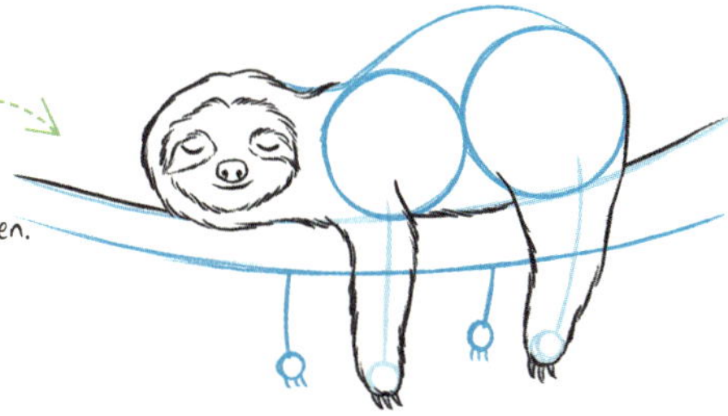

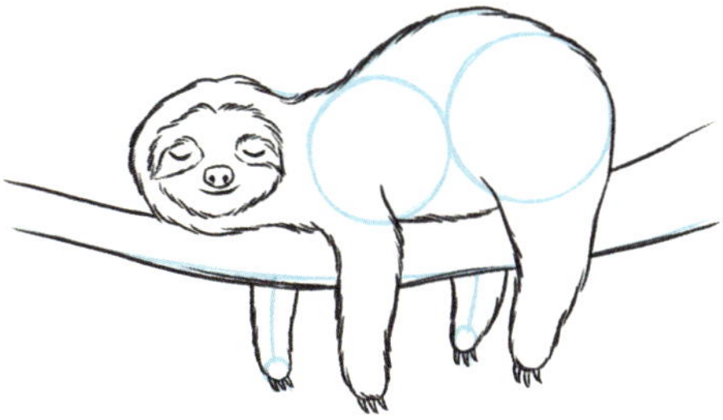

8 Die beiden anderen Beine, den Rücken und den Ast ausarbeiten.

9 Das Faultier braun kolorieren, wobei das Gesicht hellbraun bleiben soll. Für die Nase ein dunkles Grau verwenden.

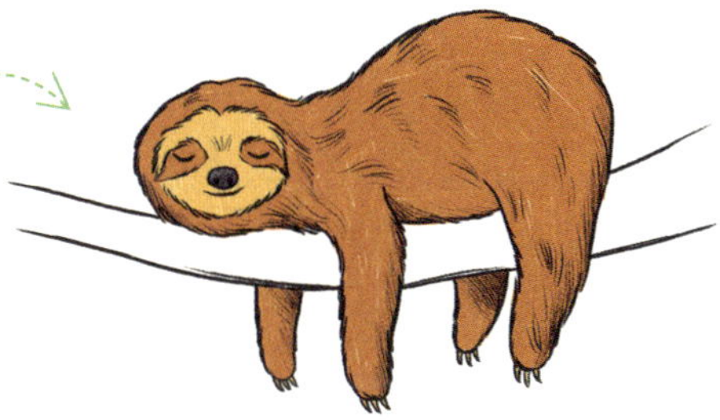

10 Das Fell auf dem ganzen Körper mit geschwungenen Strichen andeuten. Den Ast grün kolorieren. Zuletzt einige Schattenbereich abdunkeln.

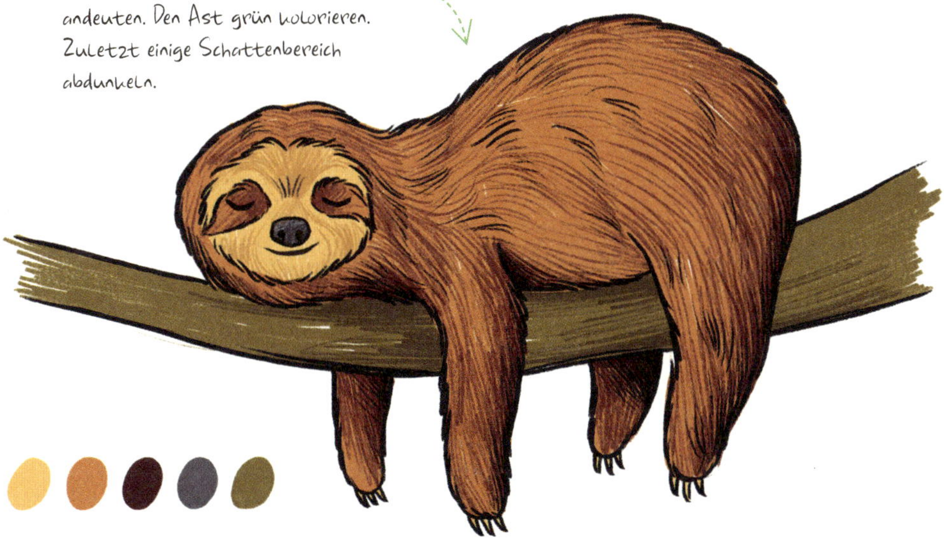

Okapi

Das Okapi lebt in der Demokratischen Republik Kongo und ist der einzige lebende Verwandte der Giraffe..

1 Mit einem Kreis für den Kopf beginnen und eine U-Form für die Schnauze anfügen.

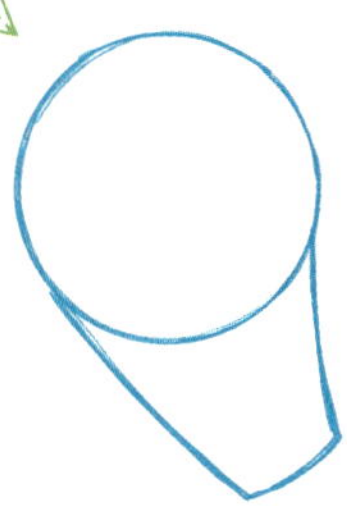

2 Ein Dreieck für eines der Ohren hinzufügen.

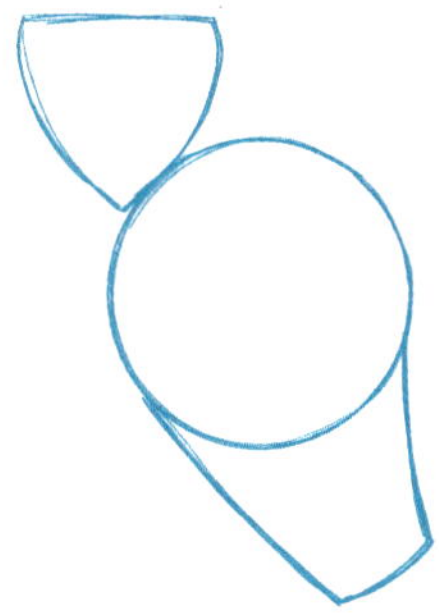

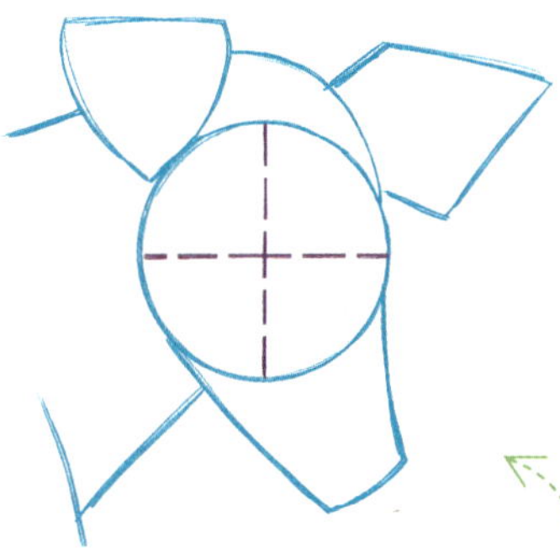

3 Eine Kurve für den oberen Teil des Kopfes und Linien für den Hals und die Schulter zeichnen. Eine Raute für das andere Ohr skizzieren. Ein Kreuz aus gestrichelten Hilfslinien in den Kopfkreis zeichnen.

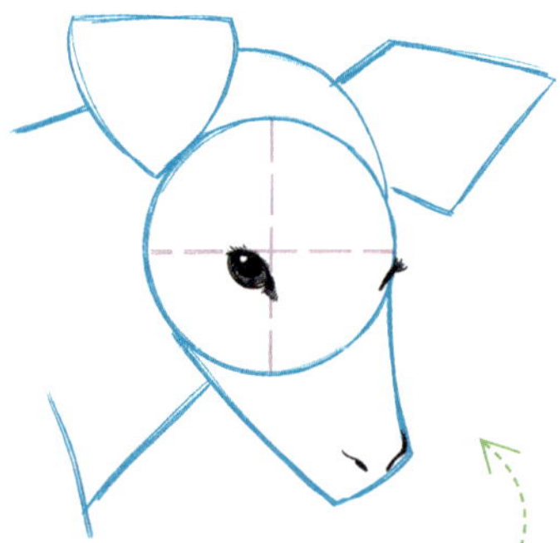

4 Die Augen unter die horizontale Hilfslinie. Vom hinteren Auge ist nur sehr wenig zu sehen. Eine schwarze Pupille mit einem weißen Lichtreflex im Inneren zeichnen. Die Nasenlöcher mit kleinen Strichen andeuten.

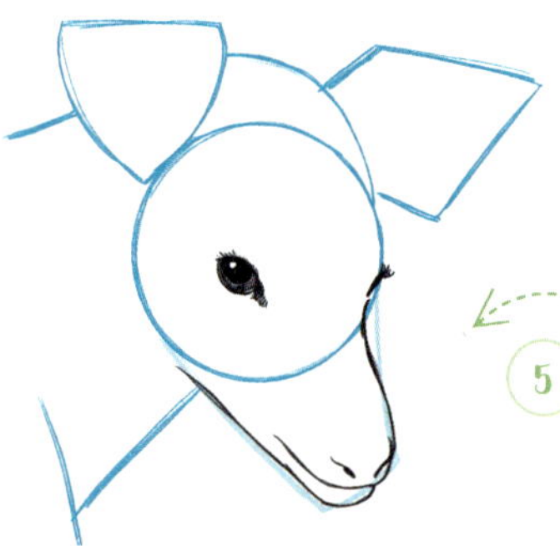

5 Die Schnauze anhand der Hilfslinien ausarbeiten und das Maul mit einem kleinen Bogen andeuten.

6 Die Konturen der Ohren mit kurzen Strichen nachzeichnen, um das Fell anzudeuten. Die Ränder der Ohren mit geschwungenen Linien einfügen und längere Haare im Inneren zeichnen.

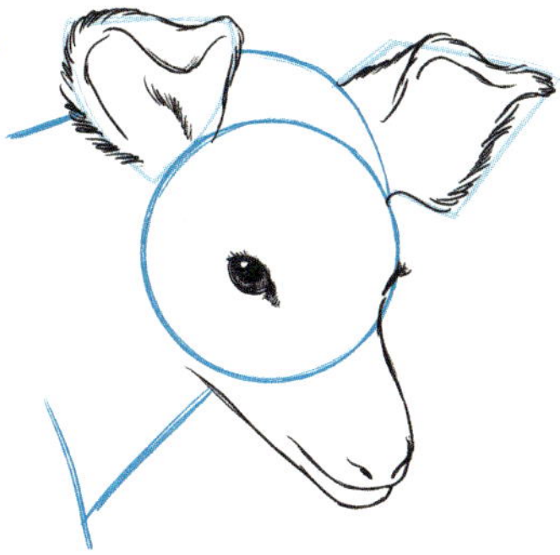

7 Das Fell an Kopf und Wangen ebenso stricheln.

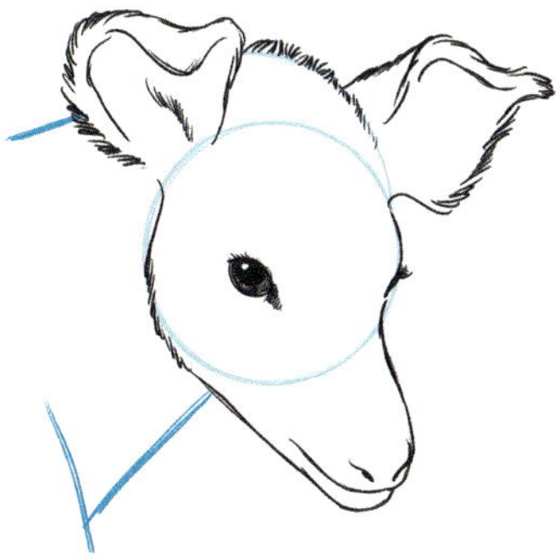

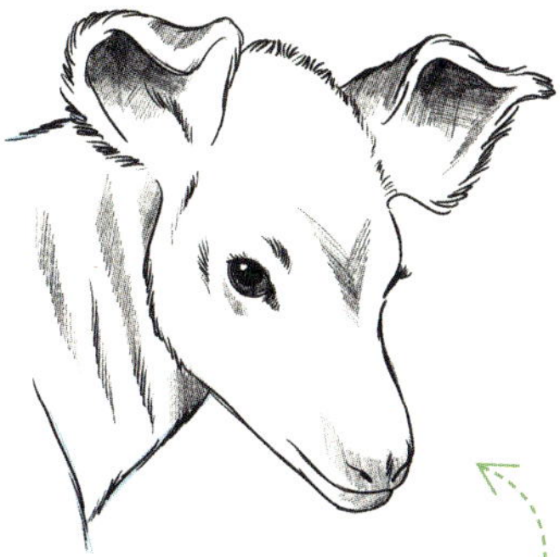

8 Hals und Schultern deutlicher ausarbeiten. Die Fellzeichnung am Hals und im Gesicht hinzufügen. Schattierungen in den Ohren und um sie herum andeuten.

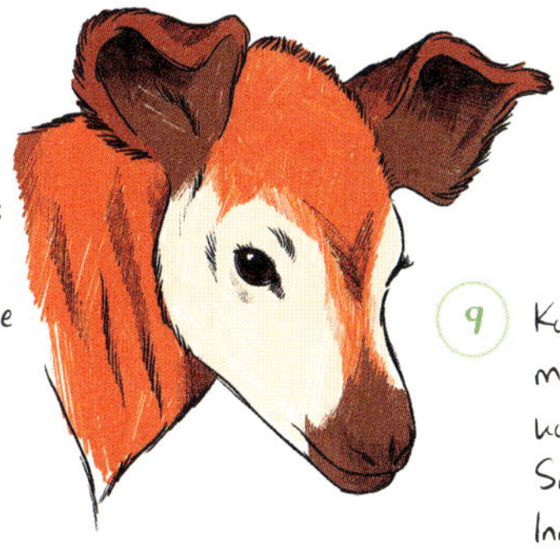

9 Kopf, Ohren und Hals mit einem Orangeton kolorieren, die Schnauze und die Innenseite der Ohren sind braun. Für die Wangen ein helles Sandbeige verwenden.

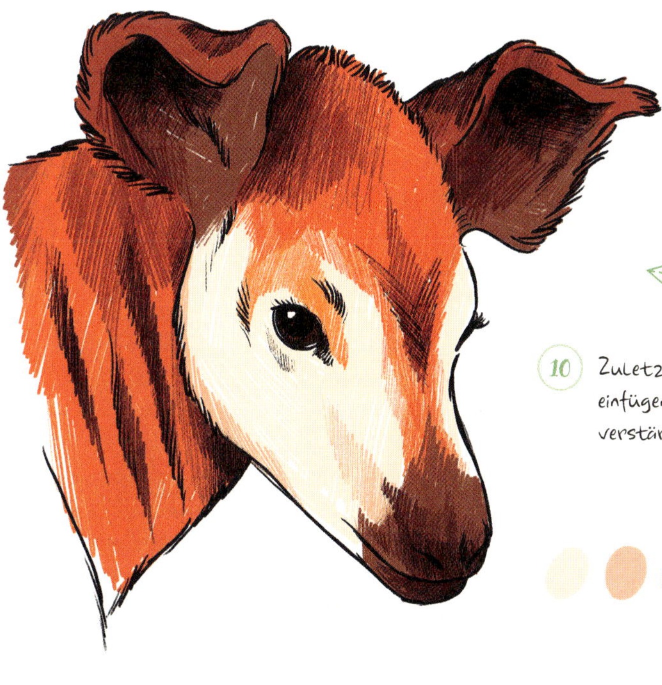

10 Zuletzt einige dunklere Schatten einfügen, um die Tiefenwirkung zu verstärken.

Riesenbeutelmarder

Der Riesenbeutelmarder ist auch als Fleckenschwanzbeutelmarder bekannt, weil er die einzige Beutelmarderart ist, die sowohl am Schwanz als auch am Körper Flecken hat.

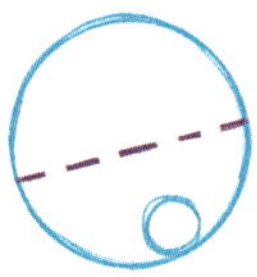

1 Mit einem Kreis für den Kopf beginnen. Eine gestrichelte Linie in die Mitte zeichnen. Unten rechts einen kleineren Kreis für die Nase einfügen.

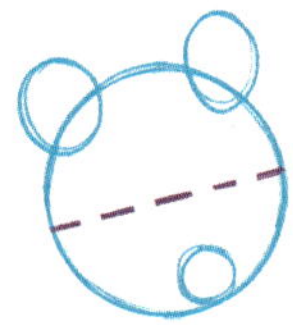

2 Oben an den Kopf zwei kleine Ovale für die Ohren setzen.

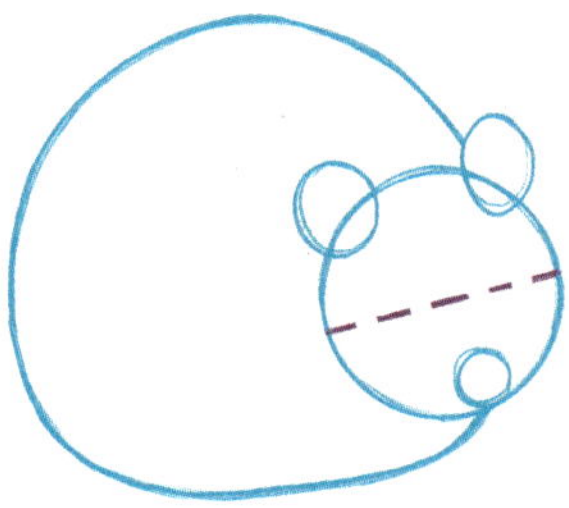

3 Einen großen Kreis für den Körper skizzieren.

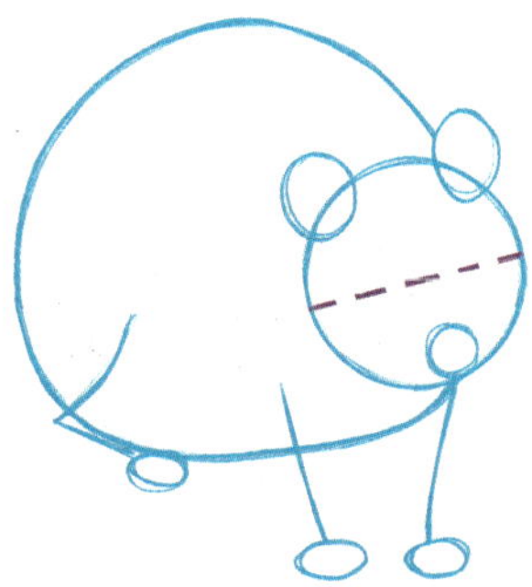

4 Drei Beine durch Striche andeuten, mit Ovalen an den Enden für die Pfoten.

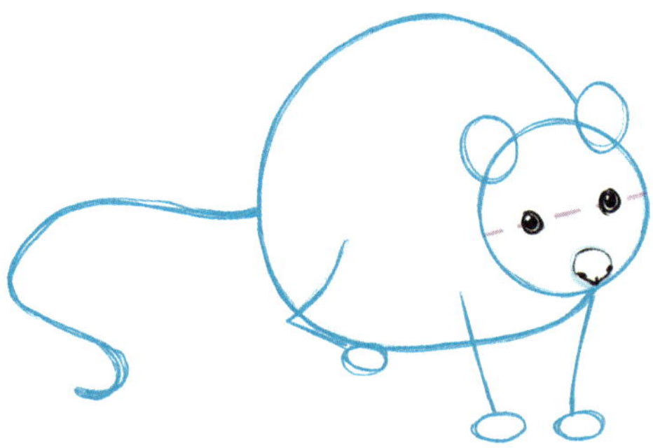

5 Die Augen auf die horizontale Hilfslinie zeichnen. Schwarze Pupillen mit weißen Lichtreflexen hinzufügen. Die runde Nase deutlicher ausarbeiten und einen langen, gewellten Schwanz skizzieren.

6 Die Umrisse von Kopf und Ohren mit kurzen Strichen nachzeichnen.

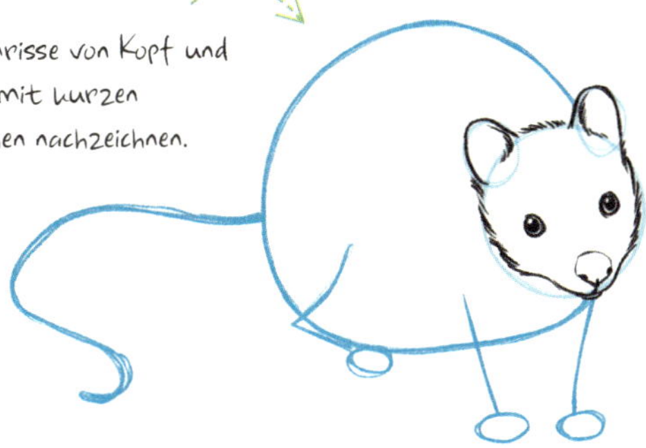

7 Mit den Beinen fortfahren.

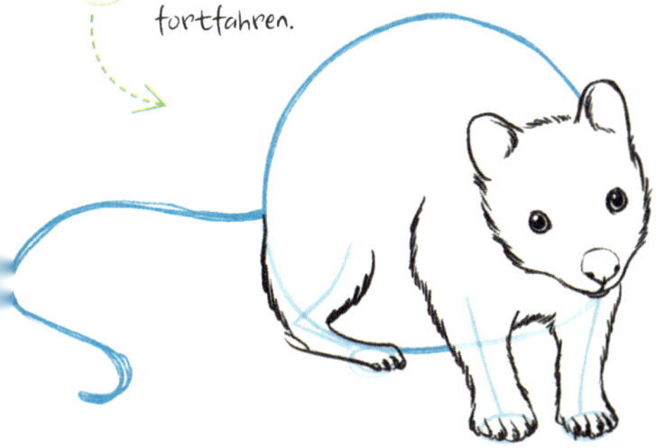

8 Nun das Fell an Bauch und Rücken andeuten. Am Schwanz längere Striche verwenden.

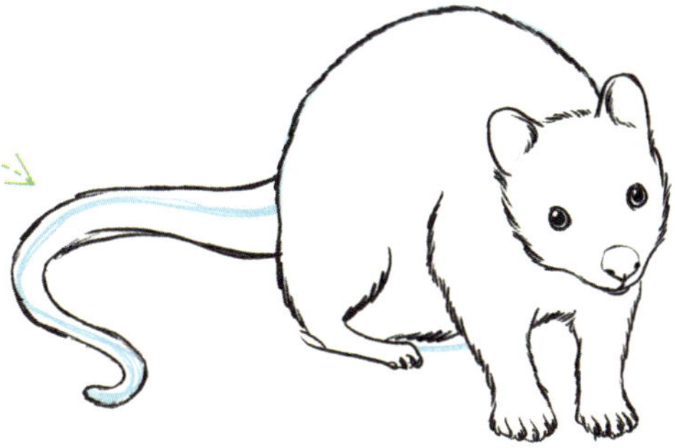

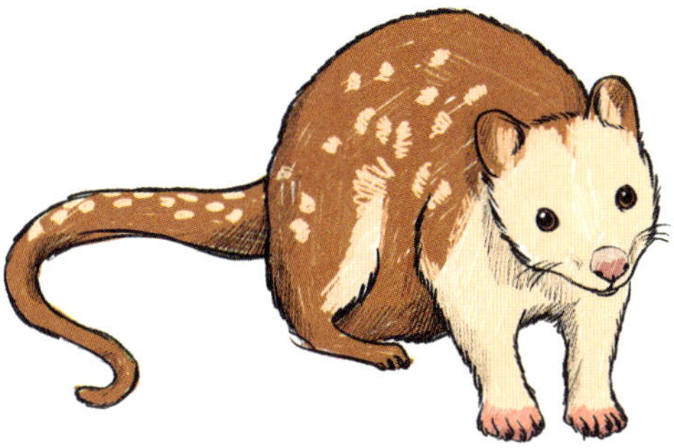

9 Das Fell braun mit hellen Flecken kolorieren. Das Gesicht und die Vorderseite der Vorderbeine bleiben heller. Die Augen braun eintönen, die Nase und die vorderen Zehen rosa.

10 Die Schattenbereiche mit dunkleren Tönen vertiefen und etwas Gras andeuten, um die Zeichnung zu verankern.

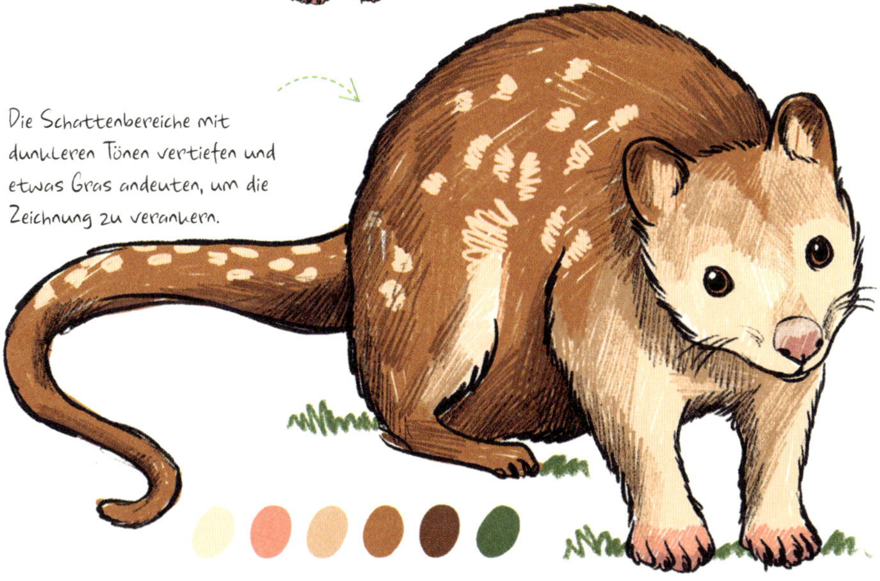

Riesenpanda

Die Augen des Riesenpandas sind recht klein, werden aber durch die schwarzen Flecken im Fell betont.

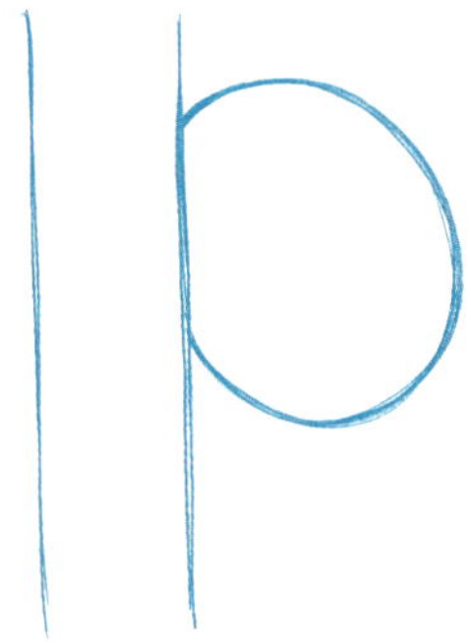

1 Mit zwei geraden Strichen für den Baumstamm beginnen. Rechts einen Kreis als Hilfslinie für den Kopf hinzufügen.

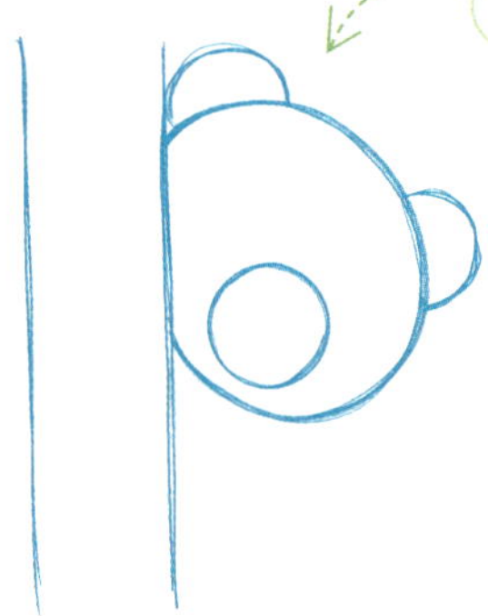

2 Einen kleineren Kreis für die Nase in die untere Hälfte des größeren Kreises zeichnen. Zwei Halbkreise für die Ohren oben an den Kopf setzen.

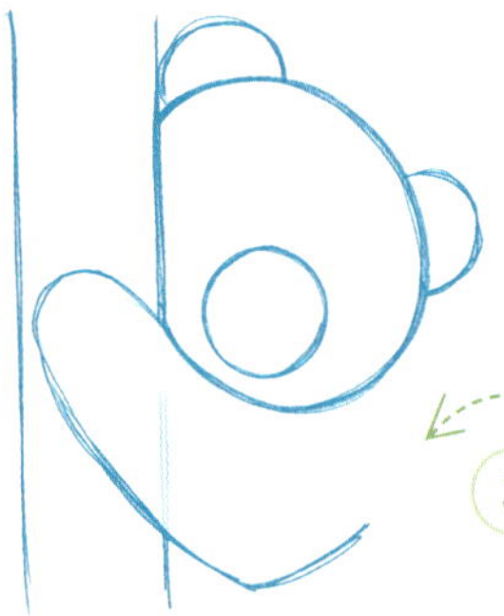

3 Den Arm, der sich an den Baum schmiegt, mit gebogenen Linien skizzieren.

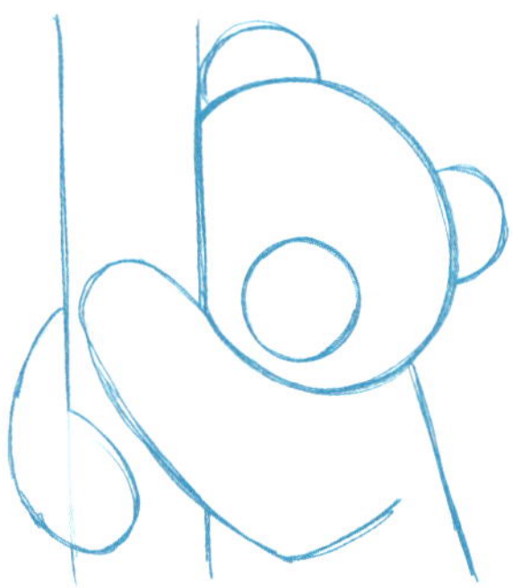

4 Den zweiten Arm auf der anderen Seite hinzufügen und eine Linie für den Rücken zeichnen.

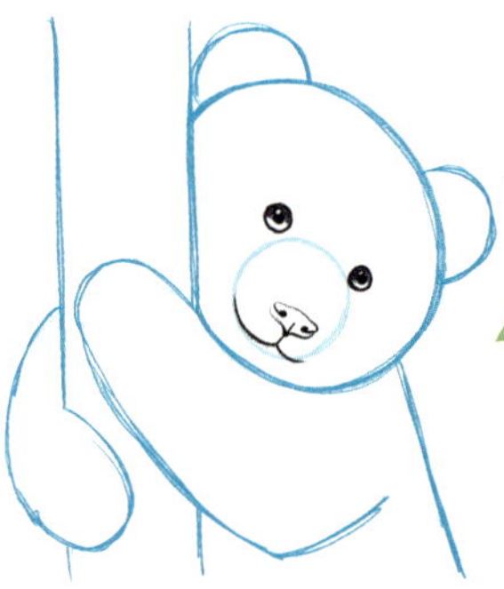

5 Die Augen direkt über den Schnauzenkreis zeichnen. Schwarze Pupillen mit weißen Lichtreflexen nicht vergessen. Die obere Hälfte jedes Auges schattieren. Darunter Nase und Mund einzeichnen.

6 Die Kontur von Kopf und Ohren mit schnellen, kurzen Strichen nachzeichnen, um das Fell anzudeuten. Die dunklen Flecken um die Augen einzeichnen.

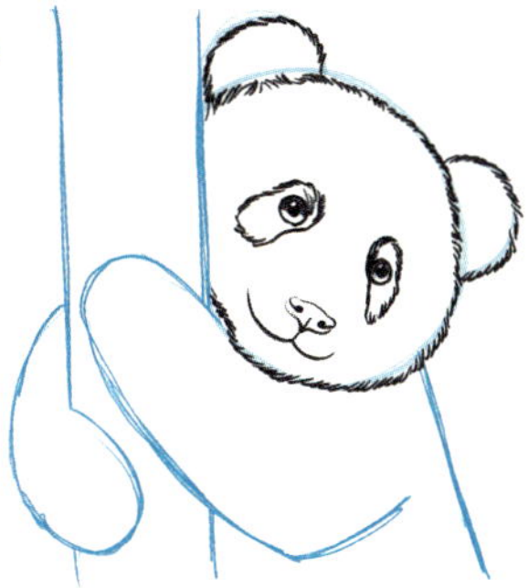

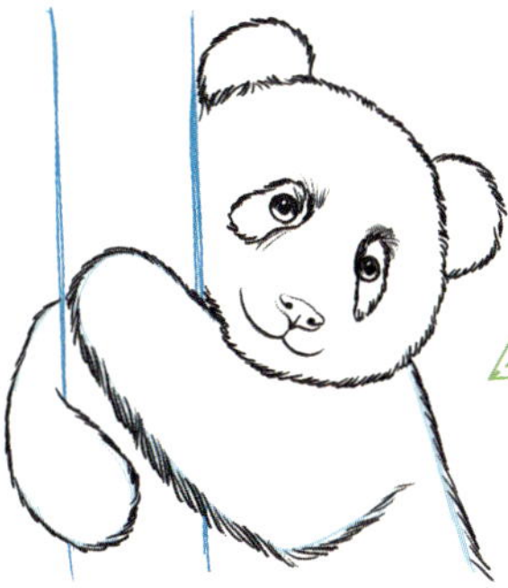

7 Die Umrisse von Rücken und Armen stricheln.

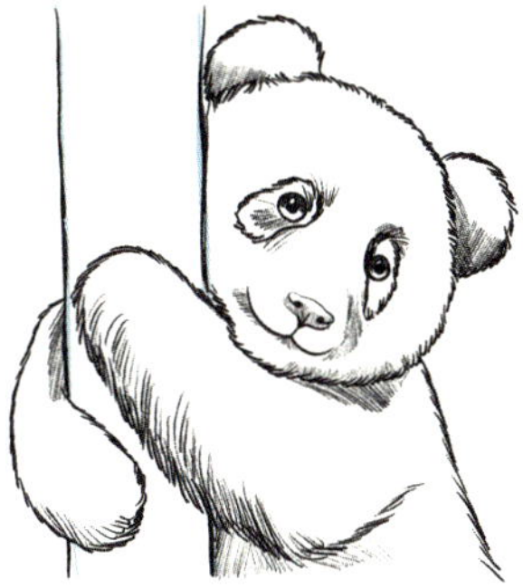

8 Den Baumstamm abdunkeln und einige Schattierungen andeuten.

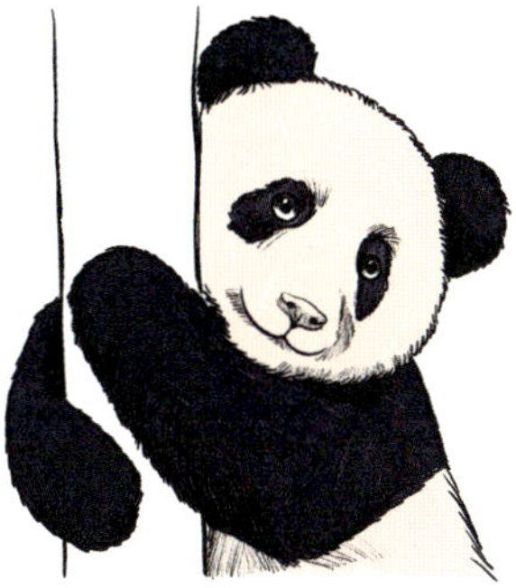

9 Ohren, Augen und Arme mit dunklem Grau oder Schwarz kolorieren, Gesicht und Körper mit hellem Beige.

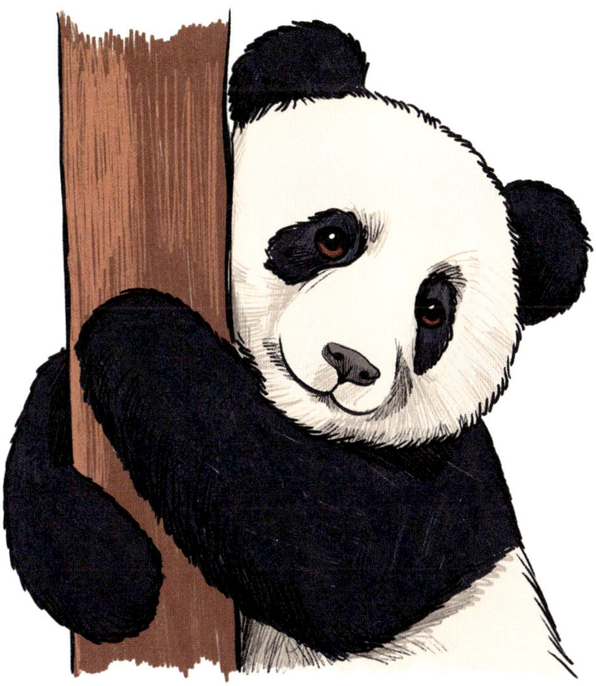

10 Für die Augen und den Baumstamm Braun verwenden. Zuletzt einige der Schattenbereiche abdunkeln.

Pika

Das putzige Pika ist ein enger Verwandter des Kaninchens. Gezeichnet wird es mit einfachen Ovalen und Halbkreisen.

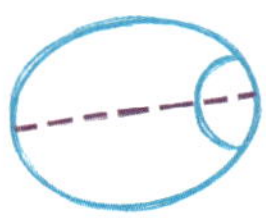

1 Mit einem Oval für das Gesicht beginnen. Rechts einen Halbkreis für die Nase einfügen. Eine gestrichelte Linie in die Mitte zeichnen.

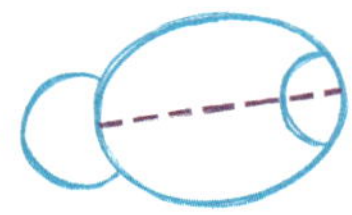

2 Für das Ohr einen größeren Halbkreis auf der linken Seite hinzufügen.

3 Links unten ein größeres Oval für den Körper skizzieren. Es sollte etwa drei- bis viermal so groß sein wie der Kopf.

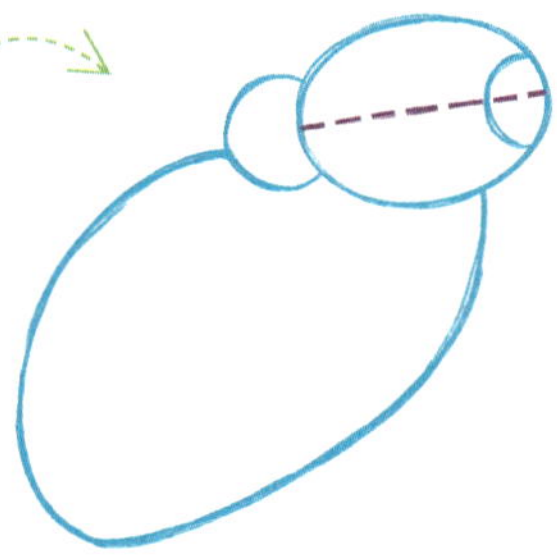

4 Darunter zwei Ovale für die Füße und eine Linie für den Felsen einzeichnen.

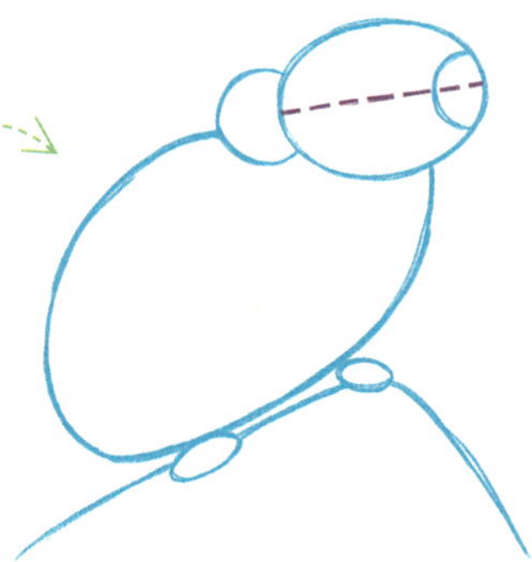

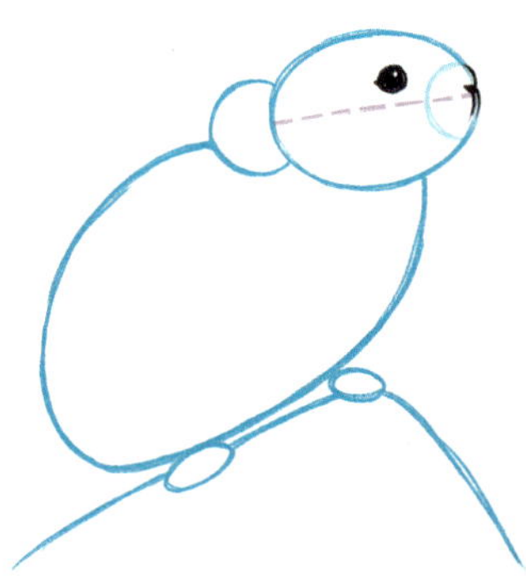

5 Das Auge oberhalb der Hilfslinie platzieren. Eine große Pupille mit einem winzigen Lichtreflex einzeichnen. Darunter die kleine Nase und den Mund einfügen.

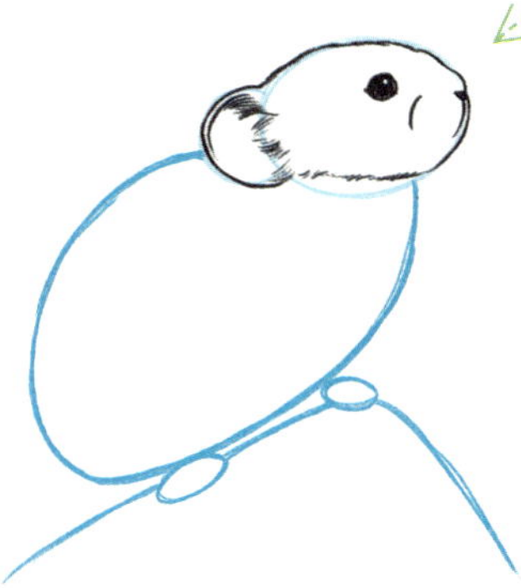

6 Die Umrisse von Kopf und Ohren mit einer Reihe von kurzen Strichen nachzeichnen. Das Fell am Ohrenansatz mit längeren Strichen andeuten.

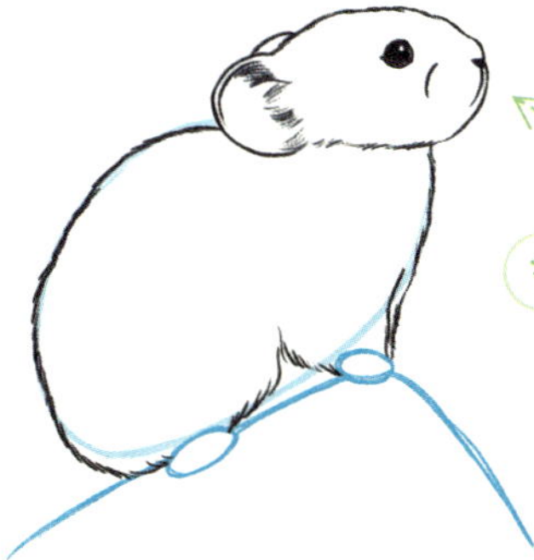

7 Die restlichen Körperumrisse ebenso stricheln.

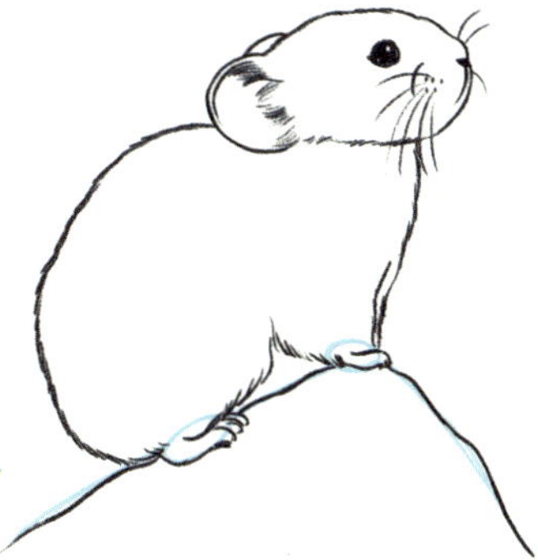

8 Die zierlichen Zehen einzeichnen und den Felsen grob andeuten. Auf jeder Seite der Nase ein paar Schnurrhaare hinzufügen.

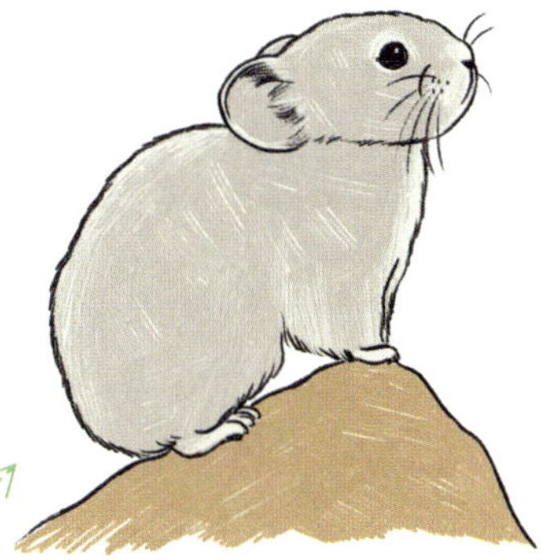

9 Den Körper in hellem Grau kolorieren. Die Brust, die Nase und die Augenpartie bleiben etwas heller. Den Felsen hellbraun anmalen.

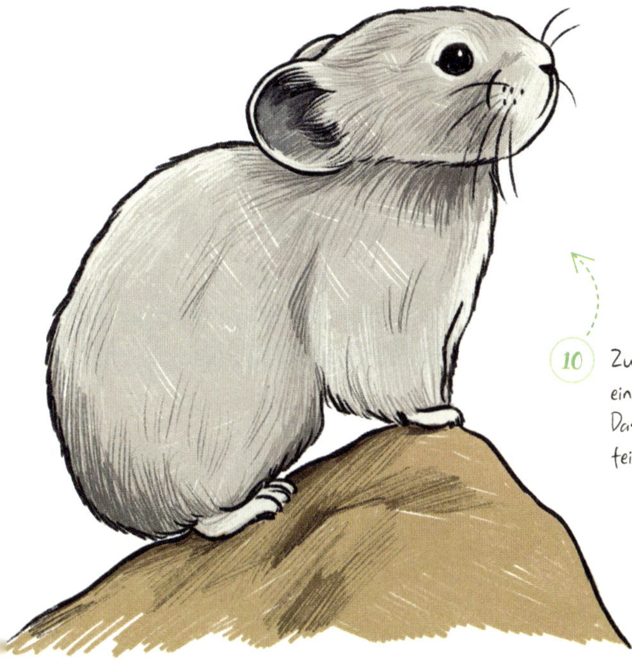

10 Zuletzt in den Schattenbereichen einige dunkelgraue Töne hinzufügen. Das weiche Fell mit einigen langen, feinen Strichen andeuten.

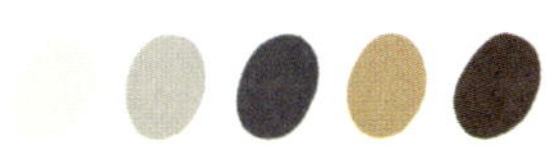

Baumfrosch

Der kleine Frosch hat grüne Augenlider. Wenn er sie öffnet, erscheinen die knallroten Augen – und erschrecken seine Feinde.

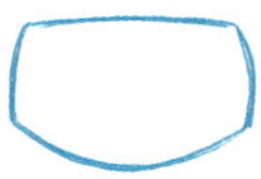

1 Mit einem abgeflachten Sechseck für den Kopf beginnen. Die obere Seite ist fast gerade, die untere hat eine flache U-Form.

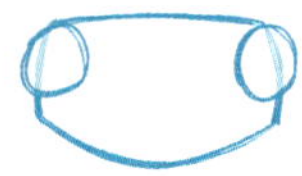

2 Kleine Kreise auf beiden Seiten stellen die Augen dar.

3 Ein Viereck für den Körper zeichnen. Es liegt dicht unter dem Kopf, berührt ihn aber nicht.

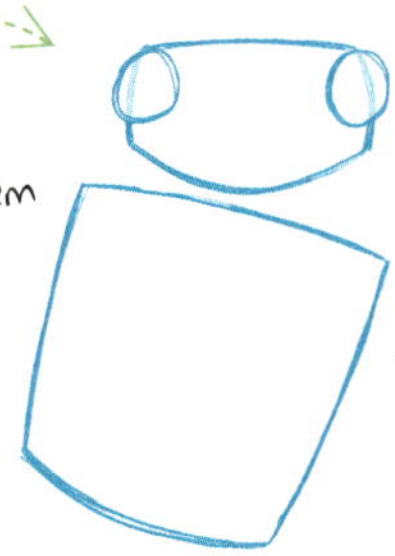

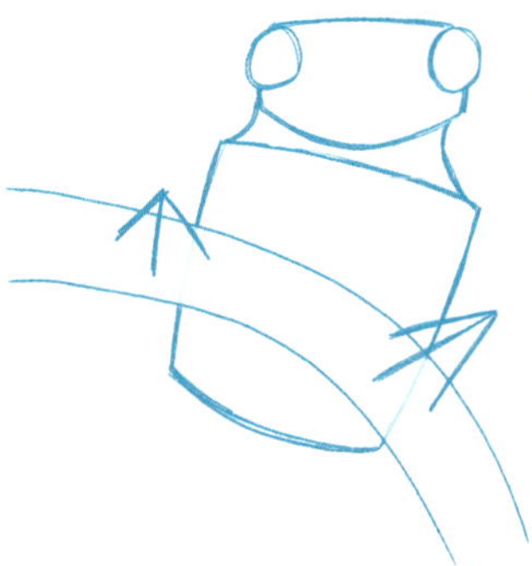

4 Kopf und Körper mit zwei Bögen verbinden. Den Zweig mit zwei längeren Bögen darstellen. Für die Zehen jedes Fußes drei Striche auf den Zweig zeichnen.

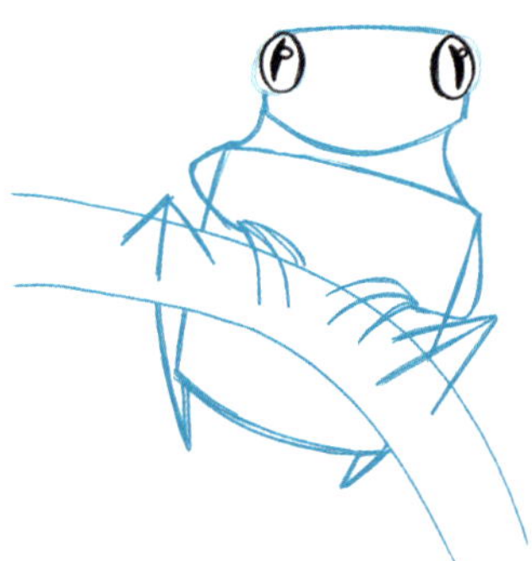

5 Die Vorder- und Hinterbeine skizzieren. Die Augen anhand der kleinen Hilfskreise genauer ausarbeiten. Sie haben schmale, schlitzförmige Pupillen mit kleinen Lichtreflexen.

6 Die obere Kopfkontur ausarbeiten, dabei kleine Buckel über den Augen einzeichnen. Den oberen Teil des Mauls direkt über der Hilfslinie einzeichnen. Zwei Punkte für die Nasenlöcher hinzufügen.

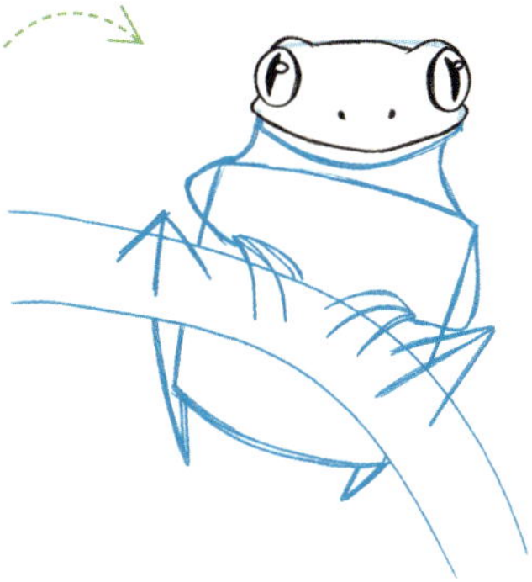

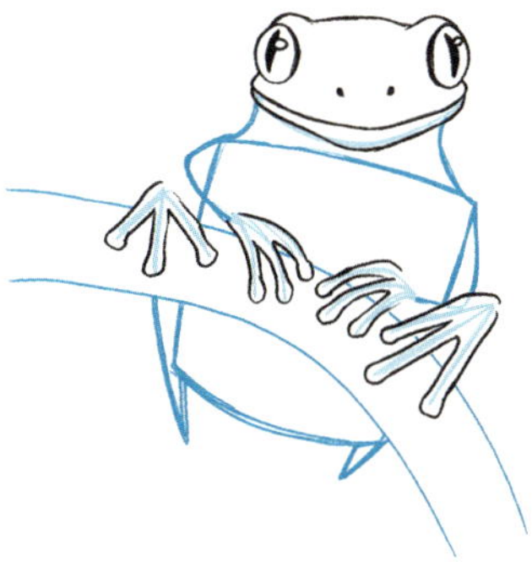

7 Den unteren Teil des Mauls auf der Hilfslinie einzeichnen. Die Zehen anhand der Hilfslinien ausarbeiten. Sie sind an den Spitzen breiter und abgerundet.

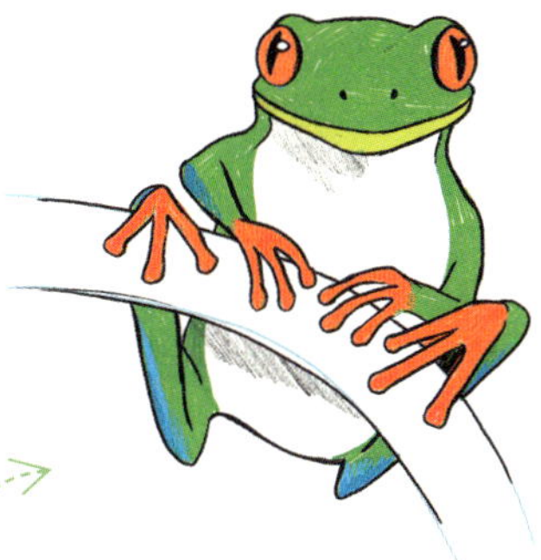

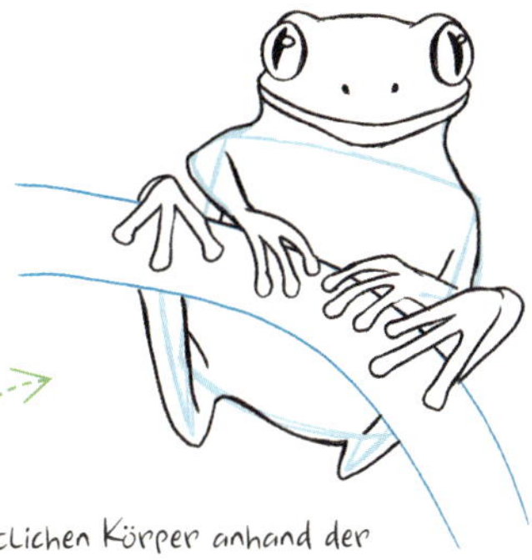

8 Den restlichen Körper anhand der Hilfslinien ausarbeiten.

9 Gesicht und Beine in leuchtendem Grün, Augen und Zehen in leuchtendem Orange und die Unterseite der Beine in Blau anmalen. Für das untere Maul einen anderen Grünton verwenden. Leichte Schatten unter dem Kinn und dem Ast hinzufügen.

10 Den Bauch gelb und den Zweig hellgrün kolorieren. Zum Schluss die Schattenbereiche mit dunkleren Tönen verstärken.

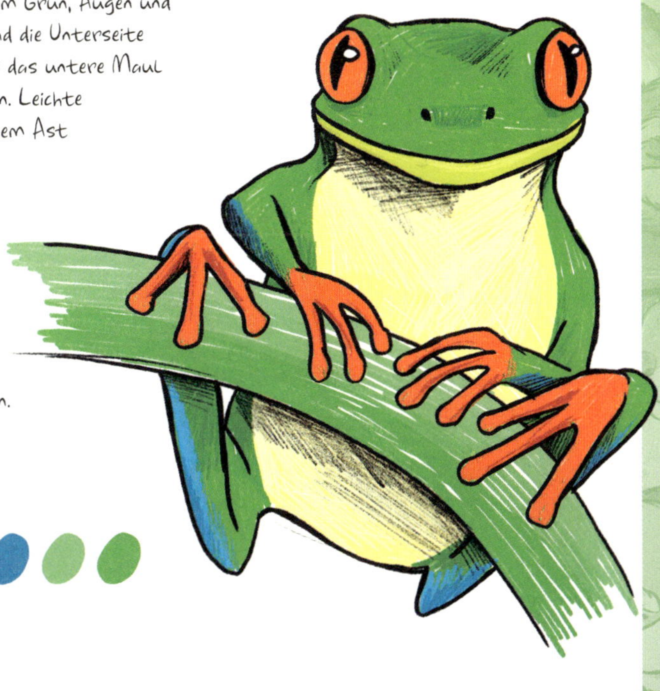

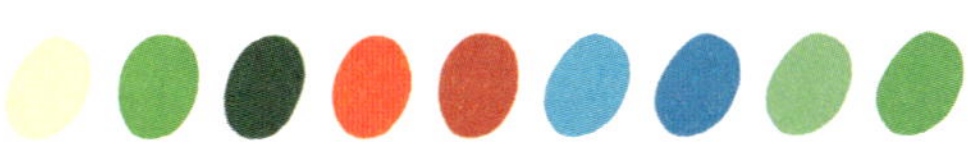

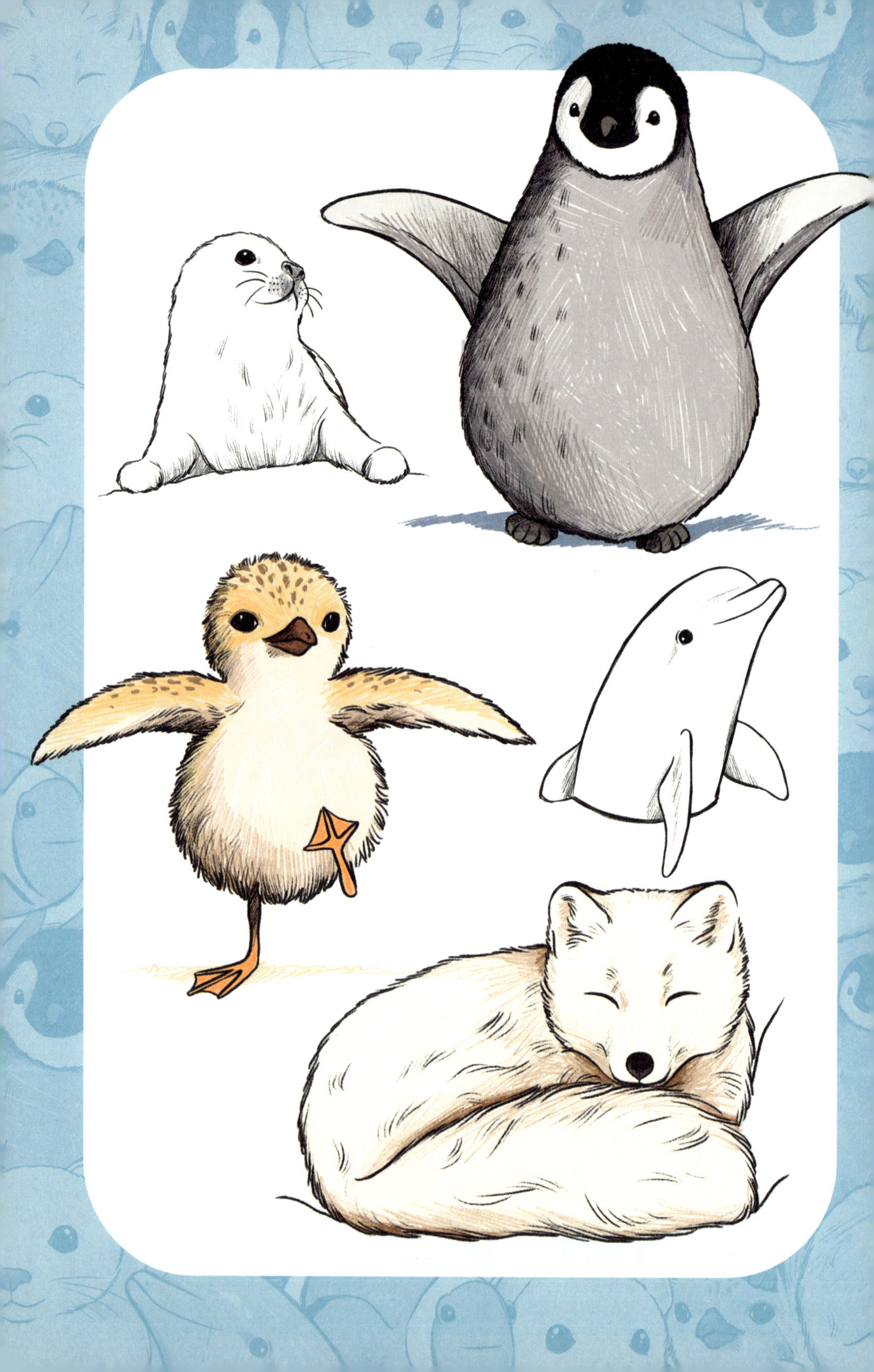

Arktis & Ozeane

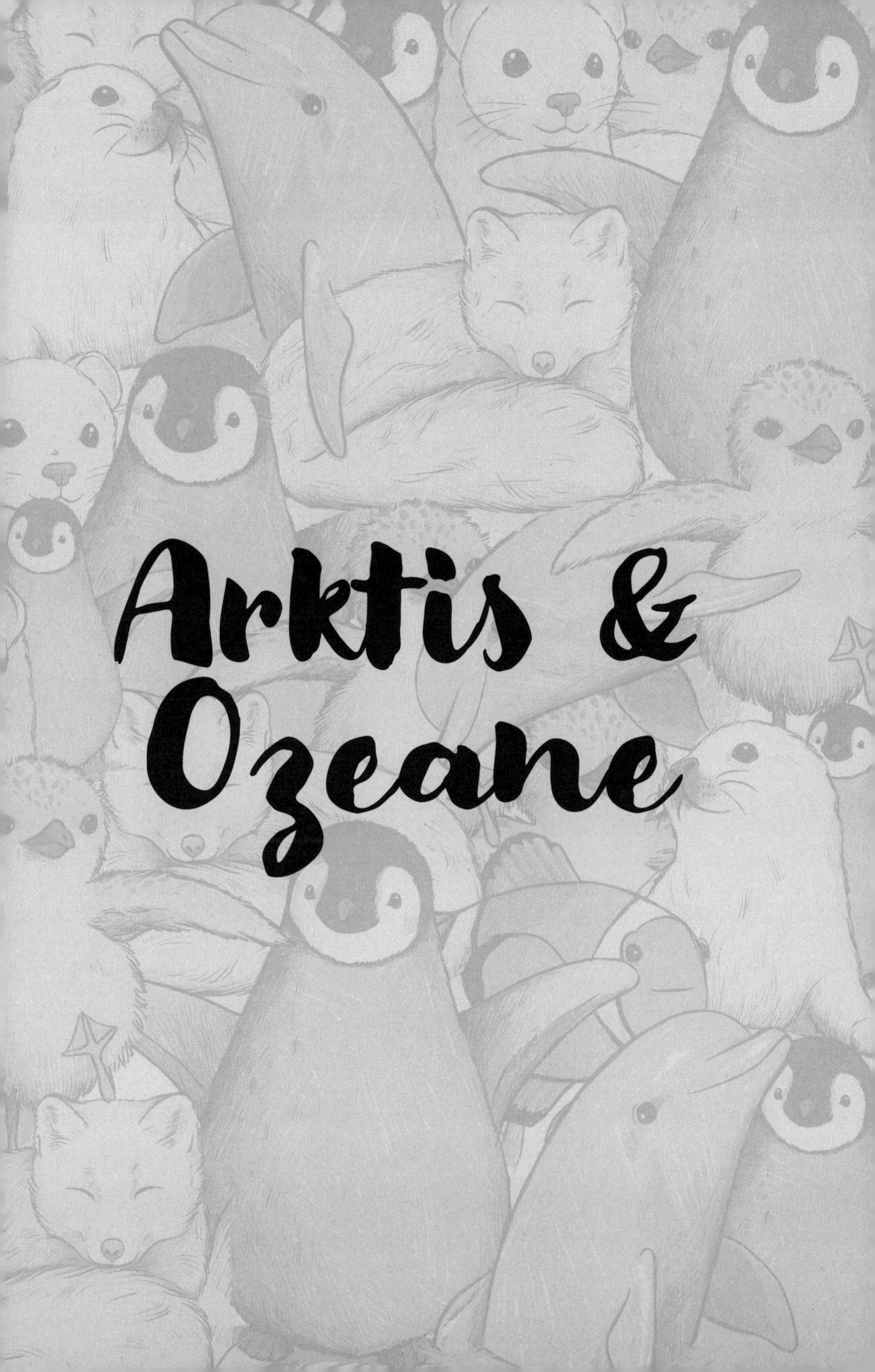

Polarfuchs

Das dicke, weiße Fell des Polarfuchses dient der Tarnung. Außerdem verhindert es Wärmeverluste, da die hohlen weißen Fellschäfte eine gute Isolierwirkung haben.

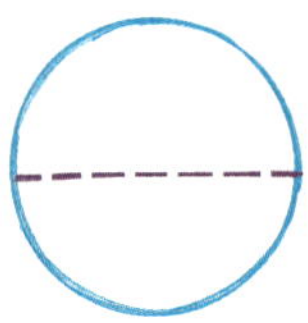

1 Mit einem Kreis für den Kopf beginnen. Eine gestrichelte Mittellinie einzeichnen.

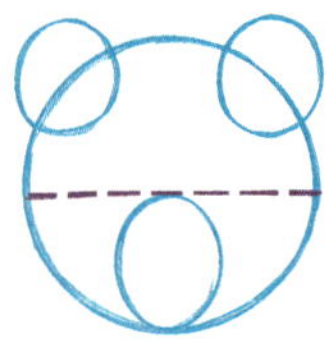

2 Zwei kleine überlappende Ovale für die Ohren hinzufügen. Für die Schnauze ein kleines Oval in den Kopf zeichnen.

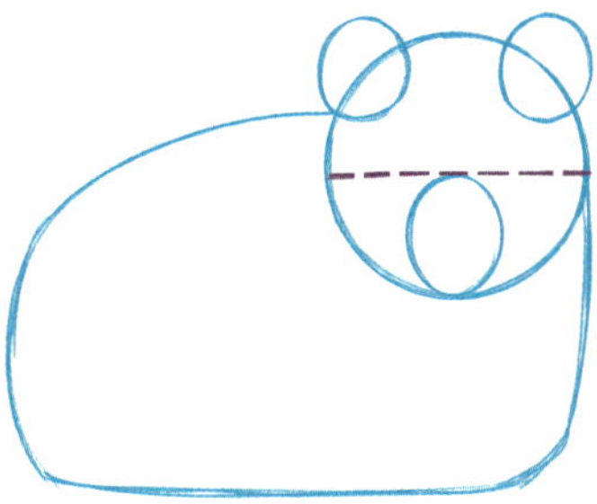

3 Links unter dem Kopf ein abgerundetes Rechteck für den Körper skizzieren.

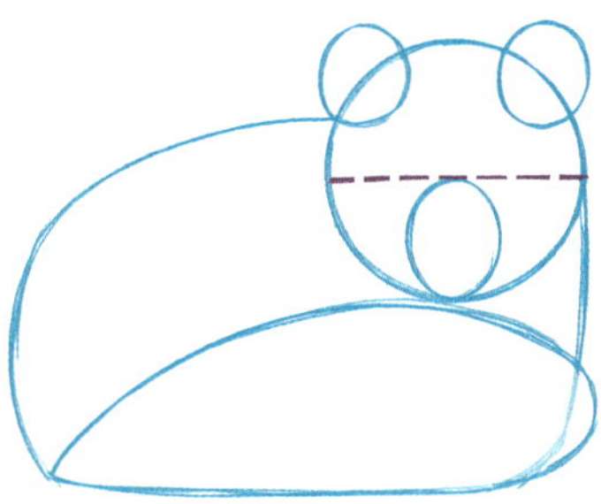

4 Für den Schwanz einen großen Bogen durch den Körper zeichnen.

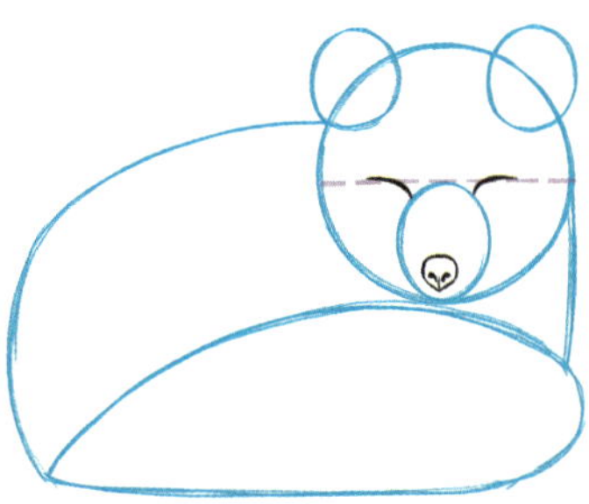

5 Auf die Hilfslinie zwei kleine Bögen für die geschlossenen Augen setzen. In den unteren Bereich des Schnauzenkreises die Nase mit den Nasenlöchern zeichnen.

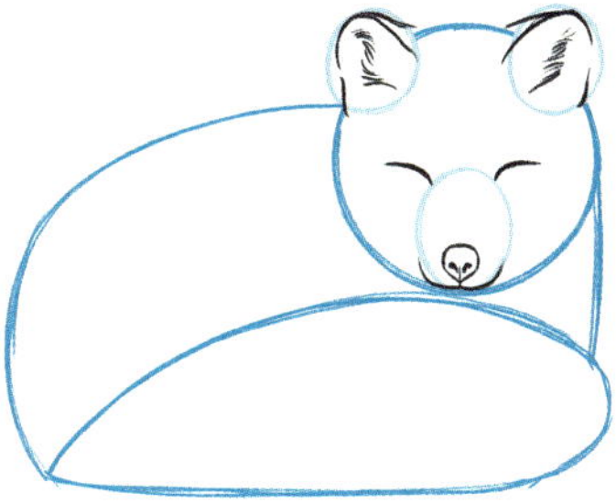

6 Die Konturen der Ohren mit einer Reihe von kurzen Strichen nachzeichnen und längere Haare im Inneren der Ohren andeuten.

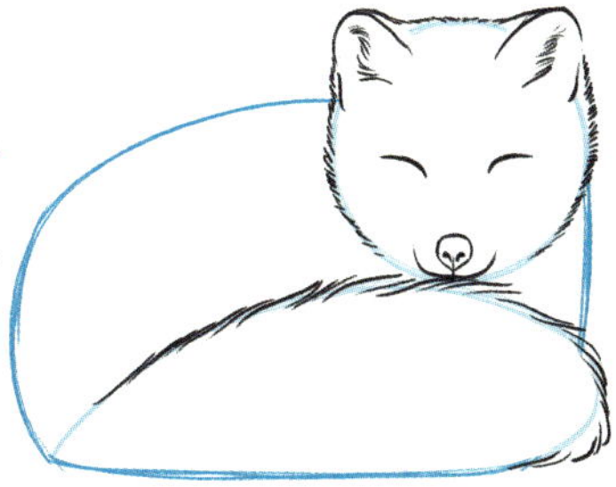

7 Die Gesichtskontur ebenso stricheln. Für die Schwanzkontur längere Striche verwenden.

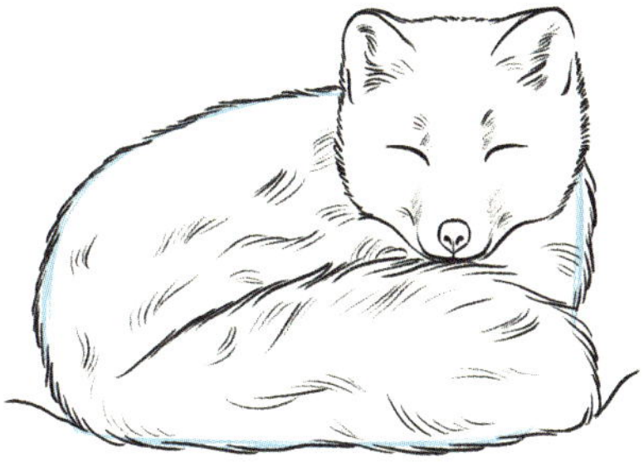

8 Mit dem Rest des Körpers fortfahren, dabei auf dem Körper einige wellenförmige Striche einzeichnen, damit das Fell besonders weich und füllig wirkt.

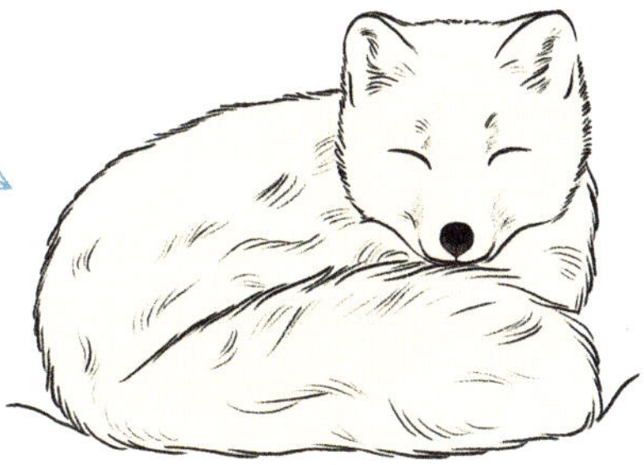

9 Den Fuchs in einem sehr hellen Sandton kolorieren. Die Nase ist schwarz.

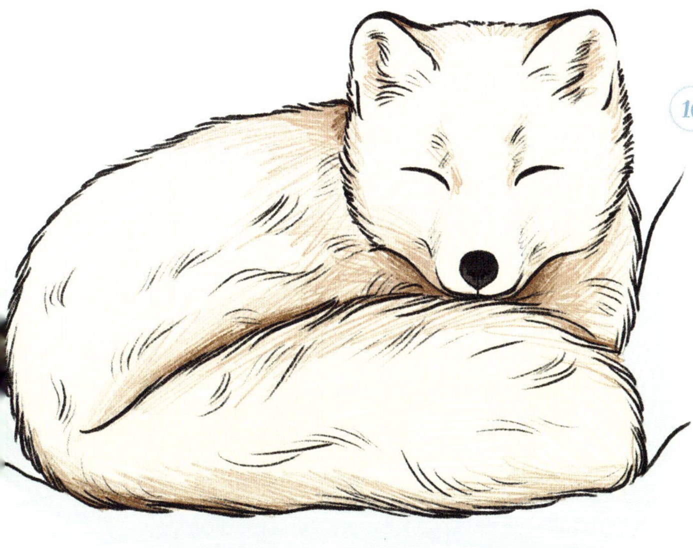

10 Die Schattenbereiche etwas dunkler eintönen, um die Tiefenwirkung zu verstärken. Um den Fuchs mit einem sehr blassen Blauton den Schnee andeuten

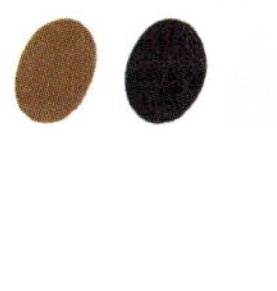

Pinguin

Mit ihren weichen, flaumigen Federn und ihrem watschelnden Gang sind pummelige Pinguinküken der Inbegriff von Niedlichkeit!

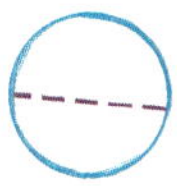

1 Mit einem Kreis für den Kopf beginnen und eine gestrichelte Mittellinie hineinzeichnen.

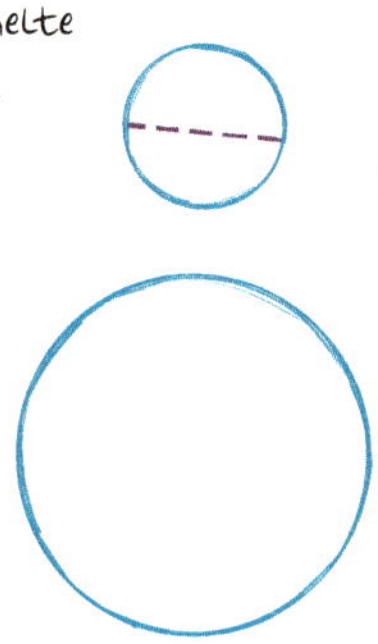

2 Unter dem Kopf einen größeren Kreis für den Körper zeichnen.

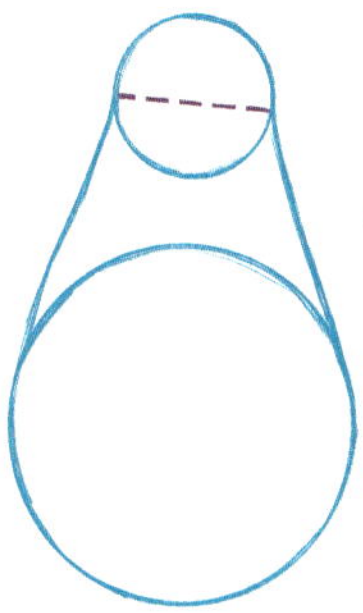

3 Die Kreise mit zwei leicht gebogenen Linien verbinden. Dadurch entsteht der Hals.

4 An den Seiten längliche Dreiecke für die Flügel anfügen. Die Füße durch zwei kleine Ovale andeuten.

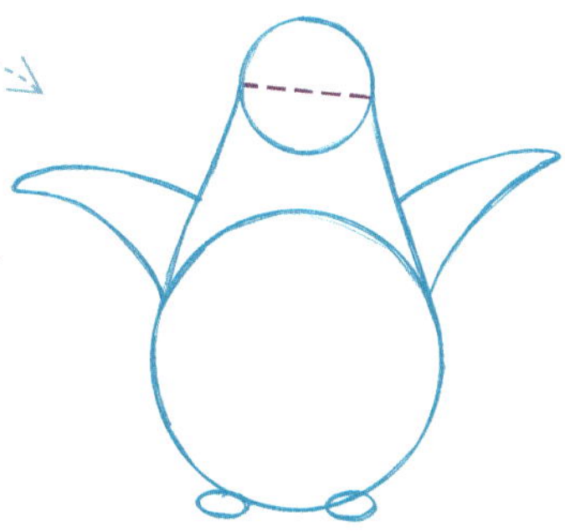

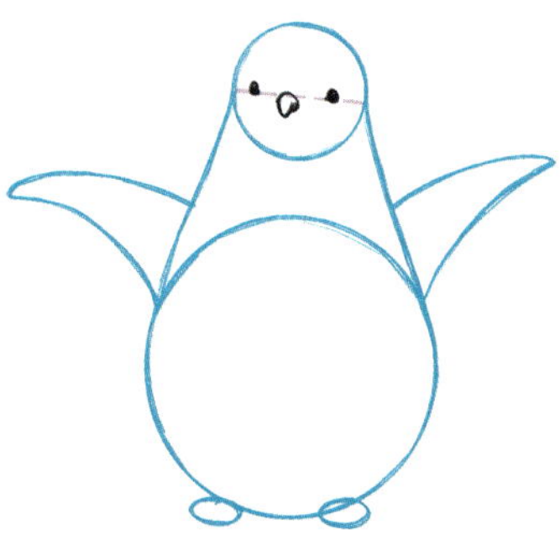

5 Die kleinen, schwarzen Augen auf die horizontale Hilfslinie zeichnen, dabei die weißen Lichtreflexe nicht vergessen. Darunter den rundlichen Schnabel einfügen.

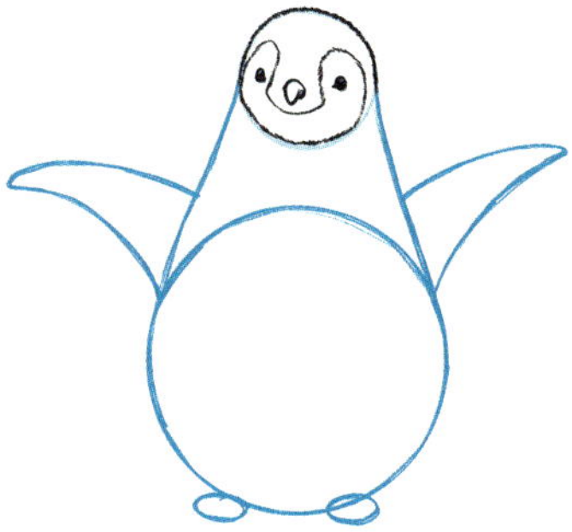

6 Die Kopfkontur mit kurzen Strichen nachzeichnen, um das flauschige Gefieder darzustellen. Die Helmform um Augen und Schnabel herum andeuten.

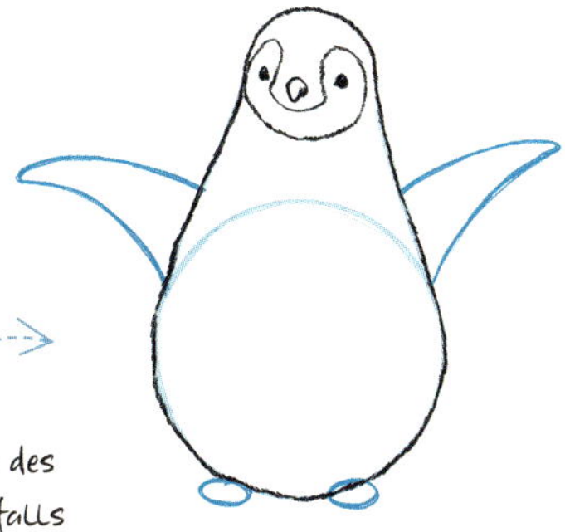

7 Die Konturen des Körpers ebenfalls stricheln.

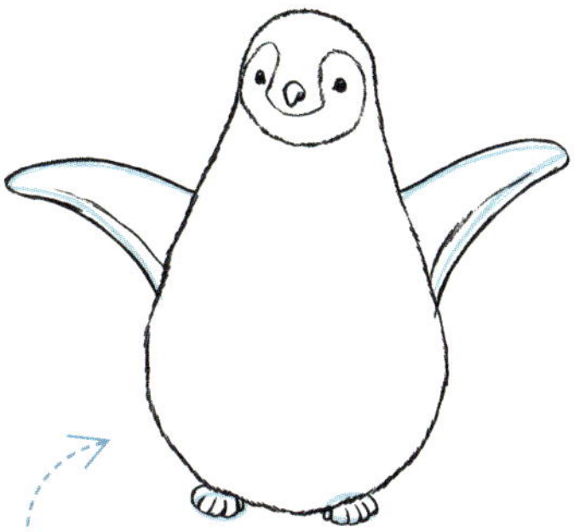

8 Die Flügel ausarbeiten. Innerhalb der unteren Kontur jeweils eine parallele Linie ziehen. In die vorgezeichneten Füße runde Zehen einzeichnen.

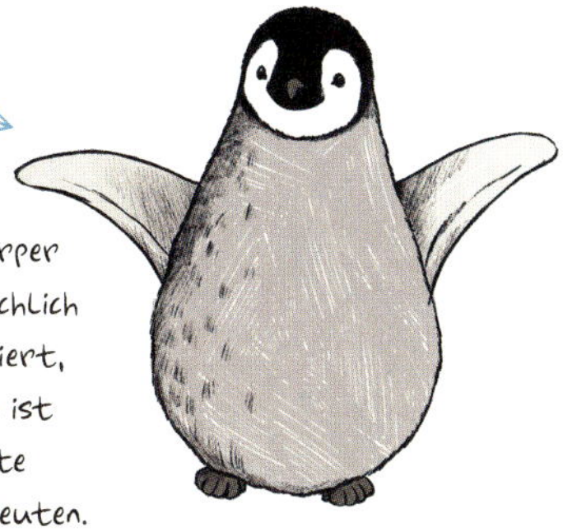

9 Der Pinguinkörper wird hauptsächlich in Grau koloriert, nur der Helm ist schwarz. Erste Schatten andeuten.

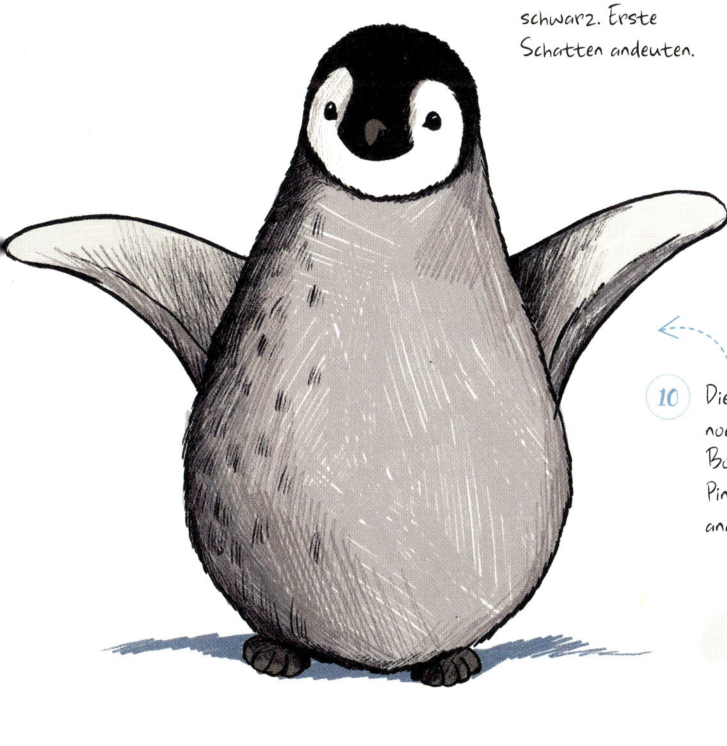

10 Die Schattenbereiche nochmals abdunkeln. Den Boden unter den Füßen des Pinguins mit Eisblau andeuten.

Seehund

In den ersten zwei Wochen ihres Lebens haben junge Seehunde ein dichtes, weißes Fell. Erst danach entwickeln sich die grauen Flecken.

1 Mit einem Kreis für den Kopf beginnen. Auf der rechten Seite einen kleineren Kreis für die Nase hinzufügen.

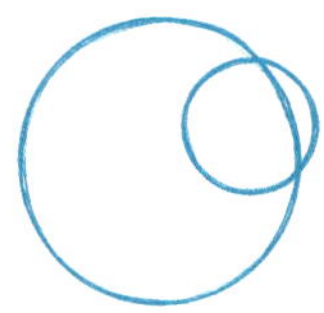

2 Darunter den Hals mit zwei Bögen andeuten.

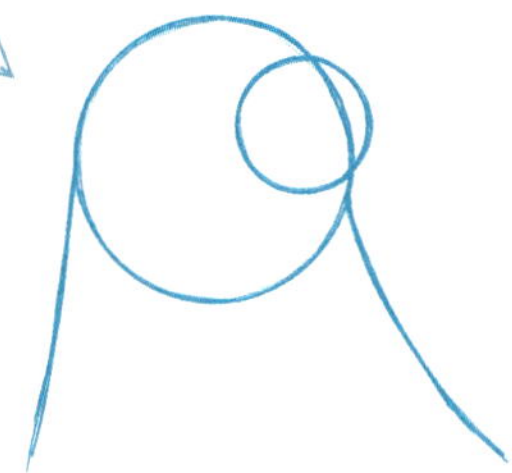

3 An den Enden der Bögen zwei kleine Kreise für die vorderen Flossen anfügen. Die Kreise mit einem Querstrich verbinden.

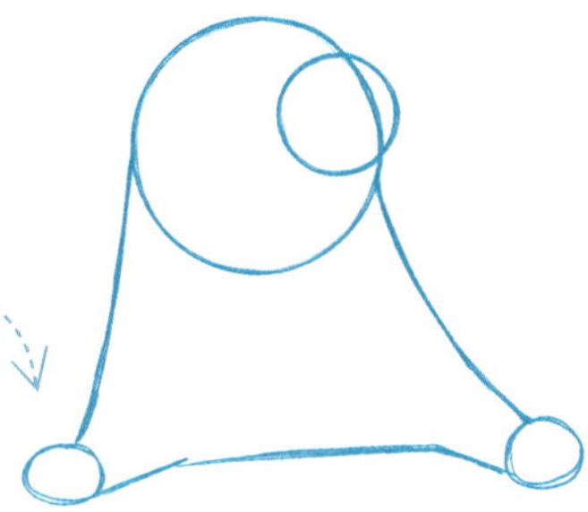

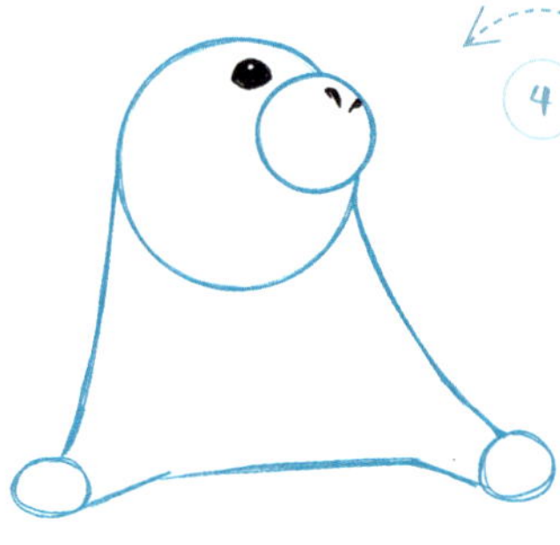

4 Das Auge im oberen Teil des Kopfes einzeichnen. Die Pupille ist schwarz mit einem kleinen Lichtreflex. Im Hilfskreis für die Schnauze zwei kleine Nasenlöcher einzeichnen.

5 Unter den Nasenlöchern die flache Nase und das Maul einfügen.

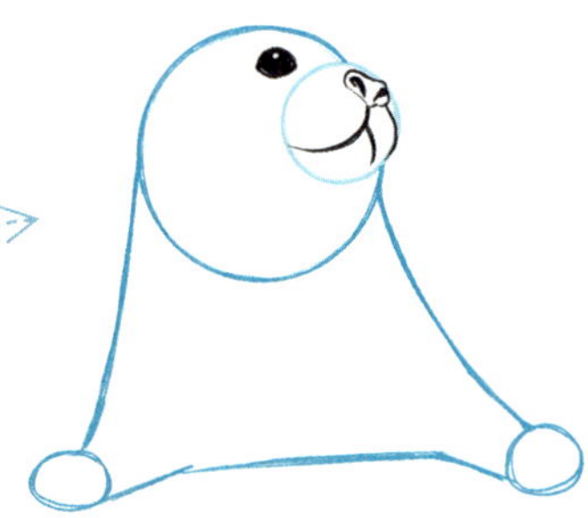

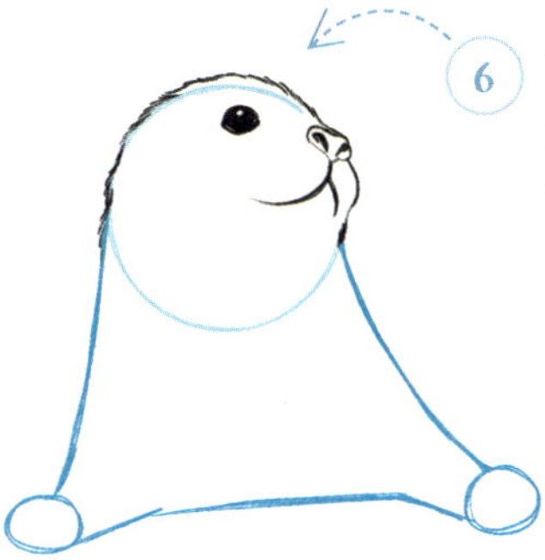

6 Den Umriss des Oberkopfs mit kurzen Strichen nachzeichnen, um das Fell anzudeuten.

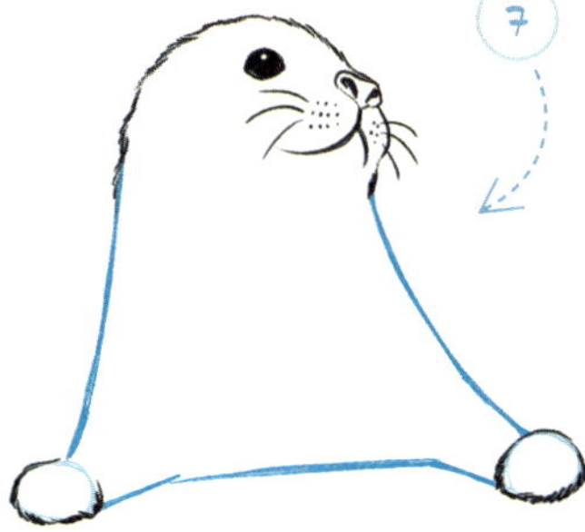

7 Die Vorderflossen anhand der kreisförmigen Hilfslinien ebenso stricheln. Die Schnurrhaare einzeichnen und an ihrer Basis kleine Punke verteilen.

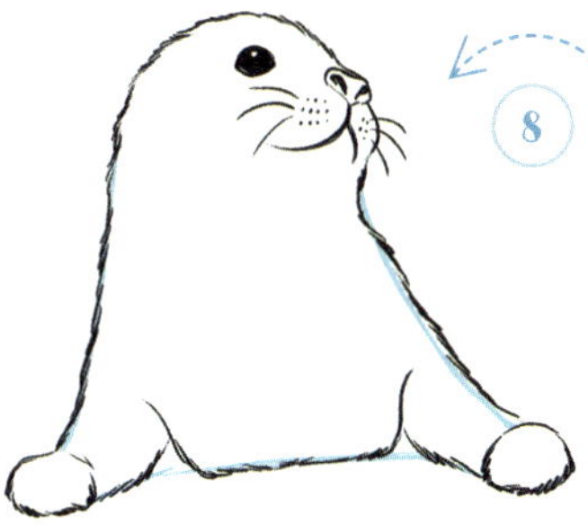

8 Die restlichen Körperkonturen ausarbeiten und stricheln.

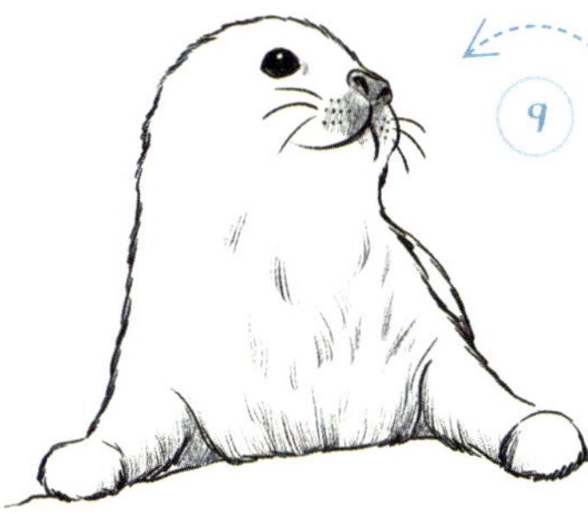

9 Mit einigen geschwungenen Strichen das Fell auf der Brust andeuten. Die Schatten unter der Nase und entlang der Unterseite abdunkeln.

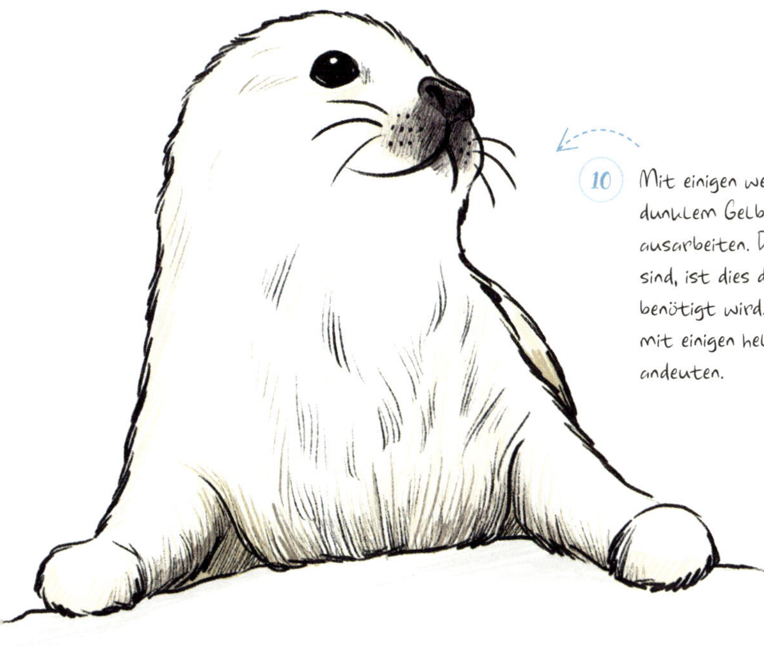

10 Mit einigen wenigen Strichen in dunklem Gelb die Form genauer ausarbeiten. Da Robbenwelpen weiß sind, ist dies die einzige Farbe, die benötigt wird. Zuletzt den Schnee mit einigen hellblauen Strichen andeuten.

Delfin

Die Haut des Delfins ist so glatt, dass sie das Licht reflektiert. Diese Textur gilt es, zeichnerisch einzufangen.

1 Mit einer Kuppelform für den Körper beginnen.

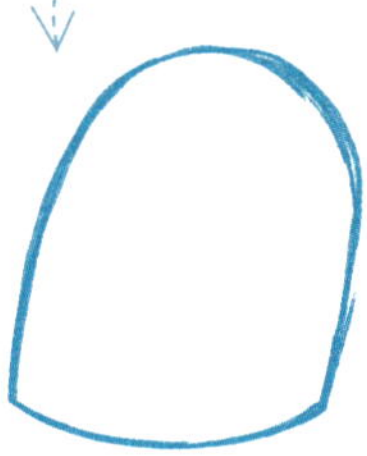

2 Oben rechts einen Bogen für den Kopf und einen weiteren, kleineren Bogen für die Schnauze hinzufügen.

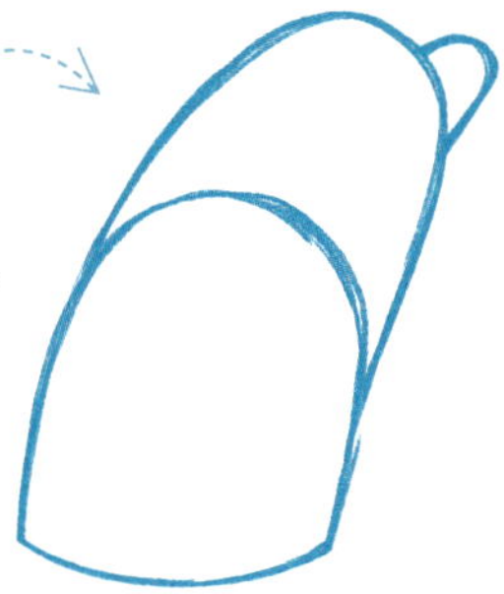

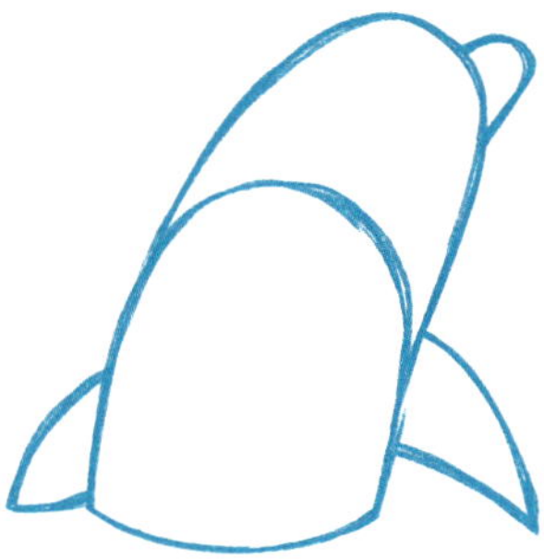

3 Unten links ein kleines Dreieck für die Rückenflosse anfügen, unten rechts ein etwas größeres Dreieck für die Brustflosse.

4 Das Auge über der höchsten Stelle der Kuppel einzeichnen. Es ist schwarz mit einem weißen Lichtreflex im Inneren. Die Schnauze innerhalb der Hilfslinie genauer ausarbeiten und in ihrer Mitte einen langen, gebogenen Mund zeichnen.

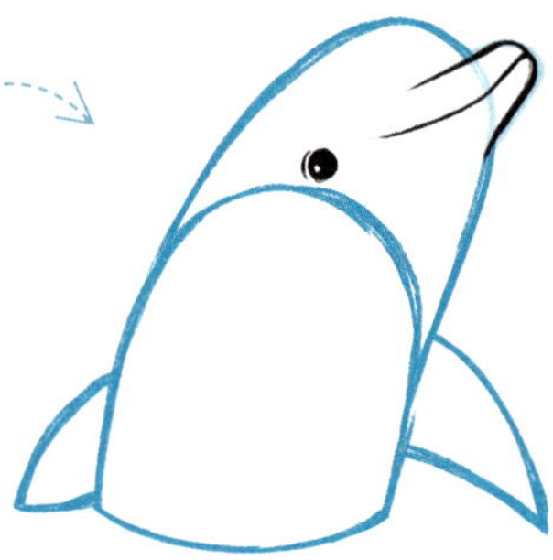

5 Den Kopf anhand der oberen Hilfslinie ausarbeiten.

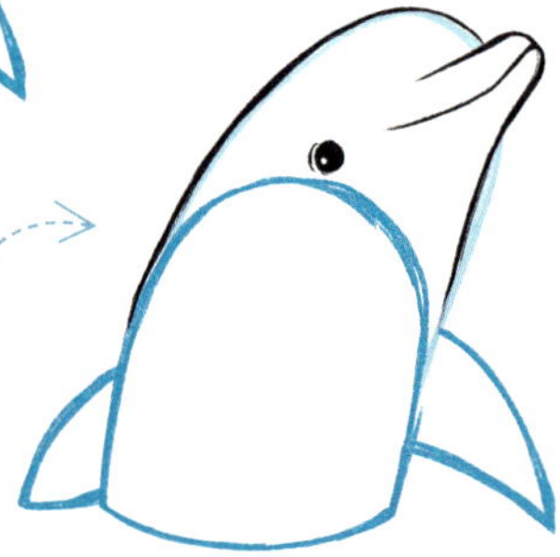

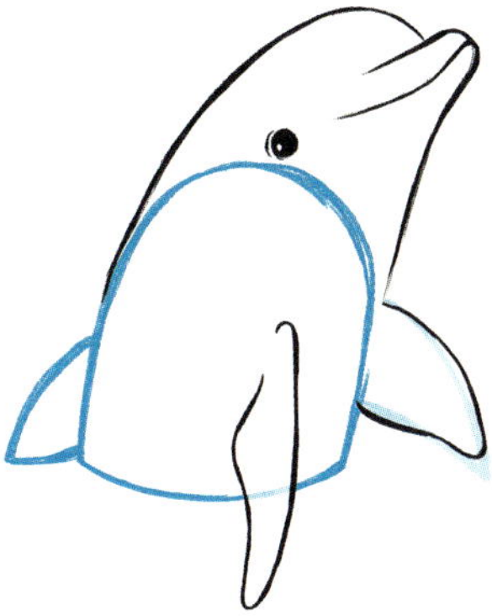

6 Die linke Flosse des Delfins anhand der dreieckigen Hilfslinie ausarbeiten. Eine weitere Vorderflosse senkrecht unter dem Auge hinzufügen.

7 Die Rückenflosse deutlicher zeichnen. Den Rest des Körpers anhand der Hilfslinien vervollständigen.

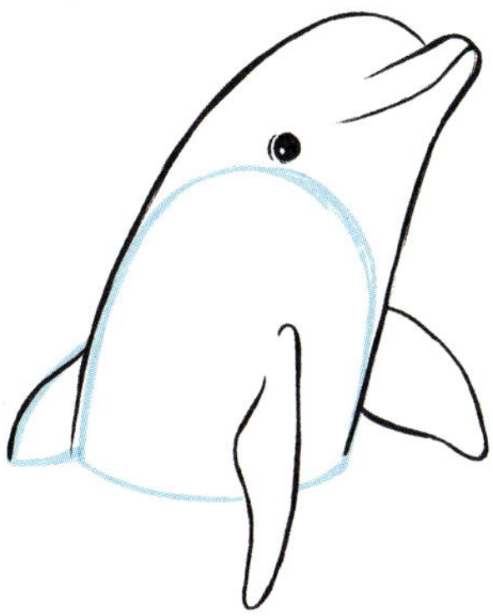

8 Erste Schatten andeuten.

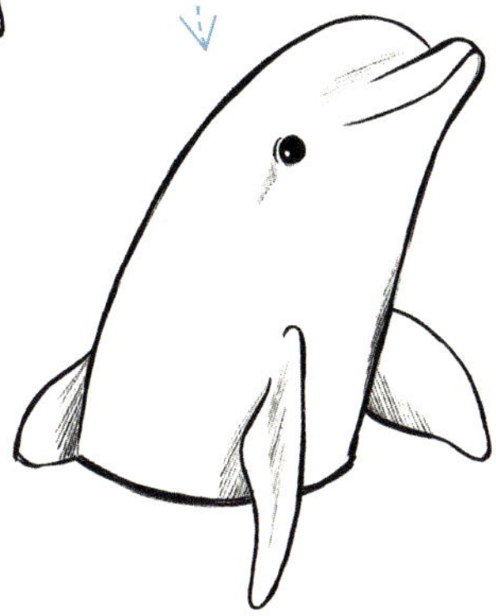

9 Den Delfin hellgrau kolorieren, aber einige Bereiche weiß lassen, um Lichtreflexionen zu zeigen.

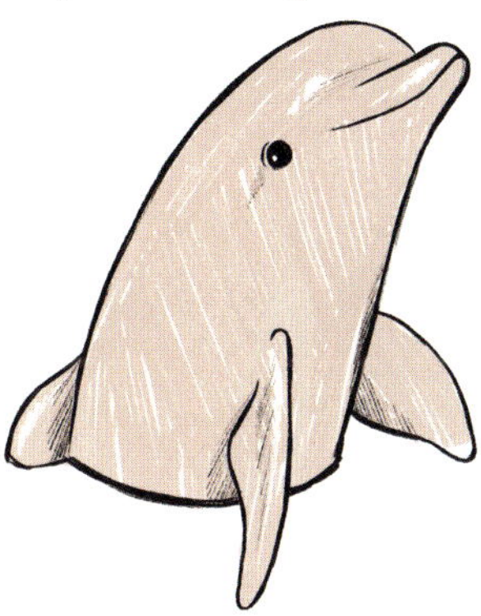

10 Die Schatten am Bauch, unter den Flossen und um das Auge abdunkeln. Zuletzt das Wasser um den Delphin mit Blau andeuten.

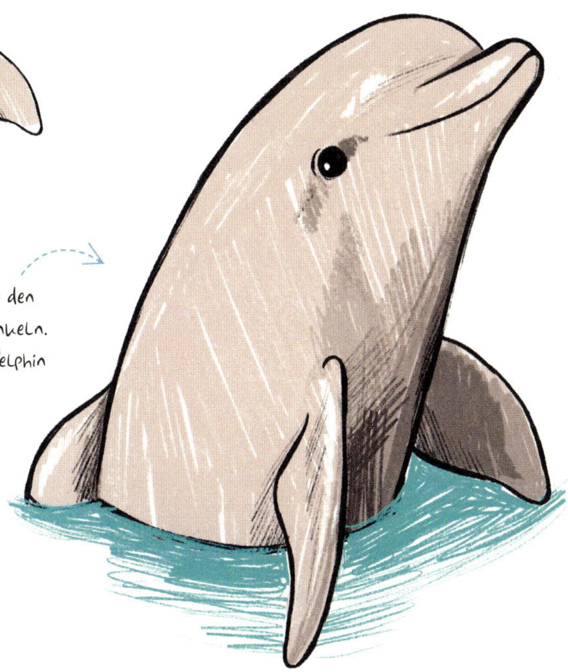

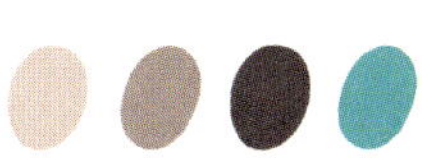

Zwergseeschwalbe

Die Küken der Zwergseeschwalbe haben ein gelbliches Daunenkleid. Damit sind sie in den Nestern an der Küste gut getarnt.

1 Mit einem Kreis für den Kopf beginnen. Eine gestrichelte Mittellinie einzeichnen.

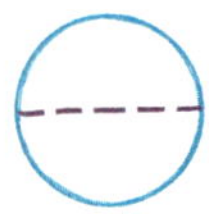

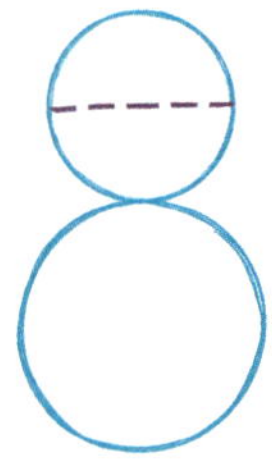

2 Direkt darunter einen weiteren Kreis für den Körper zeichnen. Der zweite Kreis sollte um ein Drittel größer sein als der erste.

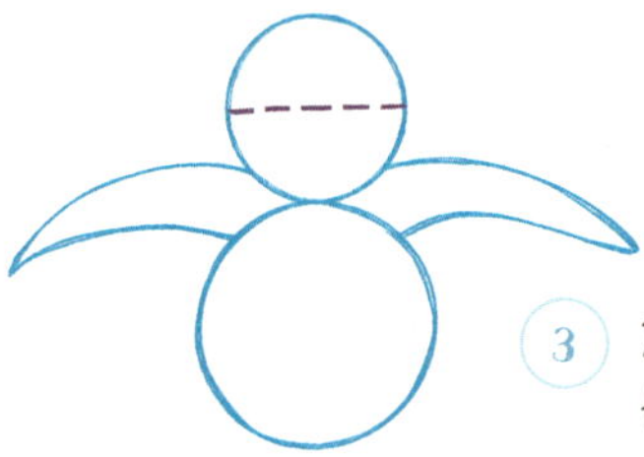

3 Zwei lange, gebogene V-Formen für die Flügel skizzieren.

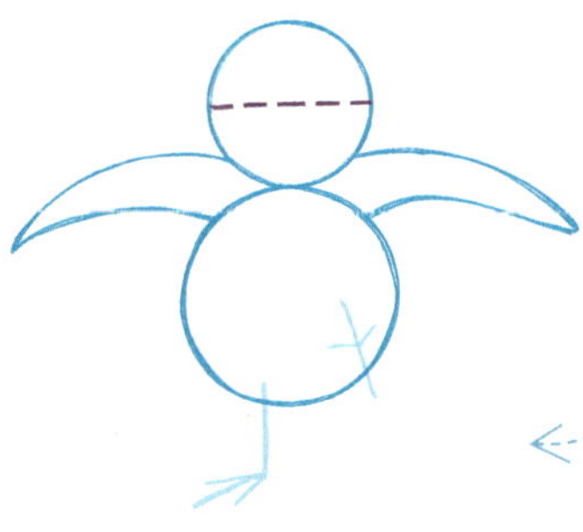

4 Zwei Striche für die Beine hinzufügen. Sie haben am Ende drei kleine Striche für die Füße.

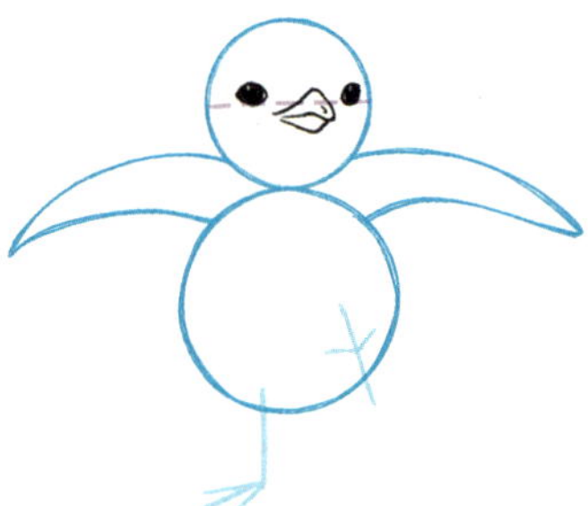

5 Die Augen auf die Hilfslinie zeichnen. Schwarze Pupillen hinzufügen, dabei die kleinen Lichtreflexe nicht vergessen. Den geschwungenen Schnabel in die Mitte zeichnen.

6 Die Kopfkontur mit vielen kurzen Strichen nachzeichnen, um das feine Gefieder anzudeuten.

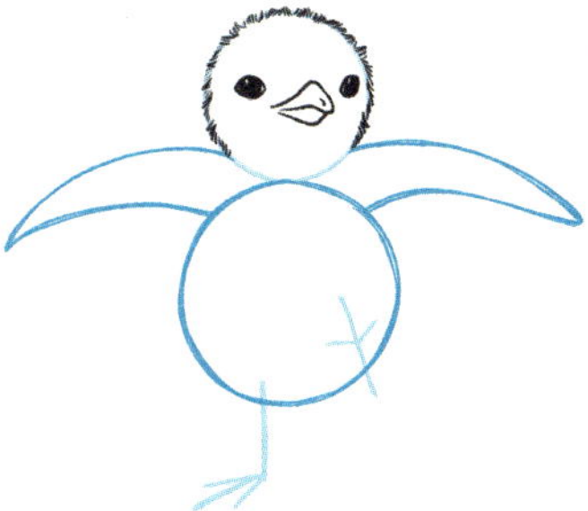

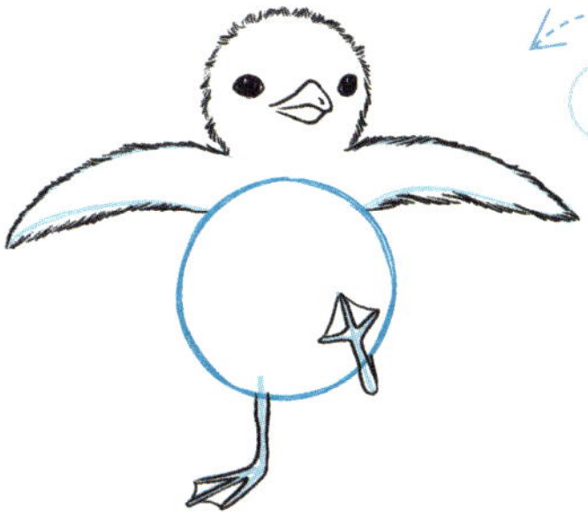

7 Die Flügel ebenso stricheln. Die Beine und Füße anhand der Hilfslinien ausarbeiten.

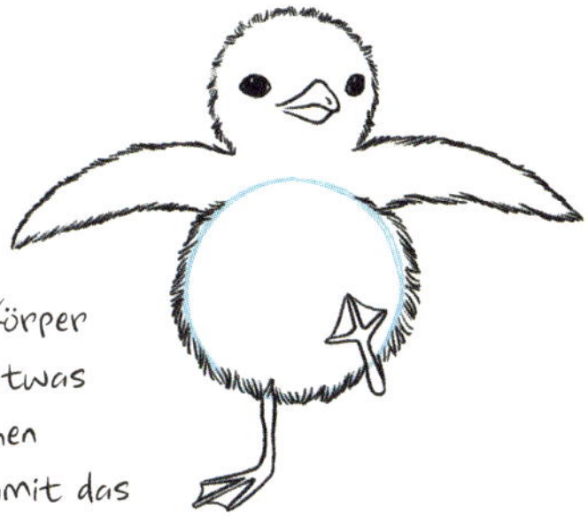

8 Die restlichen Körperkonturen mit etwas längeren Strichen nachzeichnen, damit das Gefieder schön flauschig wirkt.

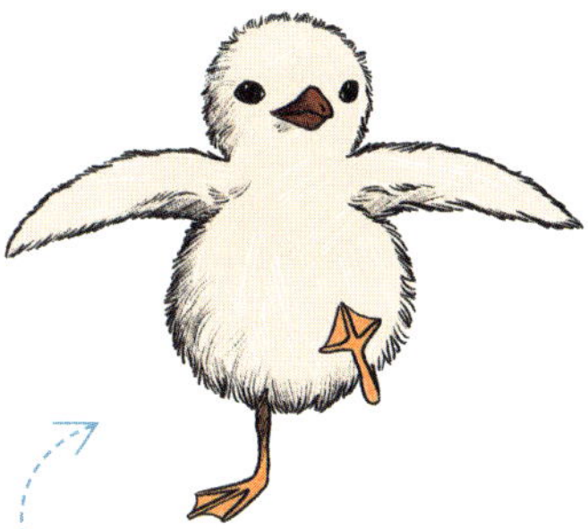

9 Den Körper hellbeige kolorieren, die Beine und Füße orange und den Schnabel braun. Erste Schattierungen hinzufügen.

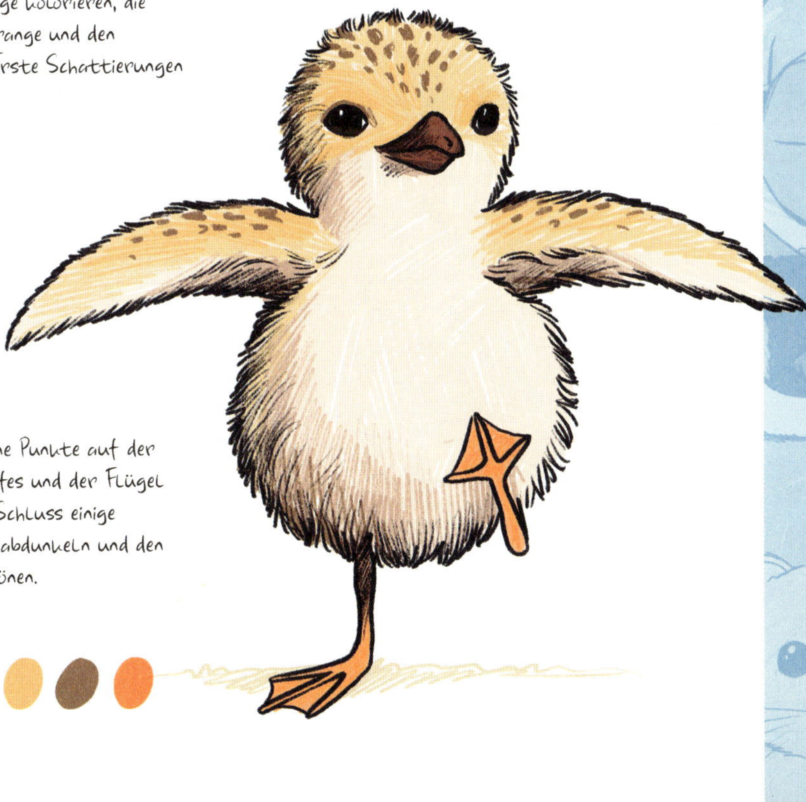

10 Einige kleine braune Punkte auf der Oberseite des Kopfes und der Flügel einzeichnen. Zum Schluss einige Schattenbereiche abdunkeln und den Boden leicht eintönen.

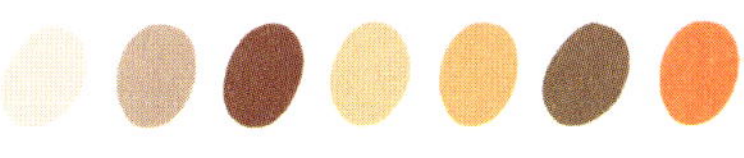

Hermelin

Wenn man das weiße Winterfell des Hermelins betrachtet, glaubt man kaum, dass es sich in den Sommermonaten braun verfärbt.

1 Mit einem Kreis für den Kopf beginnen. Eine gestrichelte Mittellinie einzeichnen und zwei Halbkreise für die Ohren zeichnen.

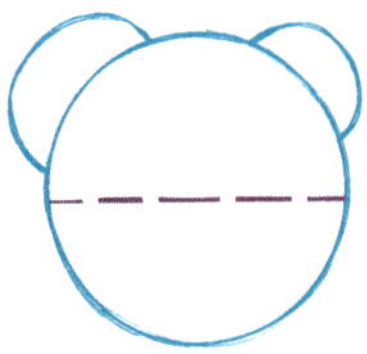

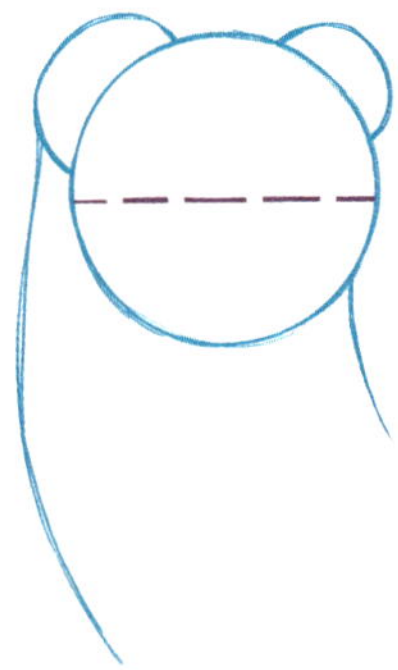

2 Zwei Bögen für den langen Hals hinzufügen.

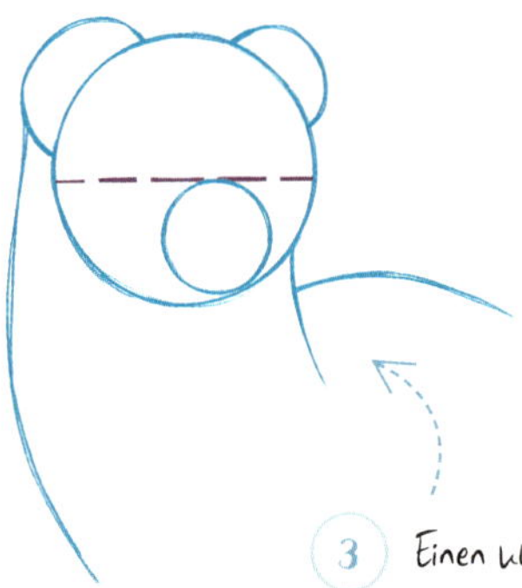

3 Einen kleineren Kreis unten rechts für die Schnauze einzeichnen und einen Bogen für den Rücken skizzieren.

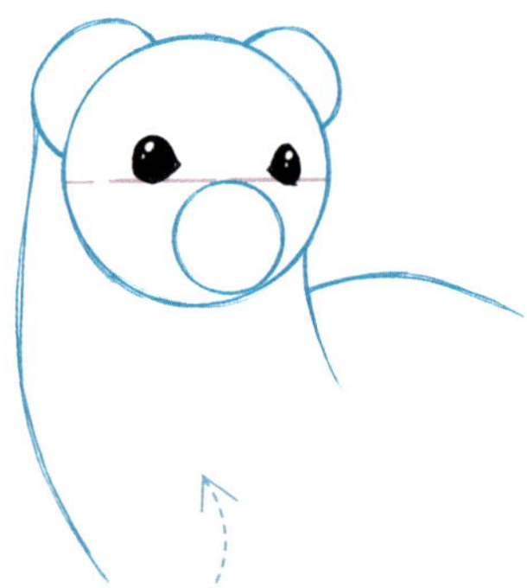

4 Die runden Augen auf die horizontale Hilfslinie zeichnen. Schwarze Pupillen mit winzigen Lichtreflexen einfügen.

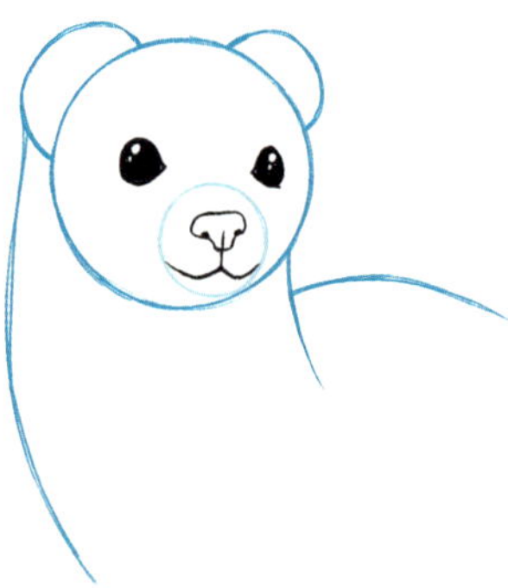

5 Nase und Mund in den kleinen Kreis zeichnen.

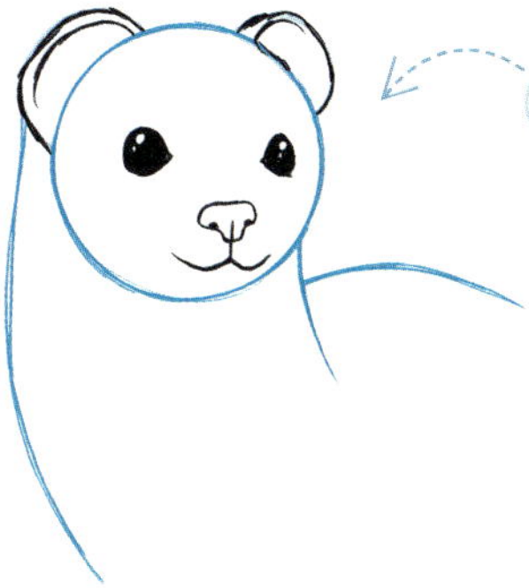

6 Das Fell um die Ohren herum mit einer Reihe kurzer Striche darstellen.

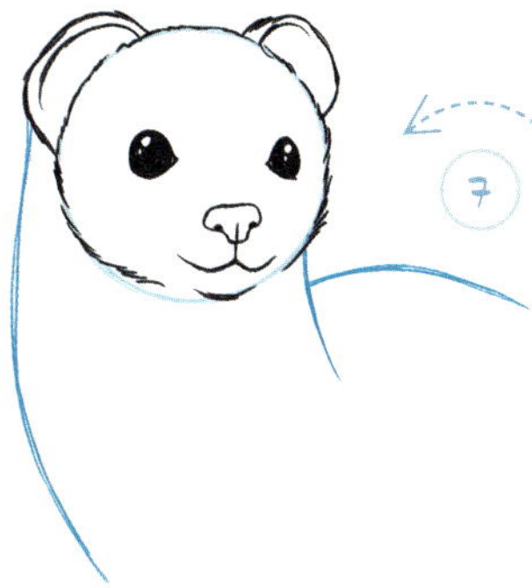

7 Die Kopfkontur ebenso stricheln. Am Kinn die Striche etwas sparsamer setzen.

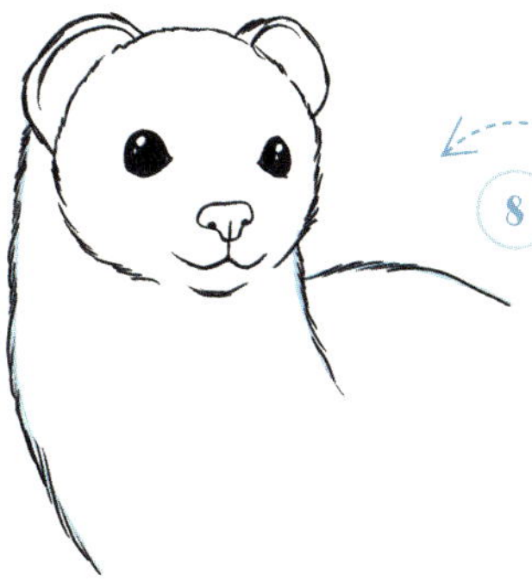

8 Die Umrisse von Hals und Rücken vervollständigen.

9 Den Körper in einem Cremeton kolorieren. Die Nasenspitze ist braun und die Innenseite der Ohren pfirsichfarben.

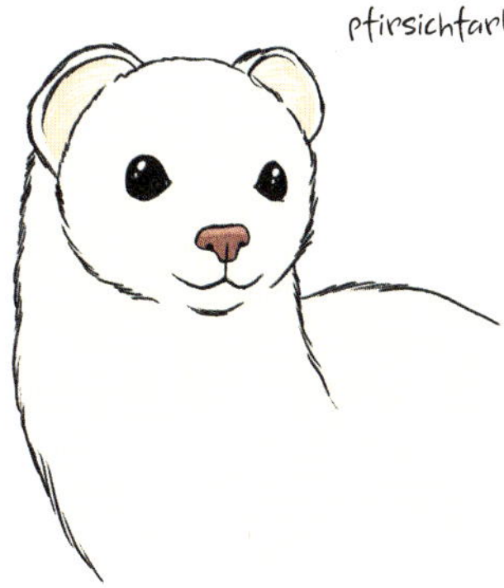

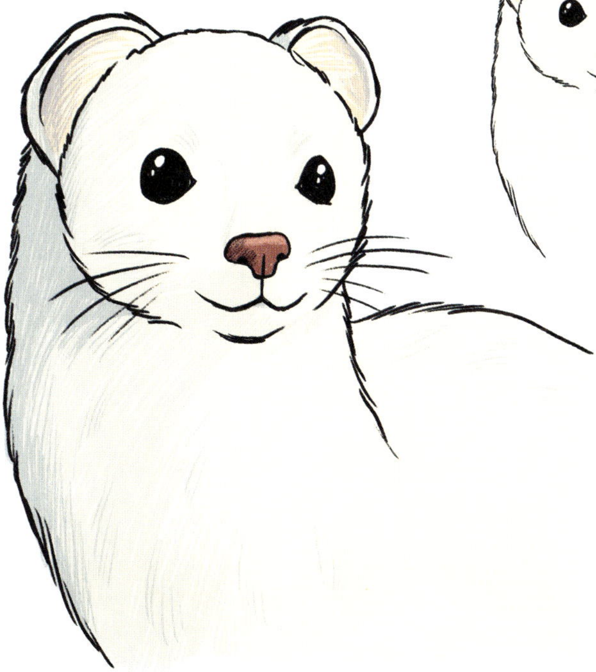

10 Zum Schluss etwas dunklere Töne auf die Schattenbereiche auftragen.

Anemonenfisch

Dieser farbenfrohe Fisch wurde durch den Disney-Film „Findet Nemo"
berühmt. Die Flossen werden einfach aus Halbkreisen entwickelt.

1 Mit einem Oval für das Gesicht beginnen. Zwei kleinere Ovale für die Augen hinzufügen, dabei auf ihre Position auf der Kreislinie achten.

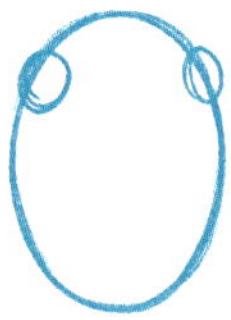

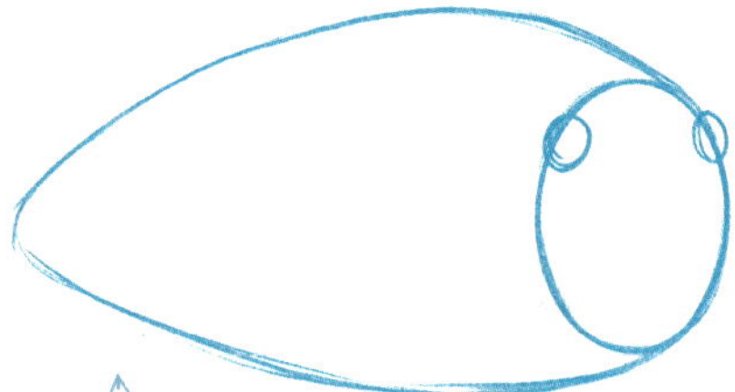

2 Nach links eine Tropfenform für den Körper zeichnen.

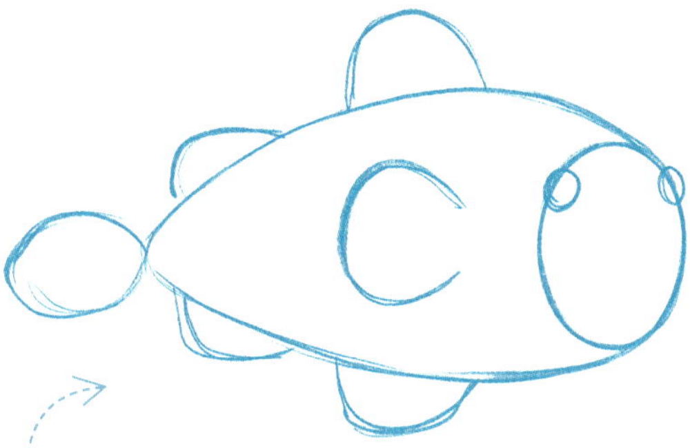

3 Halbkreise für die Flossen und ein Oval für die Schwanzflosse skizzieren.

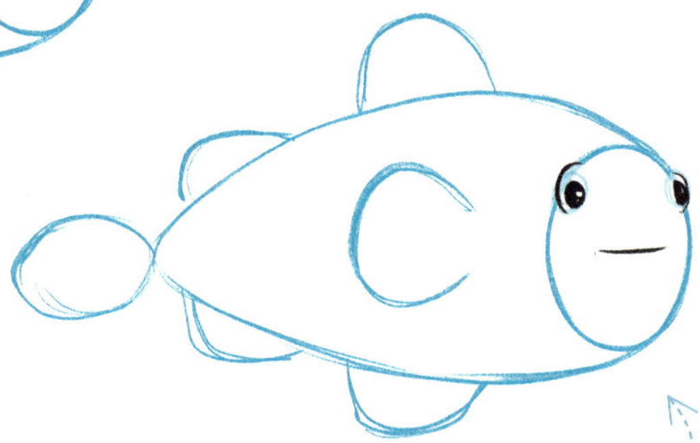

4 Die Augen genauer ausarbeiten. Die Pupillen sind schwarz mit kleinen Lichtreflexen im Inneren. Einen geraden Strich für den Mund hinzufügen.

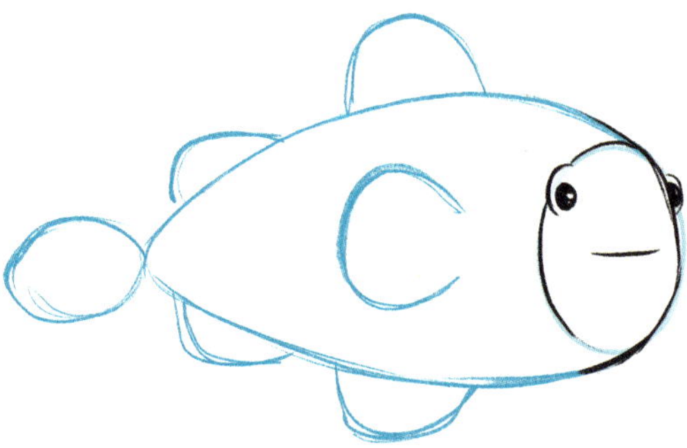

5 Den Umriss des Gesichts deutlicher nachzeichnen.

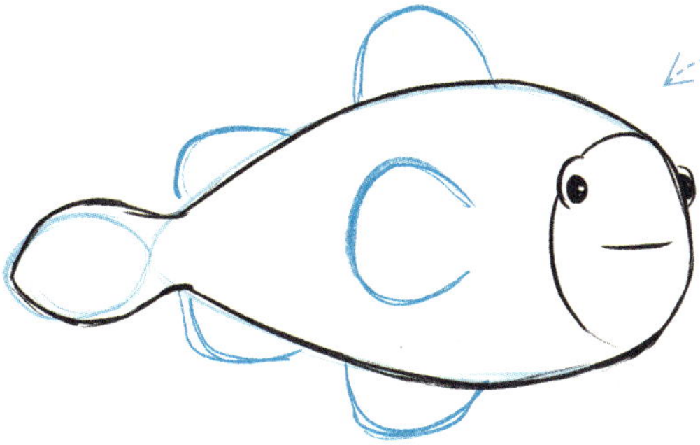

6 Die Umrisse des Körpers nachzeichnen.

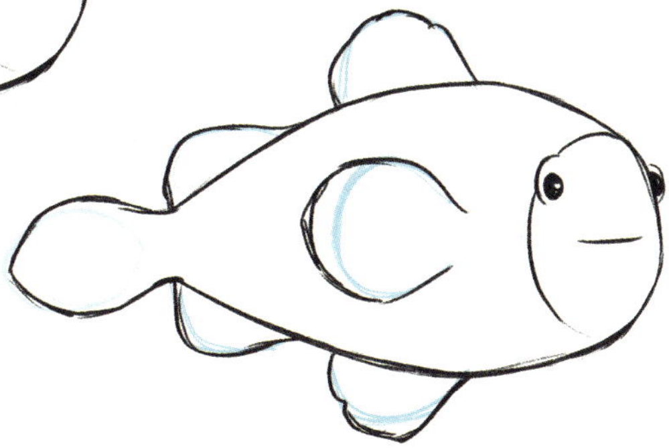

7 Mit den Flossen fortfahren.

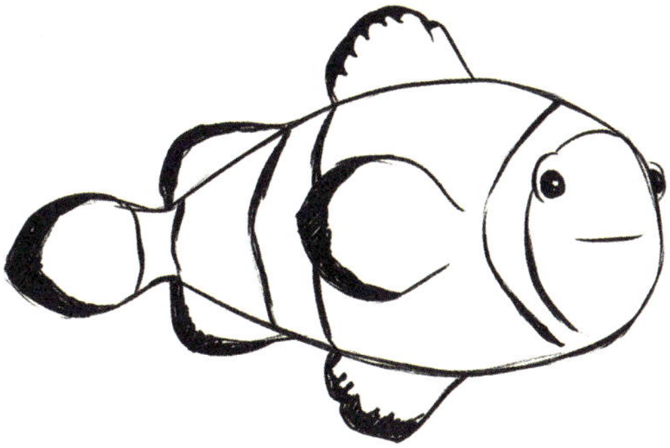

8 Die Ränder der Flossen abdunkeln und einige Streifen auf dem Körper einzeichnen.

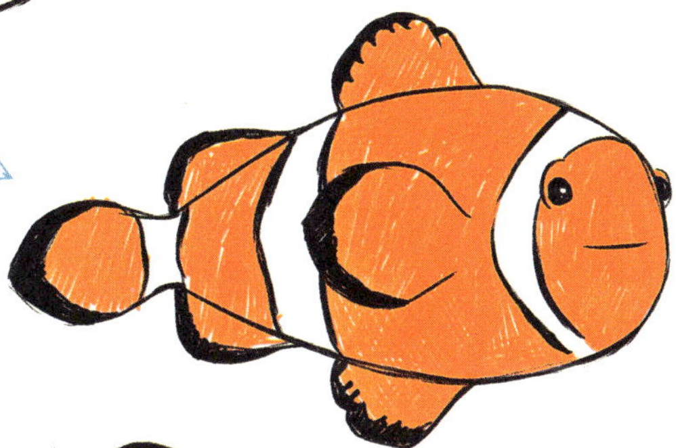

9 Den Körper orange kolorieren, die Streifen bleiben weiß.

10 Die Flossen und die Ränder des Körpers etwas abdunkeln, um die Tiefenwirkung zu verstärken. Einige grüne Algen hinzufügen.

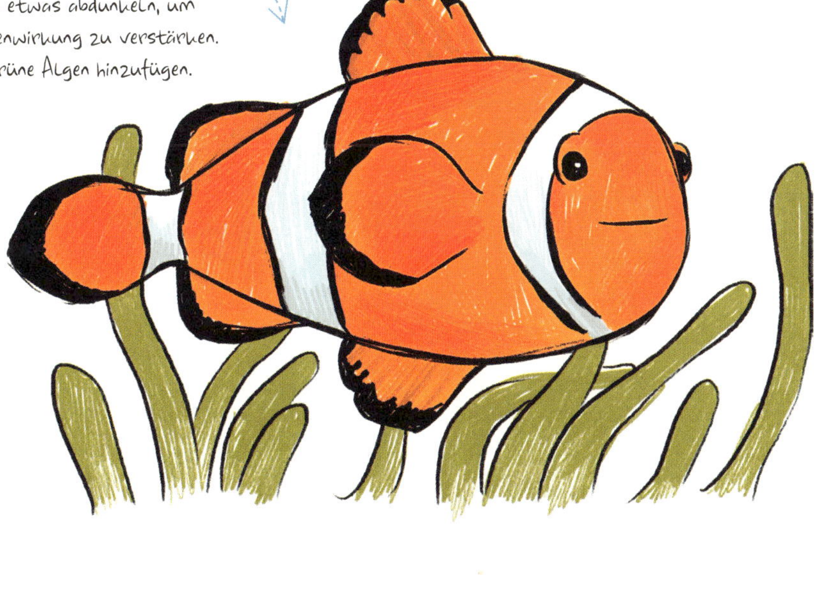

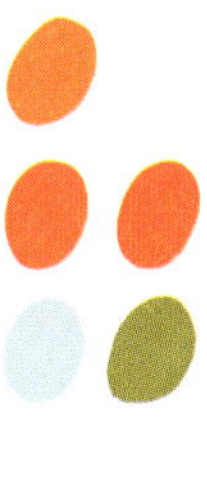

Seeotter

Der Seeotter hat im Gegensatz zu anderen Meerestieren keine wärmende Fettschicht, sondern nur ein sehr dichtes, warmes Fell.

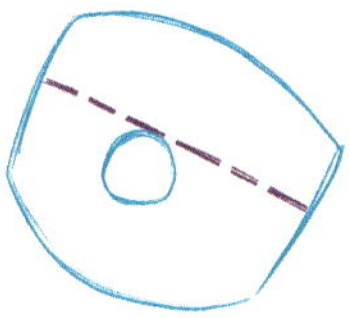

1 Mit einem unregelmäßigen Rechteck für den Kopf beginnen. In die Mitte einen Kreis für die Nase zeichnen. Eine gestrichelte Linie direkt über der Nase einfügen, um die Position der Augen zu bestimmen.

2 Zwei kleine Bögen für die Ohren zeichnen. Eine lange, gebogene Linie für den Arm hinzufügen.

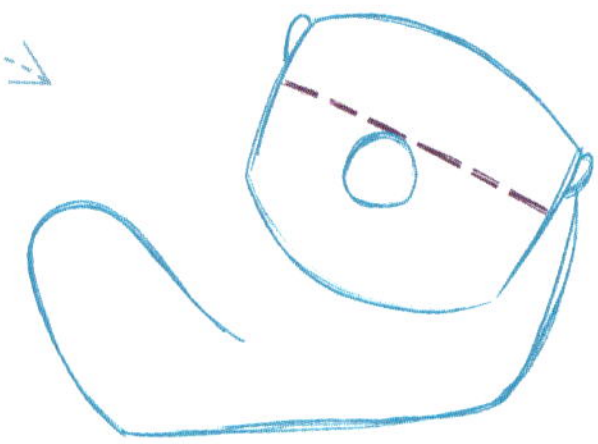

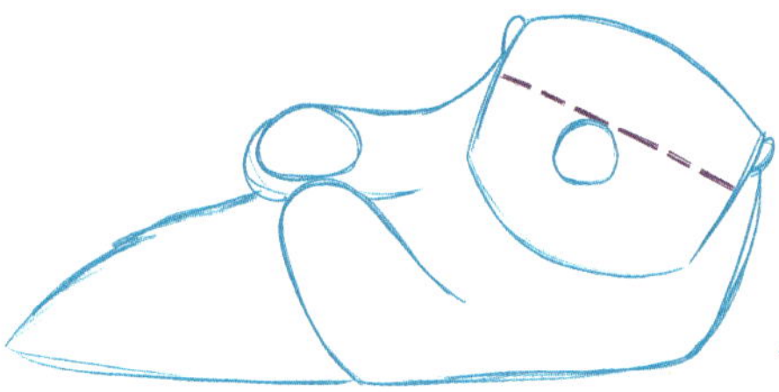

3 Den oberen Arm mit einem Oval für die Pfote skizzieren. Eine V-Form hinzufügen. Sie stellt den Teil des Körpers dar, der über dem Wasser liegt.

4 Die Augen über der horizontalen Hilfslinie einzeichnen. Sie haben schwarze Pupillen mit winzigen Lichtreflexen. Darunter die gebogene Nase einfügen.

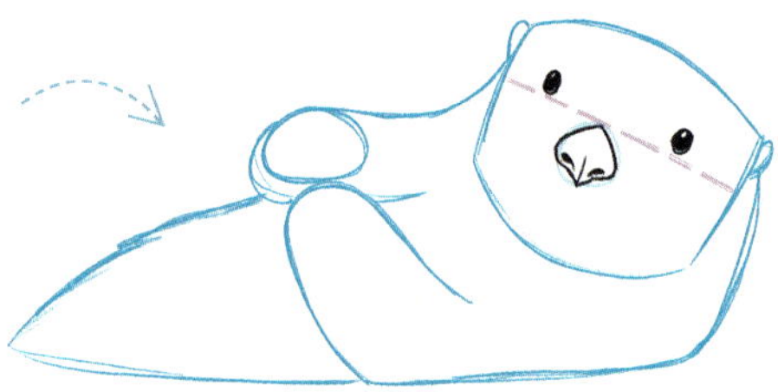

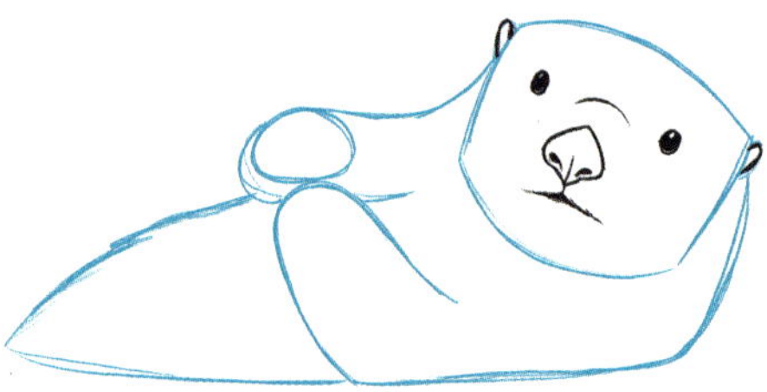

5 Der Mund ist leicht nach oben gebogen, mit einem kurzen Strich mit der Nase verbinden. Ein kleiner Bogen über der Nase deutet das obere Ende der Schnauze an.

6 Die Kontur von Kopf und Ohren mit schnellen, kurzen Strichen nachzeichnen. Dabei die Form und Größe der einzelnen Striche variieren, damit das Fell natürlicher aussieht.

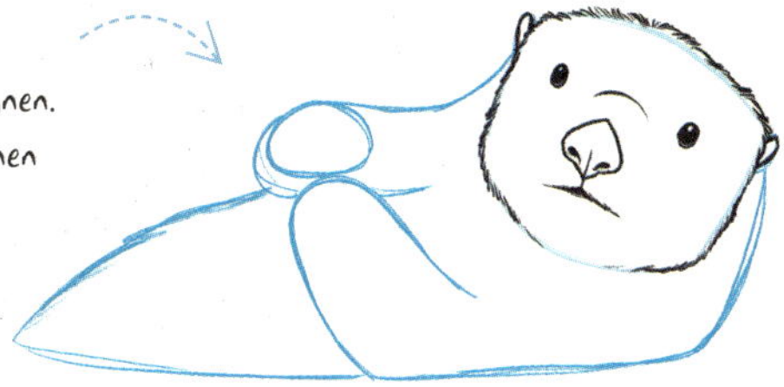

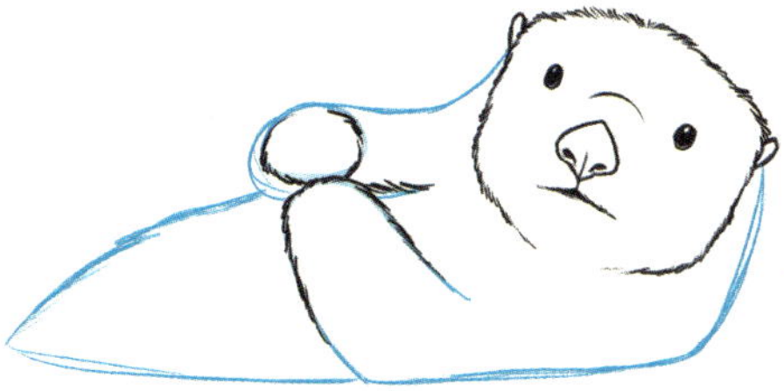

7 Die Arme und Pfoten ebenso stricheln.

8 Die Umrisse des Körpers vervollständigen und einige lange Schnurrhaare hinzufügen.

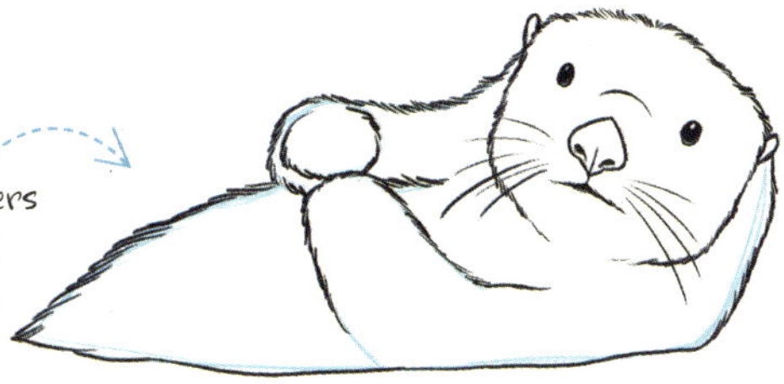

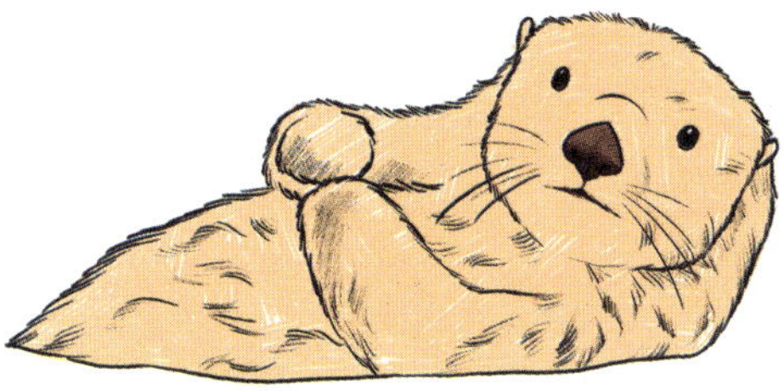

9 Den Körper hellbraun kolorieren, Nase und Augen sind dunkelbraun.

10 Die Schattenbereiche etwas abdunkeln. Zuletzt das Wasser mit Blau andeuten.

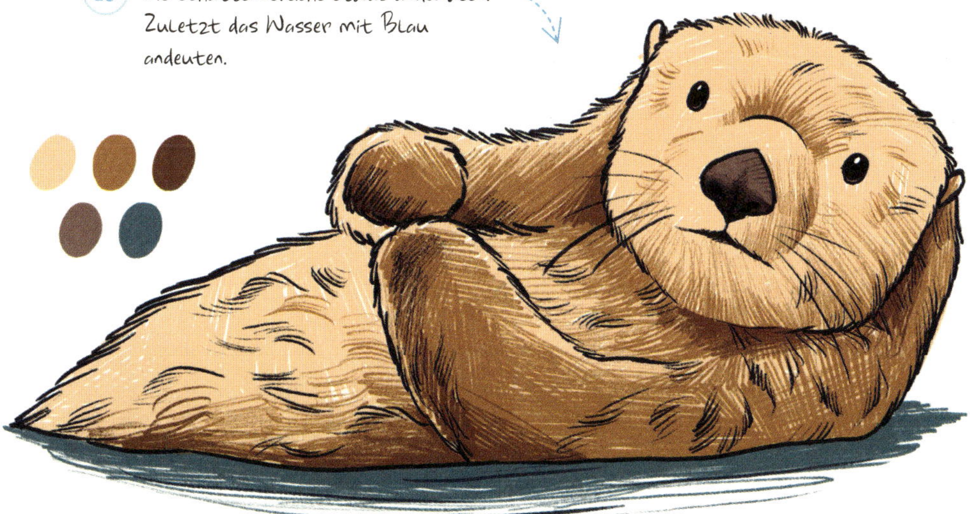

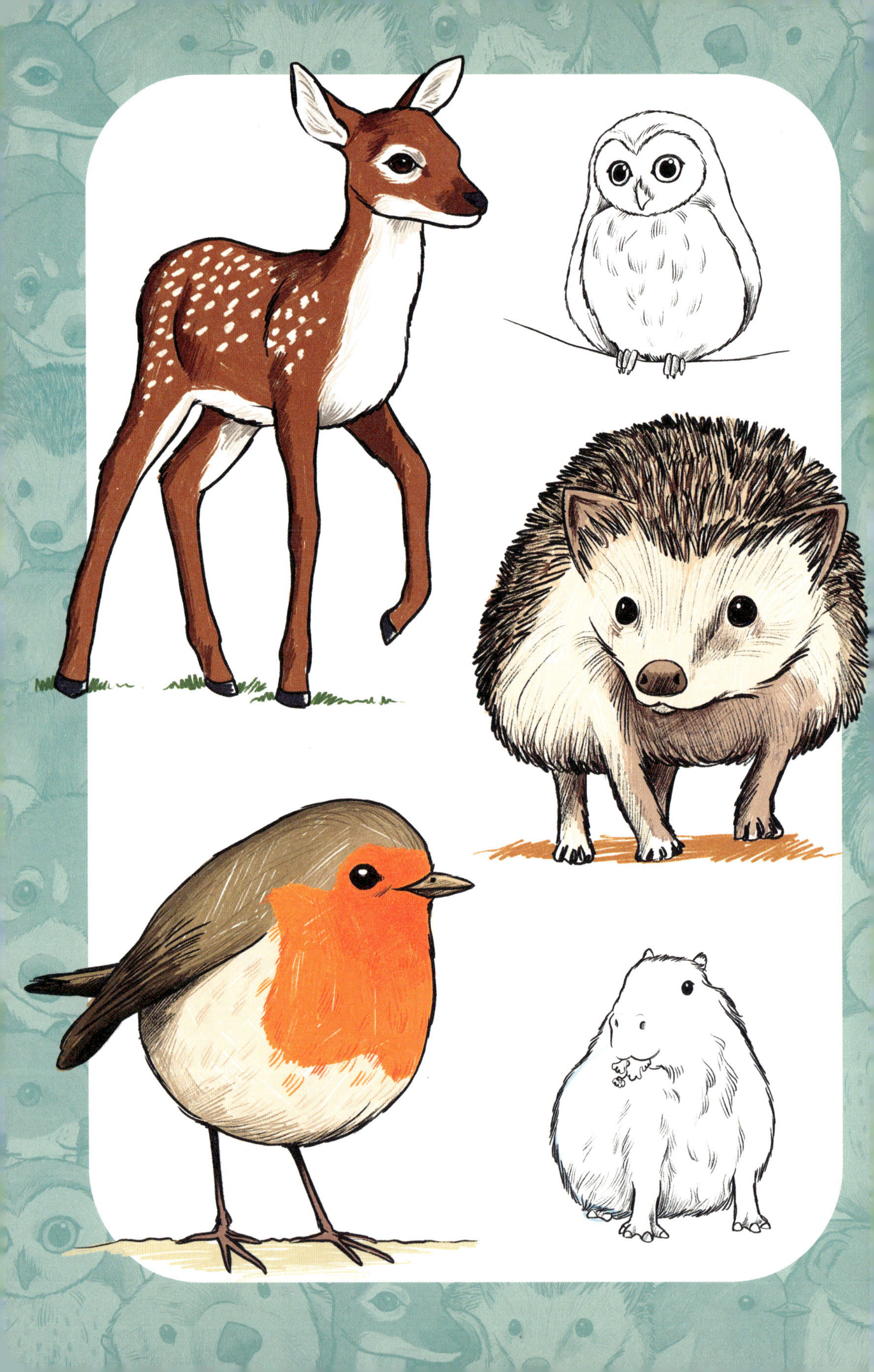

Wald & Feucht-giebte

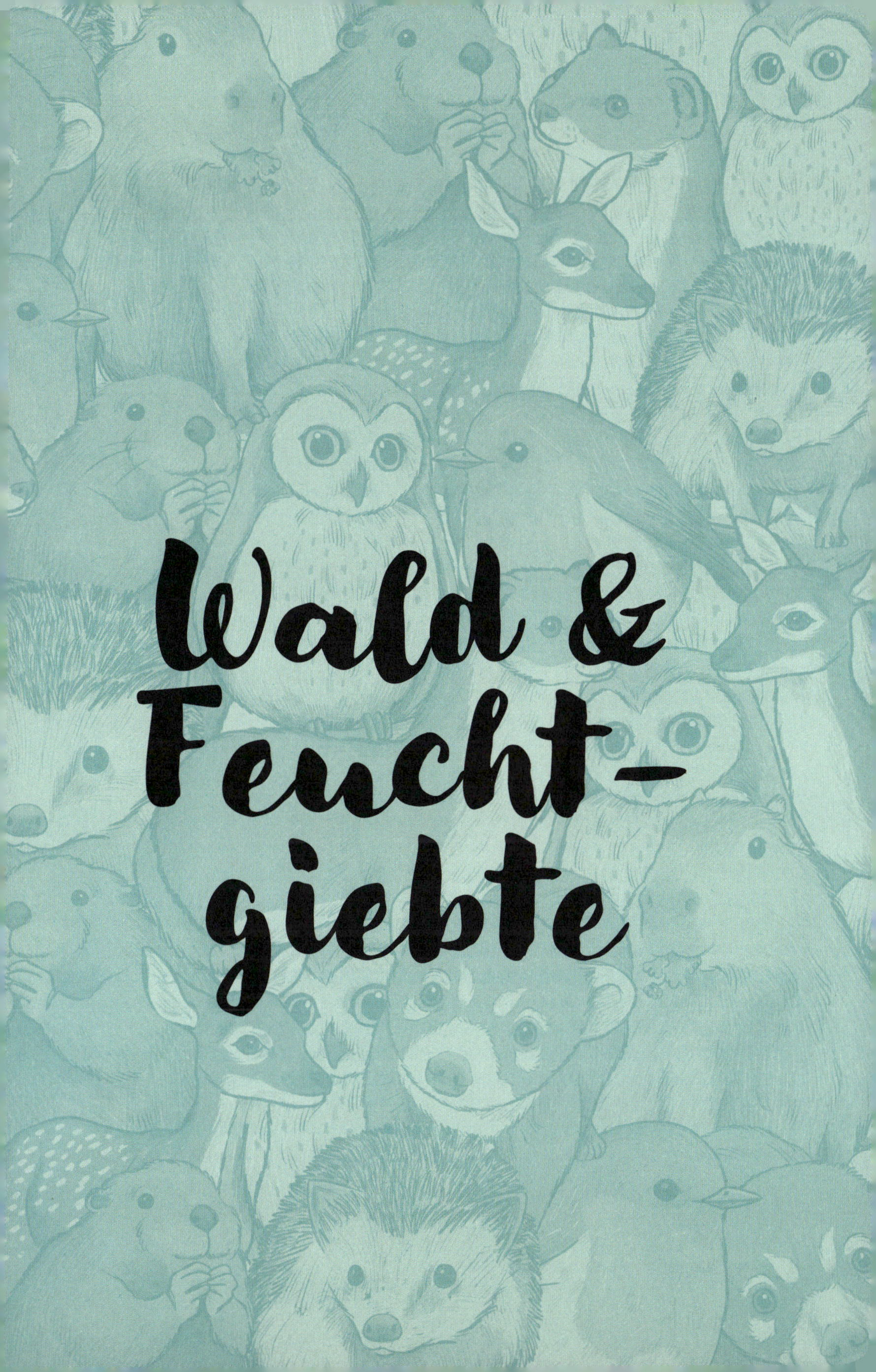

Eule

Beim Zeichnen dieser Eule dreht sich alles um ovale Formen, vom Kopf über den Bauch bis hin zu den großen gelben Augen.

1 Mit einem Oval für den Kopf beginnen. Zwei sich kreuzende, leicht gebogene Linien einfügen. Sie helfen bei der Positionierung der Augen und des Schnabels.

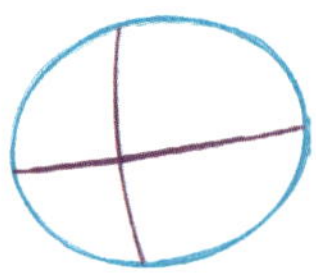

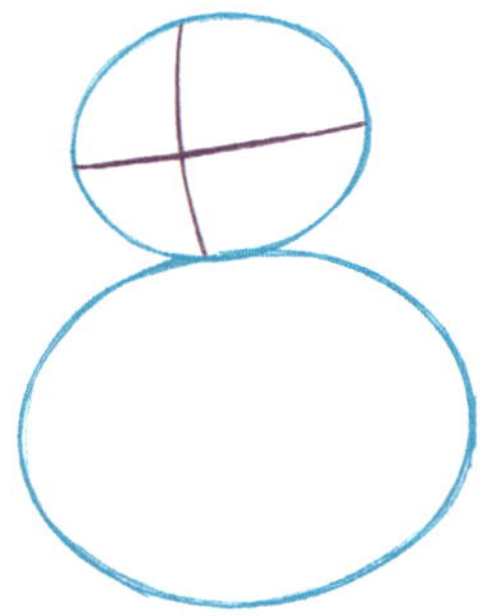

2 Direkt darunter ein weiteres Oval für den Körper hinzufügen. Es sollte doppelt so groß sein wie der Kopfkreis.

3 Den Kopf und den Körper mit zwei Bögen verbinden. Das ist der Hals.

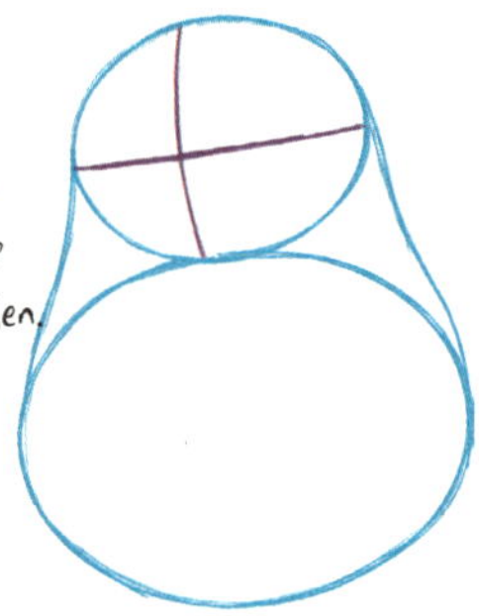

4 Unten zwei kleine Kreise für die Füße skizzieren, dann den Zweig andeuten, auf dem die Eule sitzt.

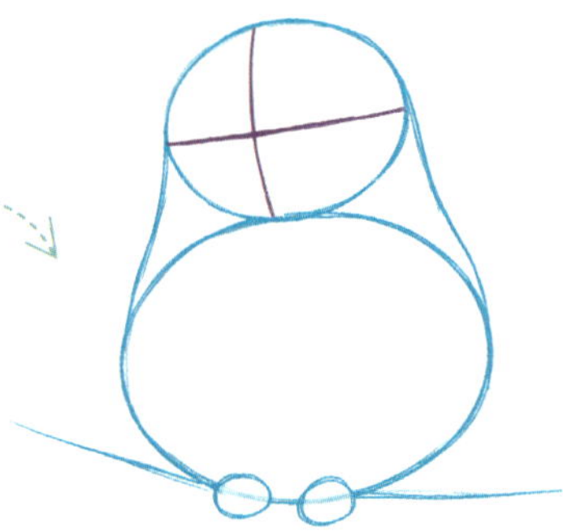

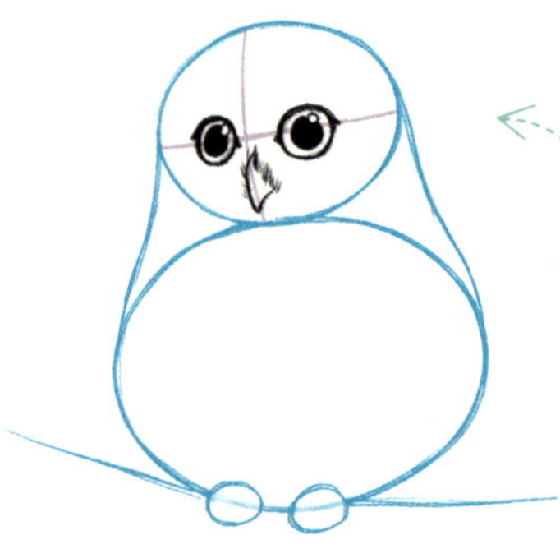

5 Zeichne große Augen entlang der horizontalen Hilfslinie, füge schwarze Pupillen und Lichtreflexe hinzu. Das linke Auge sollte perspektivisch etwas kleiner sein. Skizziere einen dreieckigen Schnabel und mit kurzen Strichen für kleine Federn an den Seiten andeuten.

6 Das herzförmige Gesicht in den Kopfkreis zeichnen. Den Umriss stricheln, um die Federn darzustellen.

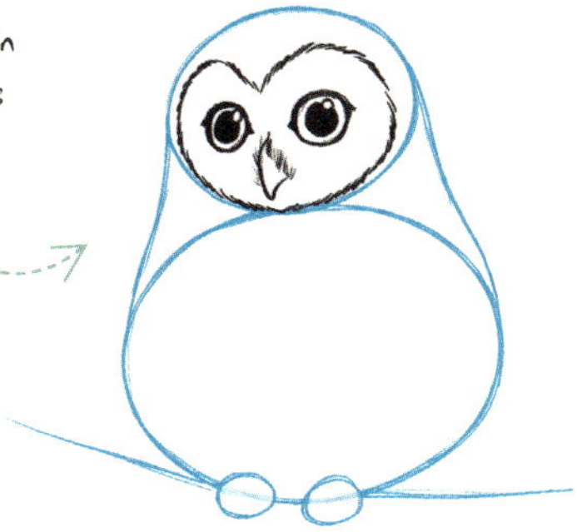

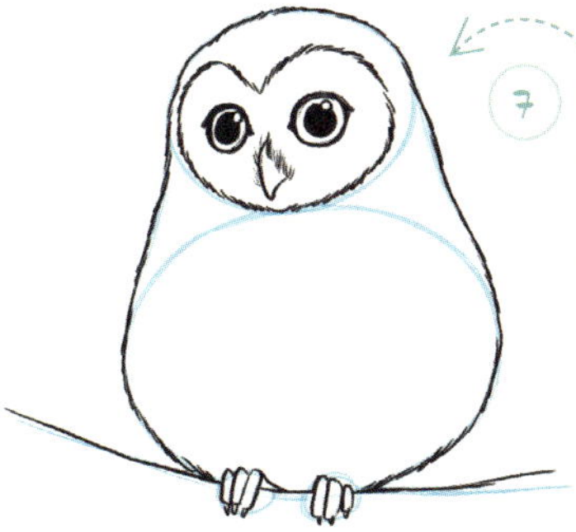

7 Den Kopf und den Körper ebenso stricheln. Den Zweig deutlicher nachziehen. Die drei Zehen mit kleinen Krallen zeichnen.

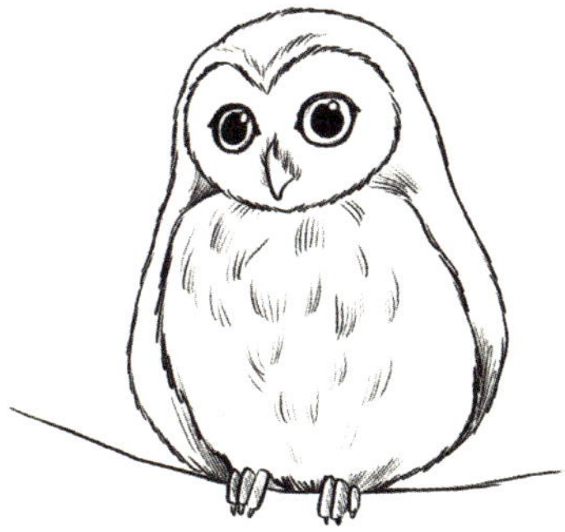

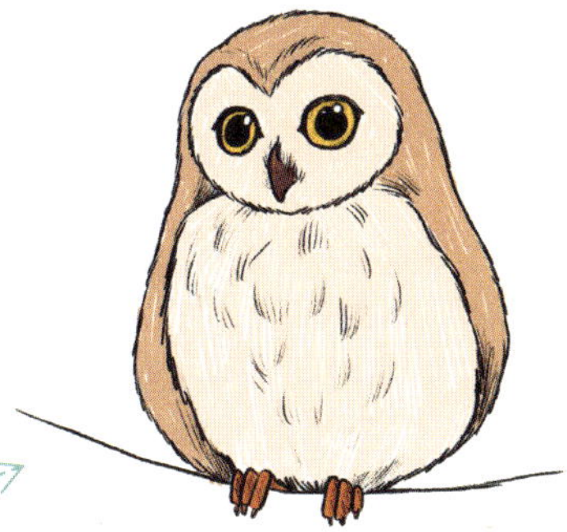

8 Den Umriss der Brust mit längeren Strichen einzeichnen und einige Federn mit gebogenen Strichen andeuten. Erste Schattierungen hinzufügen.

9 Den Körper in zwei Brauntönen kolorieren. Schnabel und Beine sind dunkelbraun, die Augen leuchtend gelb.

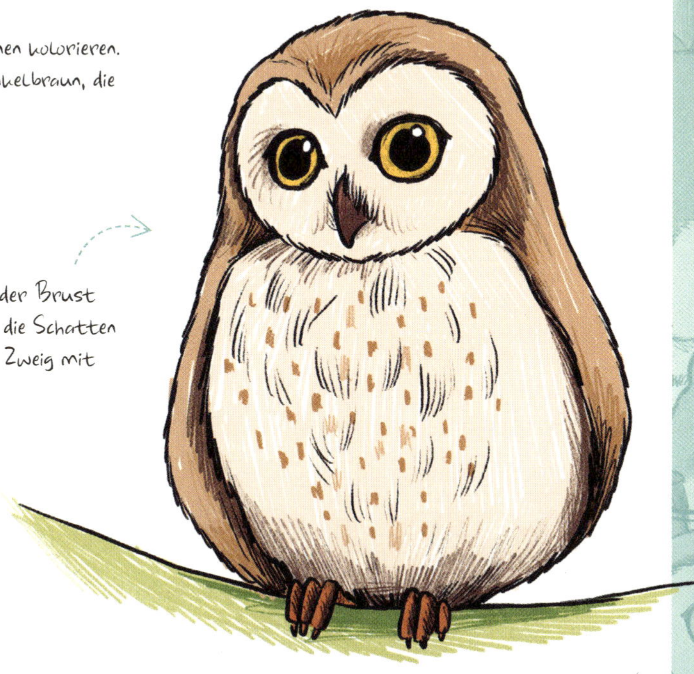

10 Einige Flecken auf der Brust hinzufügen. Danach die Schatten abdunkeln und den Zweig mit Grün kolorieren.

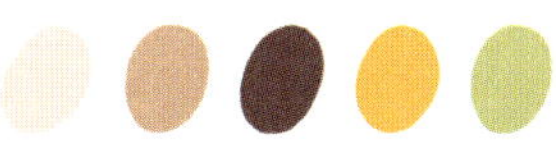

Rehkitz

Der Film „Bambi " aus dem Jahr 1942 hat die Herzen der Zuschauer erobert. Das Zeichnen der dünnen Beine ist einfach, wenn man die Anleitung befolgt.

1 Zeichne einen Kreis für den Kopf. Füge eine gestrichelte Linie in der Mitte hinzu. Auf der rechten Seite eine U-Form für die Schnauze anfügen.

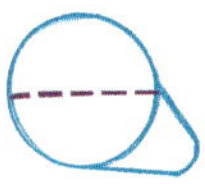

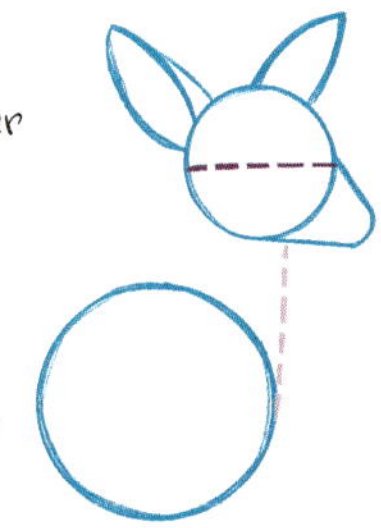

2 Darunter einen weiteren Kreis zeichnen. Der Abstand zwischen den beiden Kreisen sollte so groß wie der Durchmesser des kleineren Kreises sein. Am oberen Kreis Ohren skizzieren.

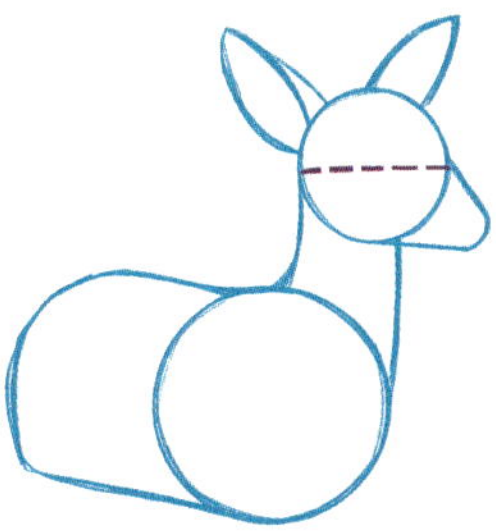

3 Die beiden Kreise verbinden, um den Hals zu erhalten. Links an den unteren Kreis eine U-Form anfügen.

4 Die Beine mit Strichen skizzieren. Kreise stellen die Knie- und Fußgelenke dar, Dreiecke die Hufe.

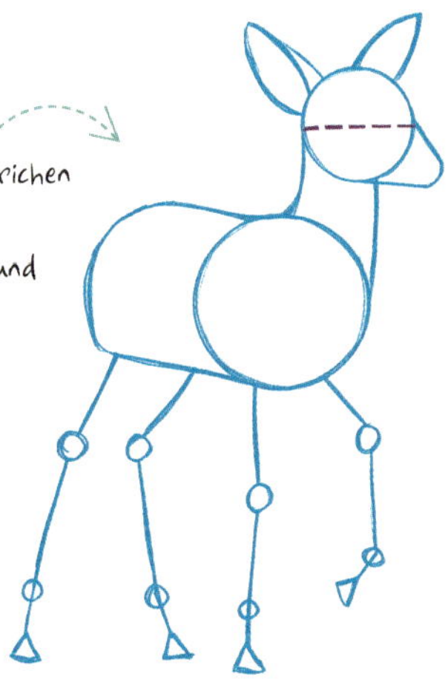

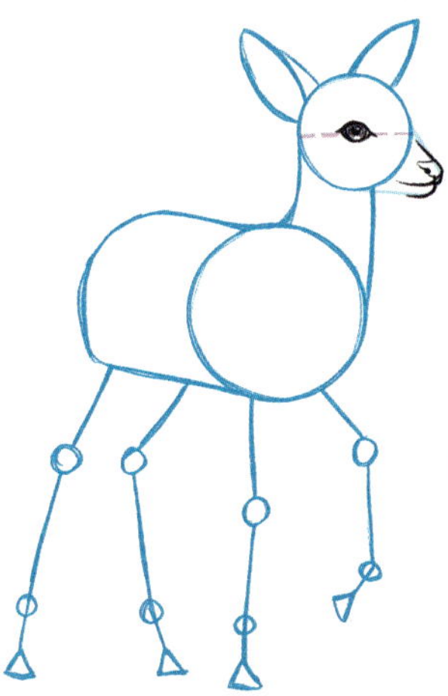

5 Das Auge auf die Hilfslinie zeichnen. Es hat eine schwarze Pupille mit einem Lichtreflex. Die Nase und das Kinn anhand der Schnauzenlinie genauer zeichnen. Einen kleinen Bogen für den Mund hinzufügen.

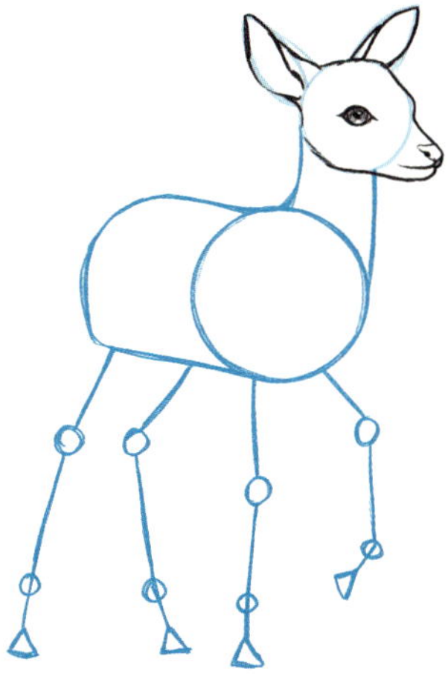

6 Die Umrisse von Gesicht und Ohren mit einer Reihe von kurzen Strichen nachzeichnen.

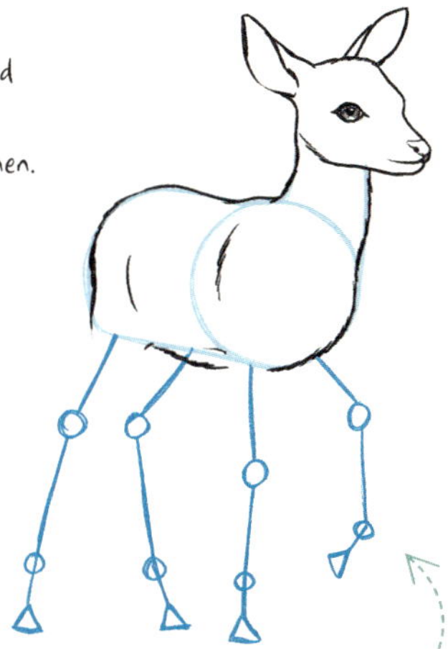

7 Das Fell am restlichen Körper ebenso stricheln. Schulter und Hüfte mit flachen Bögen andeuten.

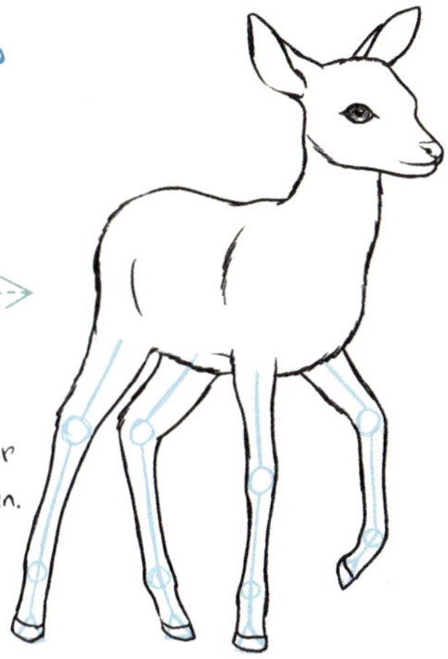

8 Die Vorder- und Hinterbeine anhand der Hilfslinien ausarbeiten. Die Hufe hinzufügen.

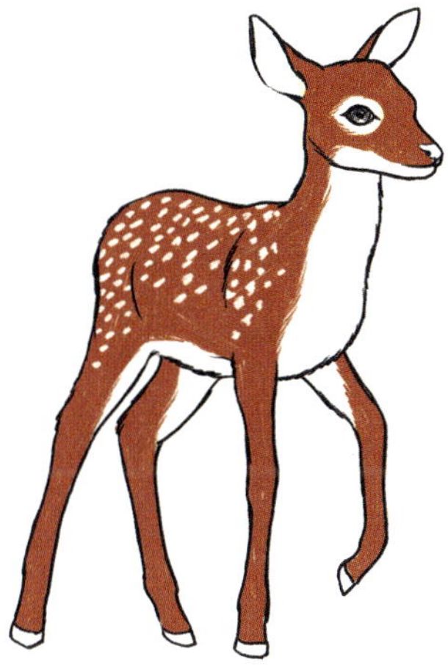

9 Den Körper braun kolorieren, dabei die Flecken weiß lassen. Auch das Kinn, der Hals, der Bauch und die Innenseite der Ohren bleiben weiß.

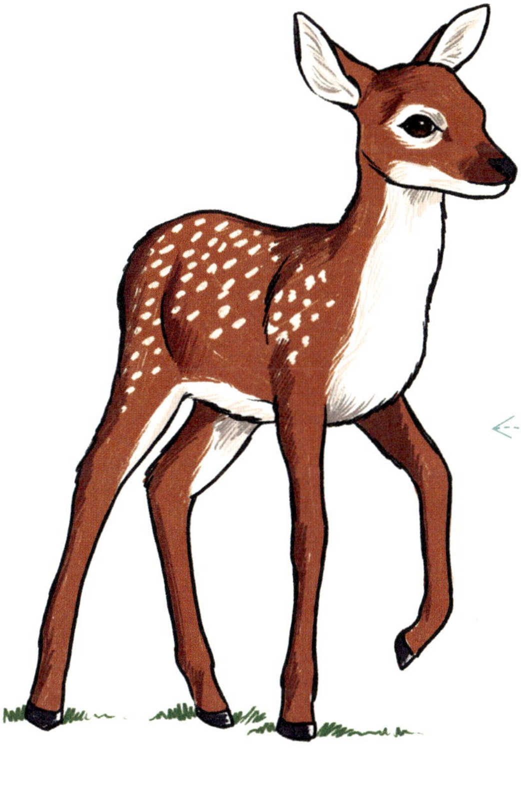

10 Die Augen dunkelbraun kolorieren. Einige Schatten abdunkeln. Zuletzt einige Grasbüschel andeuten.

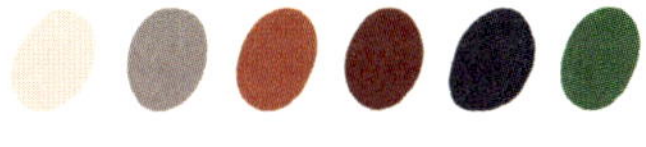

Igel

Der Igel ist stachelig, aber im Gesicht und am Bauch hat er ein weiches Fell. Bei dieser Zeichnung kommt es auf die richtige Strichführung an.

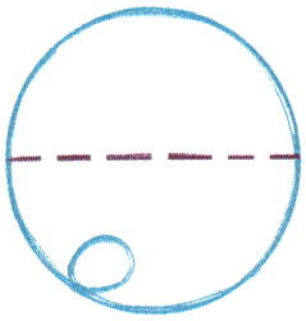

1 Mit einem Kreis für den Kopf beginnen. Eine gestrichelte Mittellinie und einen kleineren Kreis unten links für die Nase hinzufügen.

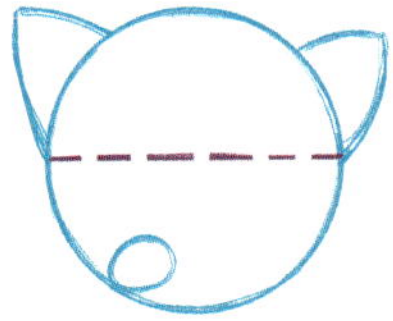

2 Oben zwei Dreiecke für die Ohren zeichnen.

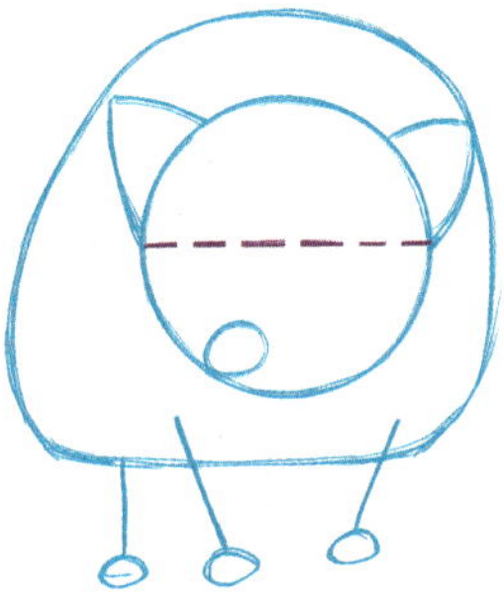

3 Ein unregelmäßiges Rechteck um den Kopf herum skizzieren. Das ist der Körper. Drei Linien für die Beine zeichnen. Kleine Ovale an den Enden stellen die Füße dar.

4 Die runden Augen unterhalb der Hilfslinie einzeichnen. Das Auge auf der linken Seite sollte wegen der Perspektive etwas kleiner sein. Darunter die Nase skizzieren.

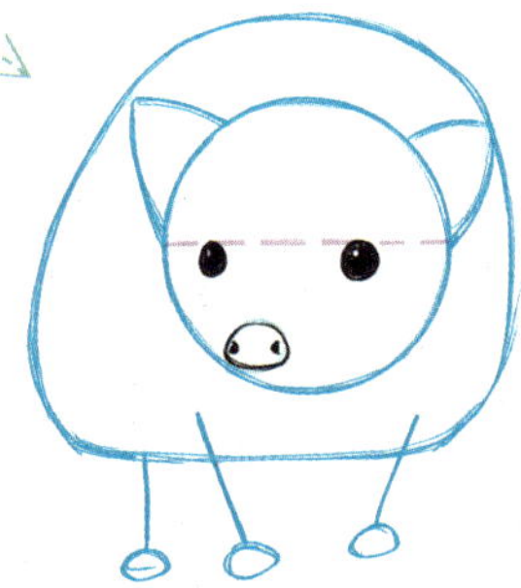

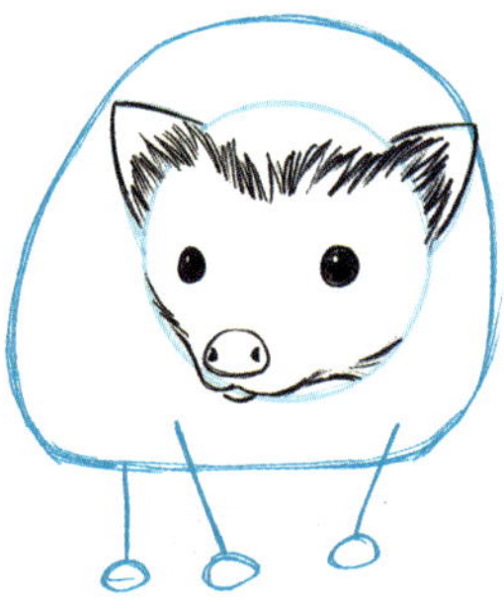

5 Die Umrisse der Ohren genauer nachzeichnen. Dann für die Stacheln eine Reihe von aufrechten Strichen um die Stirn herum einfügen. Die Umrisse des Kinns und des Mundes einzeichnen.

6 Die äußere Körperkontur stricheln, um die Stacheln darzustellen.

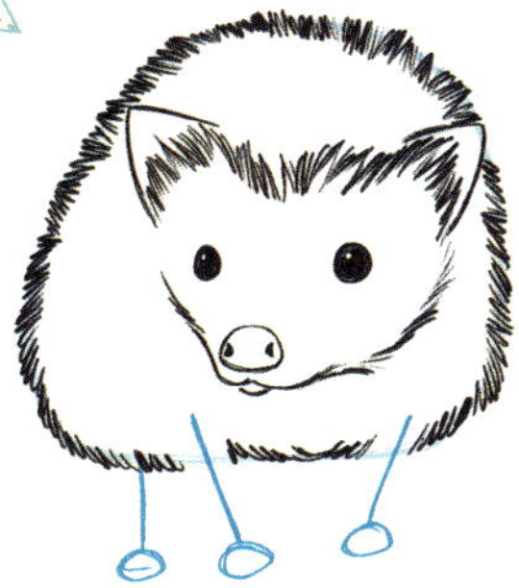

7 Die Beine anhand der Hilfslinien ausarbeiten, die Zehen durch kleine Bögen darstellen. Das halb verdeckte Hinterbein durch einen kurzen Strich andeuten.

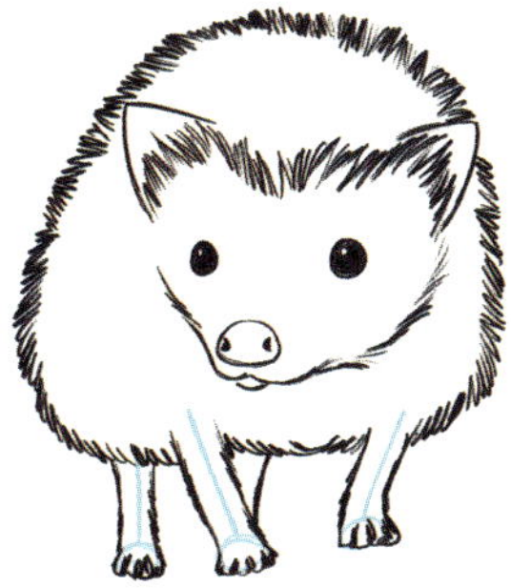

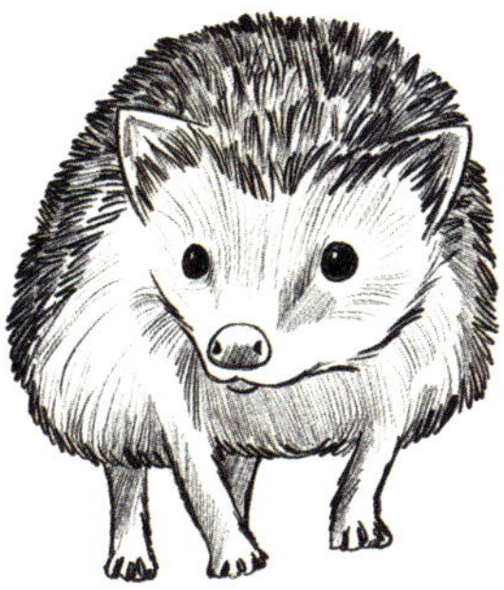

8 Weitere Stacheln auf dem Rücken und den Seiten hinzufügen. Für das Fell auf dem Gesicht, der Brust und den Beinen kürzere, feinere Striche verwenden.

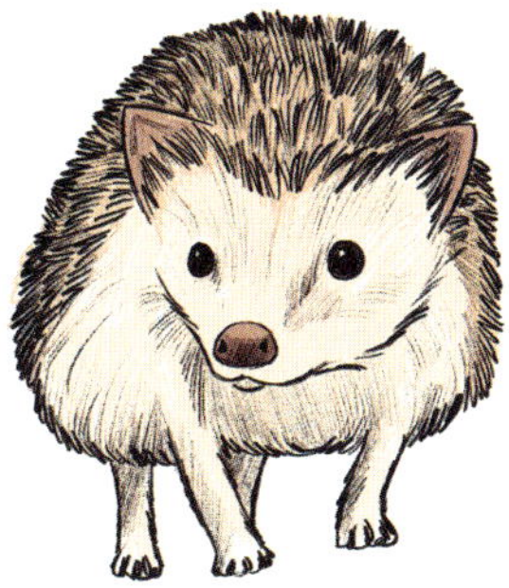

9 Den Körper in zwei Beigetönen kolorieren. Für Ohren und Nase Braun verwenden.

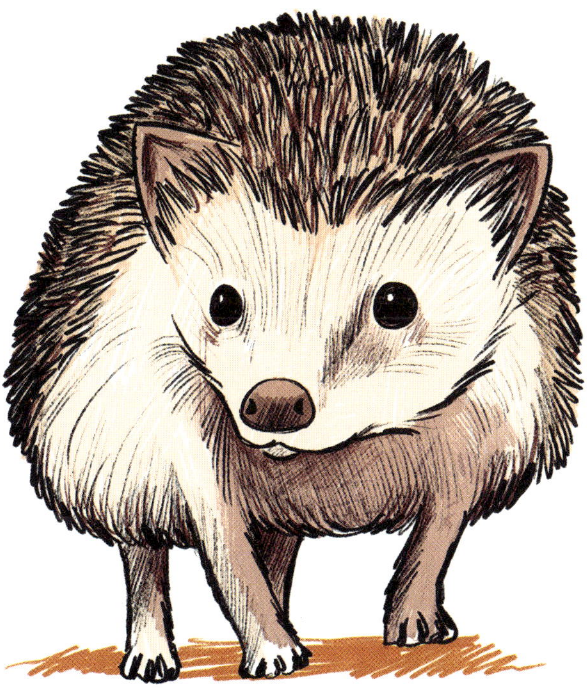

10 Die Schatten mit dunkleren Tönen vertiefen. Zuletzt den Boden mit einigen braunen Strichen andeuten.

Wasserschwein

Ohren, Augen und Nasenlöcher des Wasserschweins sitzen oben am Kopf, damit es atmen und sich umsehen kann, während der Rest des Körpers unter Wasser bleibt.

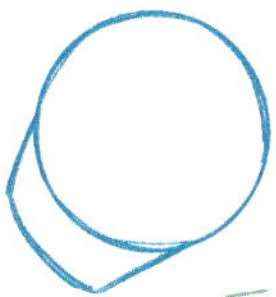

1 Mit einem Kreis für den Kopf beginnen. Links unten eine breite U-Form für die Schnauze hinzufügen.

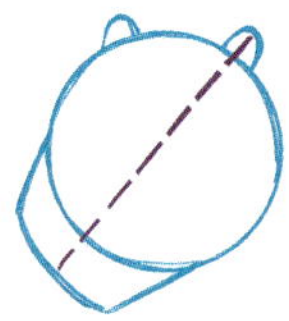

2 Eine schräge gestrichelte Linie einzeichnen, die etwas über die Kreislinie hinausreicht. Zwei kleine Halbkreise für die Ohren anfügen. Eins umschließt das Ende der gestrichelten Linie, das andere sollte wegen der Perspektive kleiner sein.

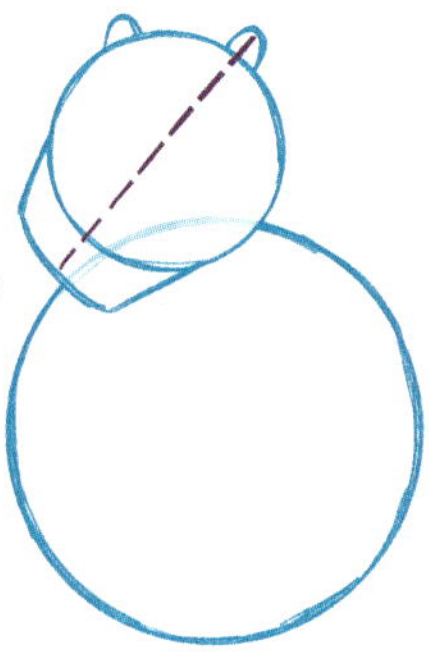

3 Einen größeren überlappenden Kreis für die Brust zeichnen.

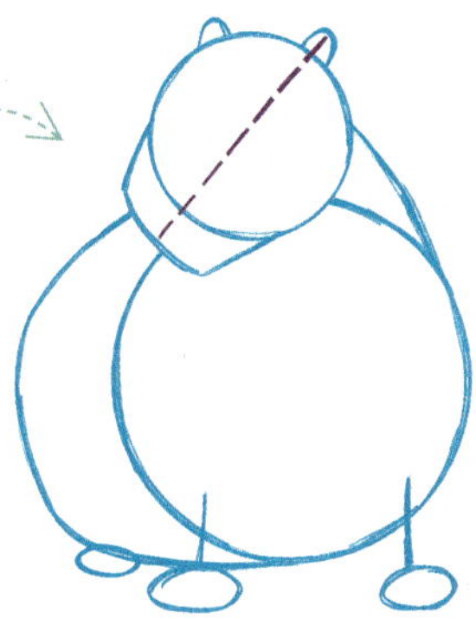

4 Kopf und Brust durch eine Kurve verbinden, um den Hals zu erhalten. Auf der linken Seite einen Bogen für den Körper hinzufügen. Zwei Striche für die Vorderbeine zeichnen und an die Enden Ovale für die Füße setzen. Ein kleineres Oval für den hinteren Fuß hinzufügen.

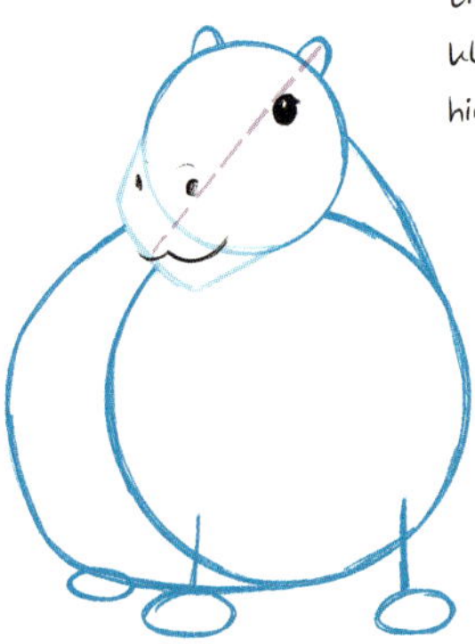

5 Das Auge oben rechts auf die Hilfslinie zeichnen. Die Pupille ist schwarz mit einem winzigen Lichtreflex im Inneren. Darunter die Nasenlöcher und einen gewellten Mund einzeichnen.

6 Unter dem Mund einige gewellte Blätter und eine Blüte einzeichnen. Das Fell an Kopf und Ohren mit kurzen Strichen andeuten.

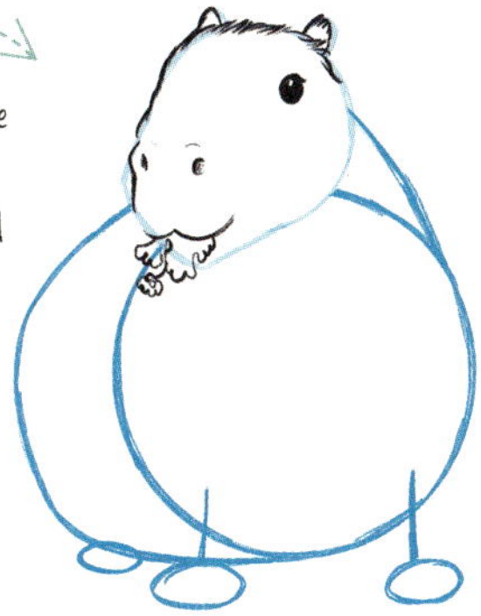

7 Die Umrisse von Hals und Körper ebenso stricheln. Die Vorderbeine anhand der Hilfslinien genauer ausarbeiten und kleine runde Zehen hinzufügen.

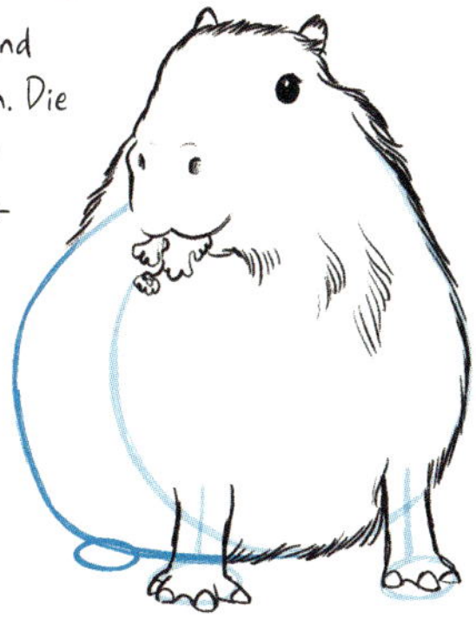

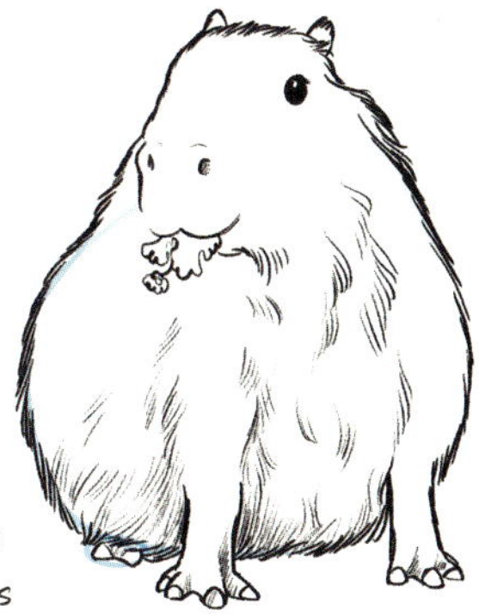

8 Die Umrisse des Körpers vervollständigen und die Zehen des hinteren Fußes zeichnen. Erste Schatten andeuten.

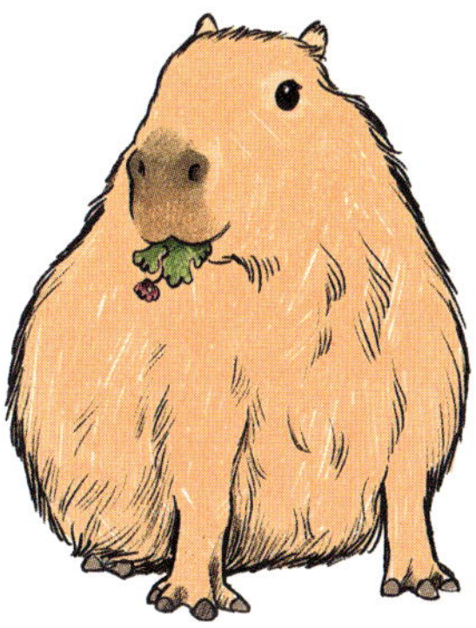

9 Den Körper in Hellbraun grundieren, Nase und Zehen sind grau. Die Blätter und die Blüte kolorieren.

10 Die Schatten abdunkeln, um die Tiefenwirkung zu verstärken. Zuletzt den Boden mit einigen braunen Strichen andeuten.

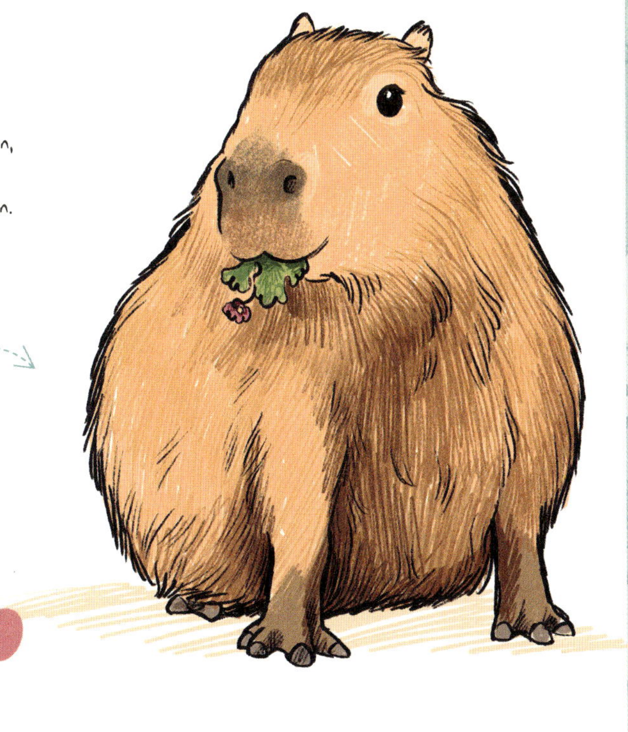

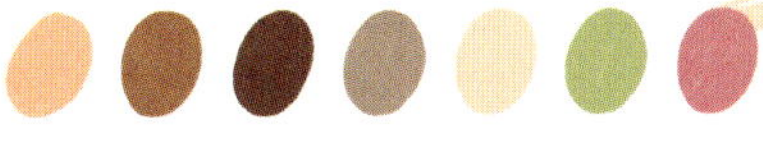

Biber

Der Biber benutzt seine handähnlichen Vorderpfoten zum Greifen der Nahrung. Seine Hinterfüße sind viel größer und haben Schwimmhäute.

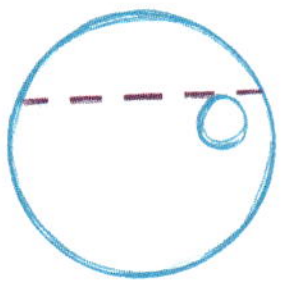

1 Mit einem Kreis für den Kopf beginnen. In der oberen Hälfte eine gestrichelte Linie einzeichnen. Für die Nase einen kleineren Kreis rechts knapp unter der Hilfslinie einfügen.

2 Die Pfoten unterhalb des Kinns skizzieren.

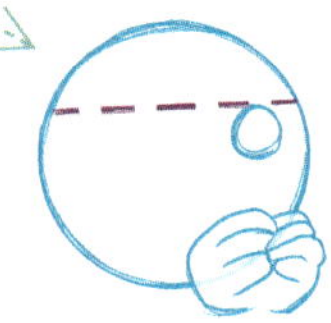

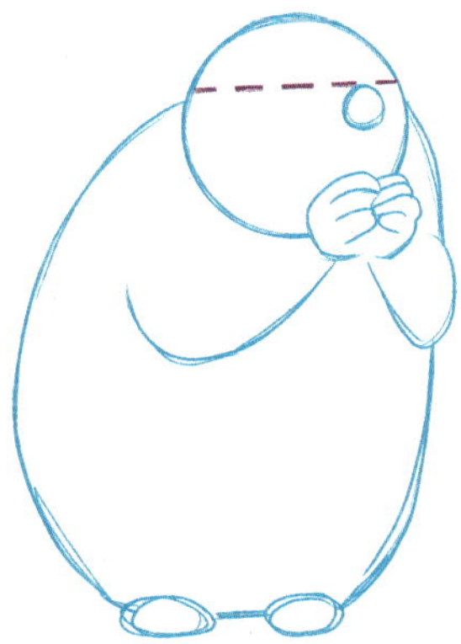

3 Mit geschwungenen Linien den Körper und die Arme skizzieren. Zwei kleine Ovale für die Füße daruntersetzen.

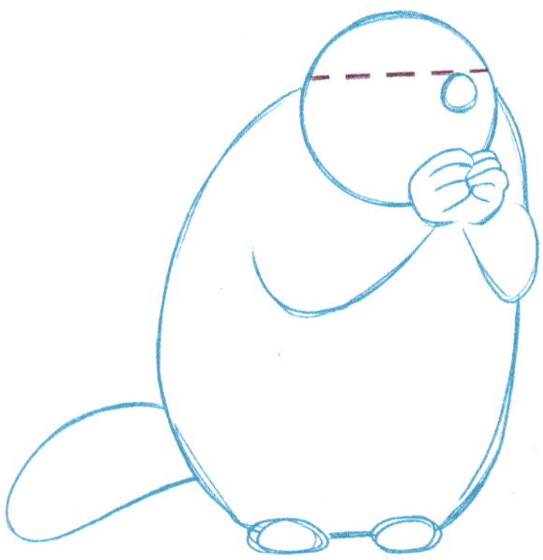

4 Eine längliche U-Form für den Schwanz hinzufügen.

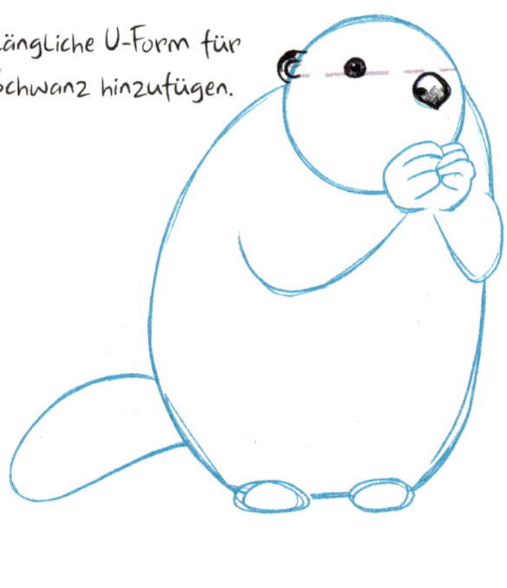

5 Das Auge oberhalb der Hilfslinie einzeichnen. Die Pupille ist schwarz mit einem winzigen, weißen Lichtreflex. Das Ohr links an den Kopf anfügen und die Nase genauer zeichnen.

6 Eine Kurve von der Nase abwärts zeichnen und den Mund hinzufügen. Die Hände deutlicher ausarbeiten.

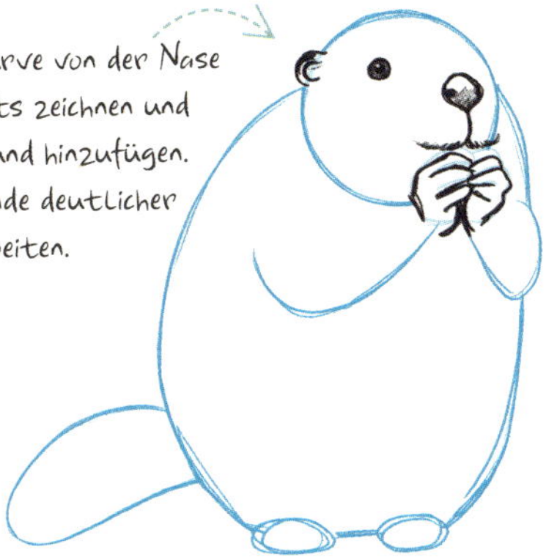

7 Das Fell um den Kopf, Wangen und Arme mit einer Reihe von Strichen andeuten. Die Länge der einzelnen Striche variieren.

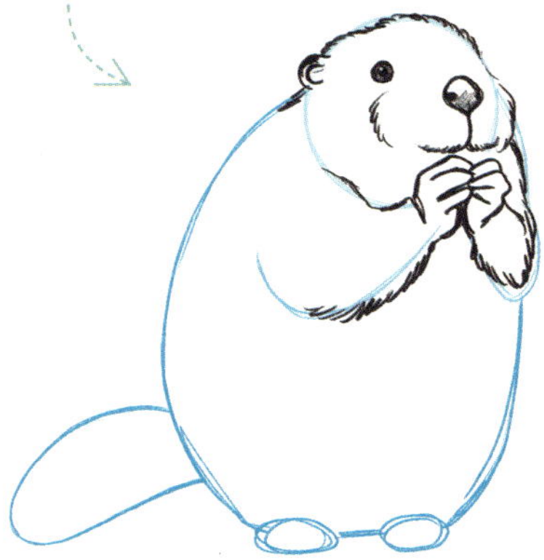

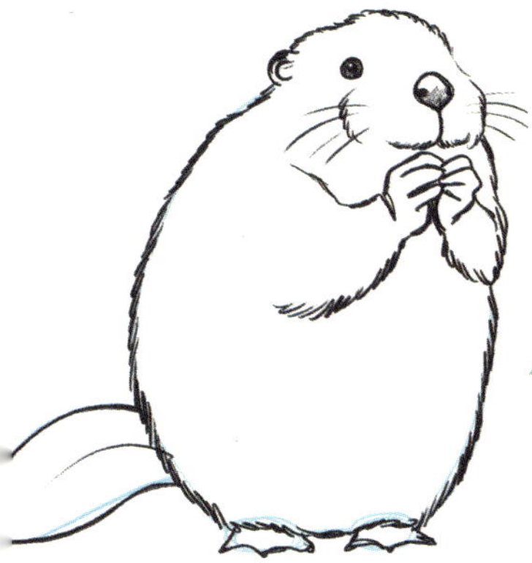

8 Den Körper und den Schwanz ebenso stricheln. Eine kurze Kurve in die Mitte des Schwanzes zeichnen und lange Striche für die Schnurrhaare hinzufügen. Die Hinterfüße mit den Schwimmhäuten ausarbeiten.

9 Den Körper braun kolorieren, die Schnauze und die Hände sind etwas heller. Für Füße, Nase und Schwanz Bordeauxrot verwenden.

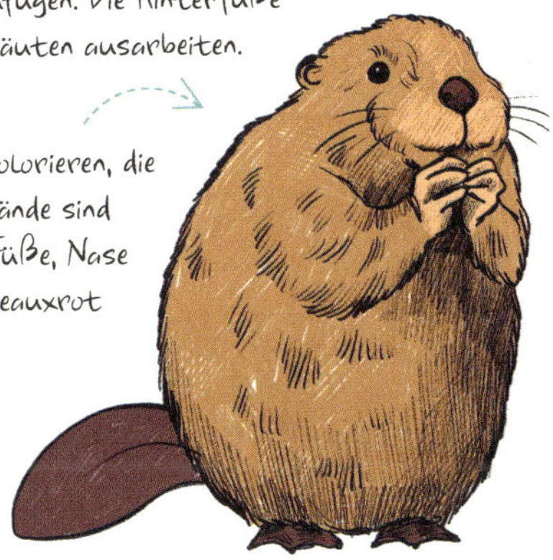

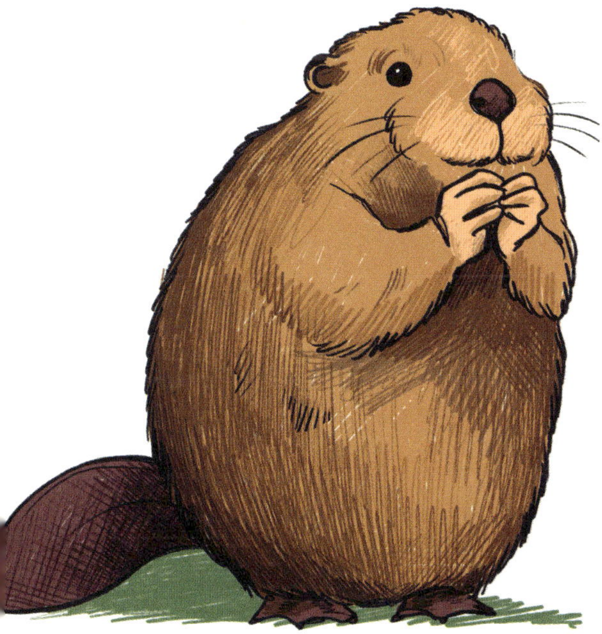

10 Die Schattenbereiche etwas abdunkeln und den Boden mit einigen grünen Strichen andeuten.

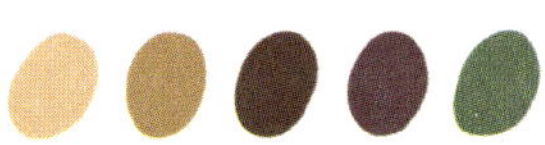

Japan-Wiesel

Mit etwas Planung gelingen die Proportionen des langen, schlanken Körpers leicht. Es kommt vor allem auf die relativen Größen und Abstände der einzelnen Kreise an.

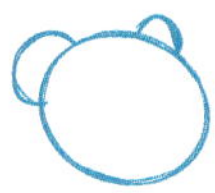

1 Mit einem Kreis für den Kopf beginnen. Zwei Halbkreise für die Ohren hinzufügen. Wegen der Perspektive ist einer deutlich kleiner als der andere.

2 Links unten einen weiteren Kreis für die Schultern anfügen. Der Abstand zwischen den beiden Kreisen sollte etwa so groß sein wie der Durchmesser des Kopfkreises.

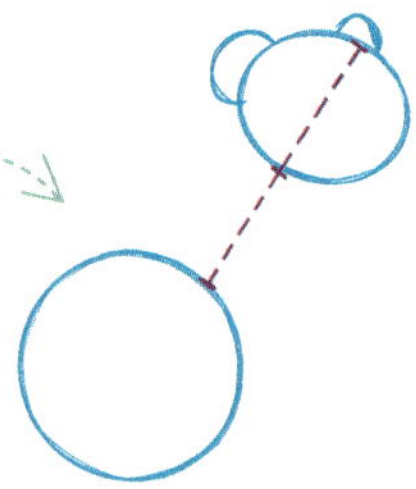

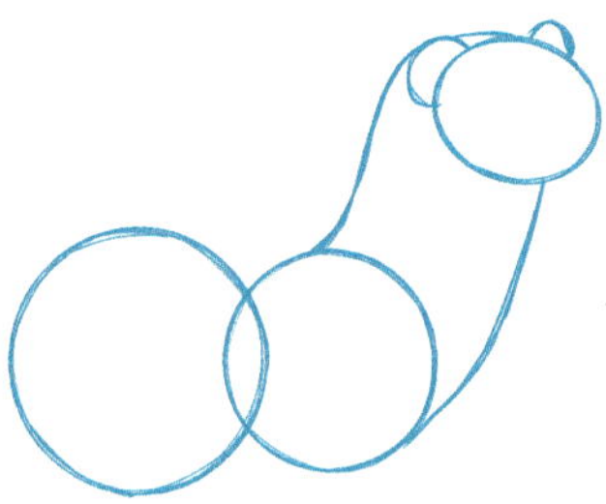

3 Die beiden Kreise mit gebogenen Linien für den Hals verbinden. Links einen dritten, überlappenden Kreis für die Hüften hinzufügen. Dieser Kreis sollte etwas größer als der zweite sein.

4 Den zweiten und dritten Kreis verbinden – das sind Rücken und Bauch. Zwei Striche für die Vorderbeine zeichnen, Kreise und Ovale für die Füße anfügen. Eine gestrichelte Linie durch den Kopfkreis ziehen.

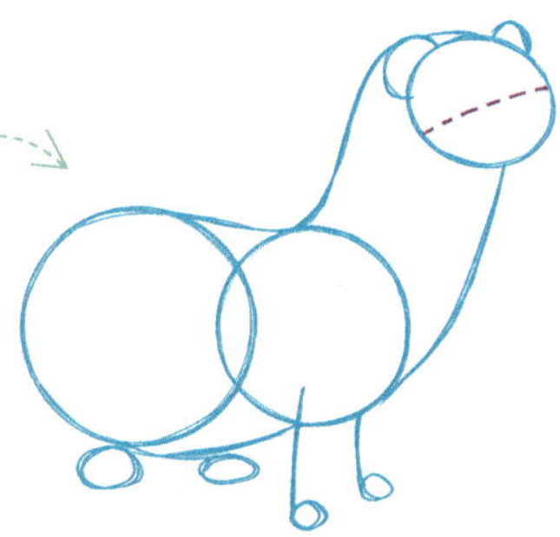

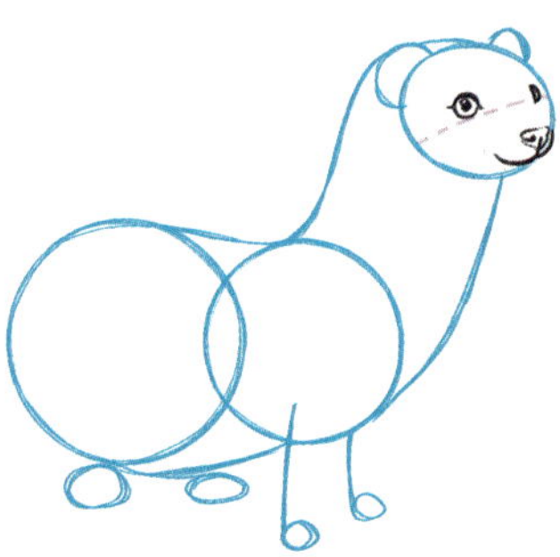

5 Die Augen oberhalb der Hilfslinie einzeichnen. Das abgewandte Auge ist nur ein kleiner Halbkreis. Die Pupille schwarz einfärben, dabei einen kleinen Lichtreflex in der Mitte aussparen. Nase und Mund hinzufügen.

6 Die Umrisse von Gesicht und Ohren mit kurzen Strichen nachzeichnen, um das Fell anzudeuten.

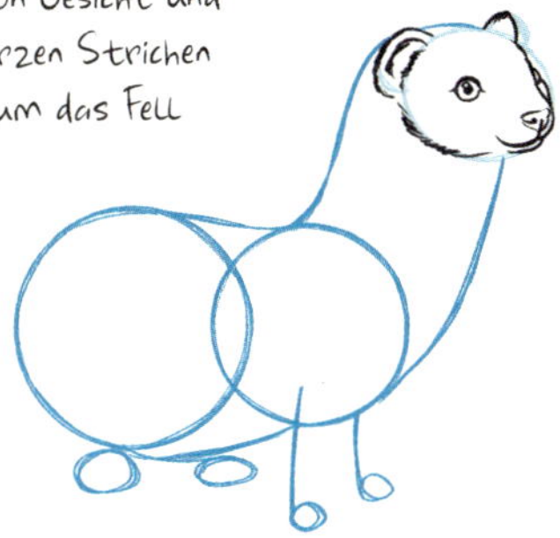

7 Die Umrisse von Hals und Körper ebenso stricheln.

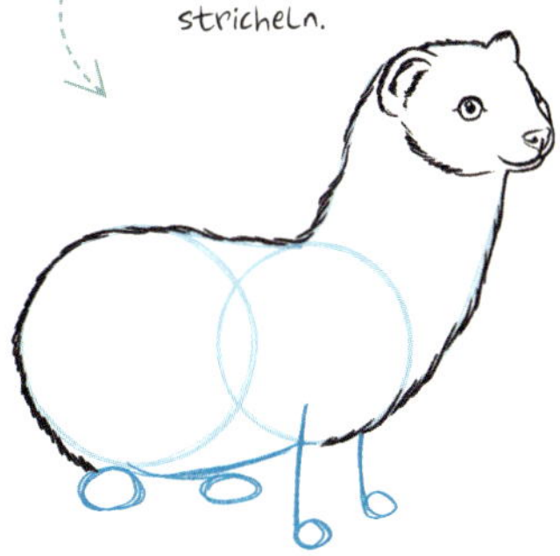

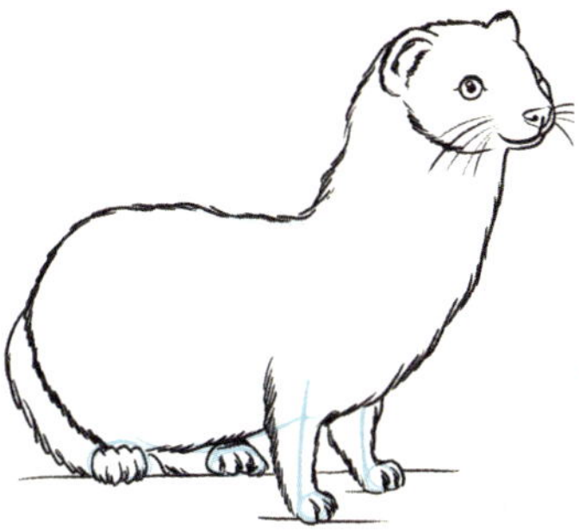

8 Die Beine und Füße anhand der Hilfslinien ausarbeiten. Die Umrisse des Körpers stricheln. Eine gebogene Linie für den Schwanz und die Schnurrhaare im Gesicht hinzufügen.

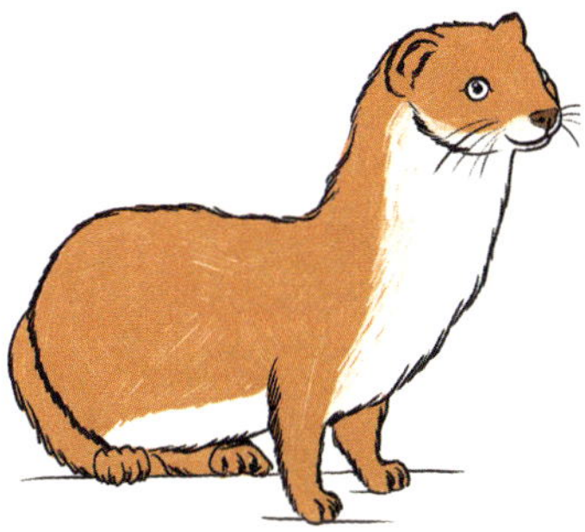

9 Den Körper, die Beine und den Schwanz hellbraun kolorieren. Kinn, Hals und Bauch bleiben weiß. Für die Nase ein dunkles Braun verwenden.

10 Einige dunklere Schatten auf dem Fell einfügen. Zuletzt etwas Gras unter den Füßen des Wiesels andeuten.

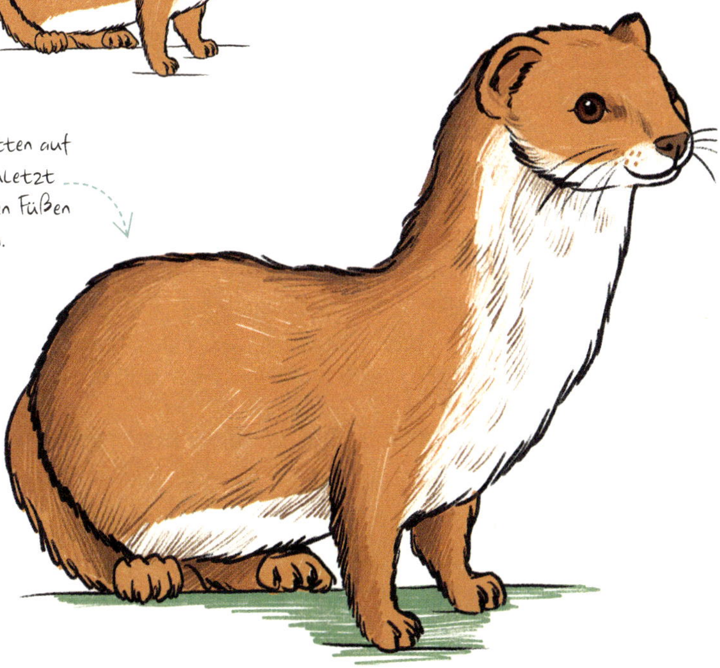

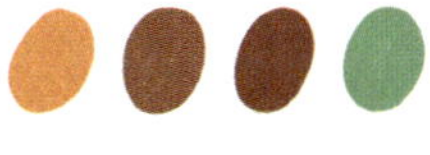

Weißrüssel-Nasenbär

Dieser Nasenbär ist etwa so groß wie eine Katze. Mit seinen kräftigen Krallen kann er rückwärts an Bäumen herabklettern.

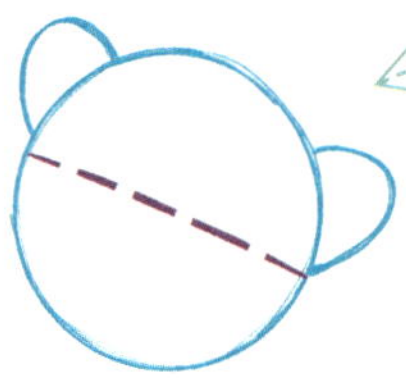

1 Mit einem Kreis für den Kopf beginnen. Eine gestrichelte Linie in der Mitte hinzufügen. Zwei Bögen für die Ohren zeichnen.

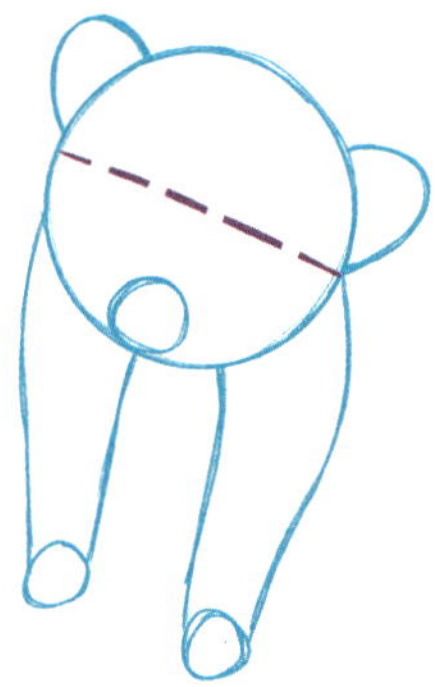

2 Unten einen kleineren Kreis für die Nase anfügen. Hilfslinien für die Vorderbeine unter dem Kopfkreis skizzieren. Die Füße durch Kreise andeuten

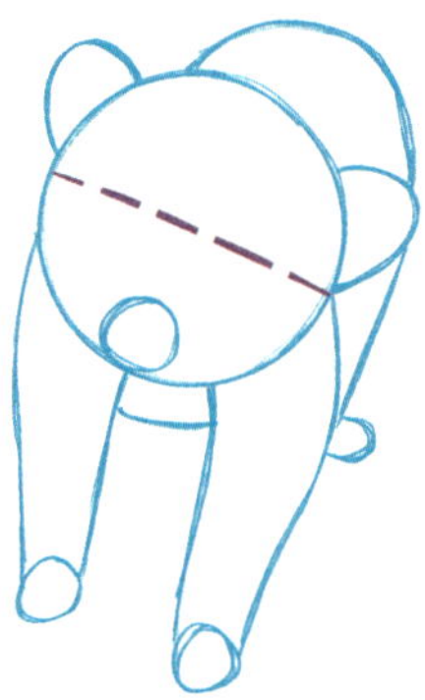

3 Mit einfachen Linien die Hüfte, das Hinterbein und die Brust skizzieren. Für den Hinterfuß genügt ein kleiner Halbkreis.

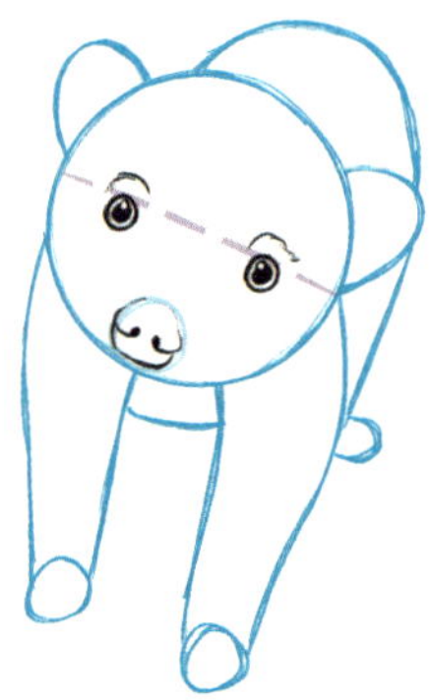

4 Die runden Augen unter die Hilfslinie zeichnen, die geschwungenen Augenbrauen darüber. Die Pupillen sind schwarz mit winzigen Lichtreflexen oben auf jeder Pupille. Darunter die Nase einzeichnen.

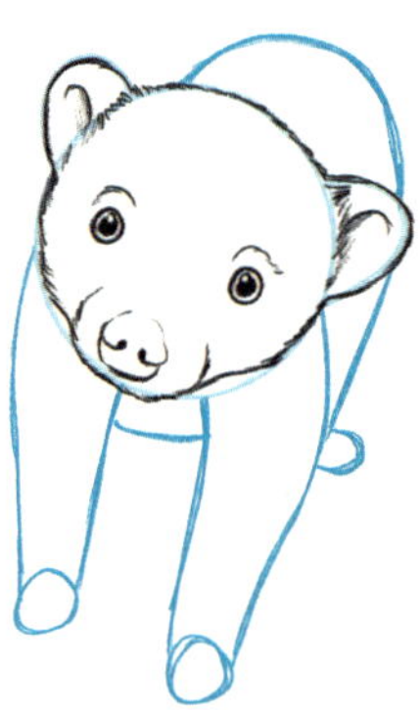

5 Die Umrisse von Ohren und Schnauze mit einer Reihe kurzer Striche nachzeichnen, um das Fell darzustellen. Im Inneren der Ohren etwas längere Striche verwenden.

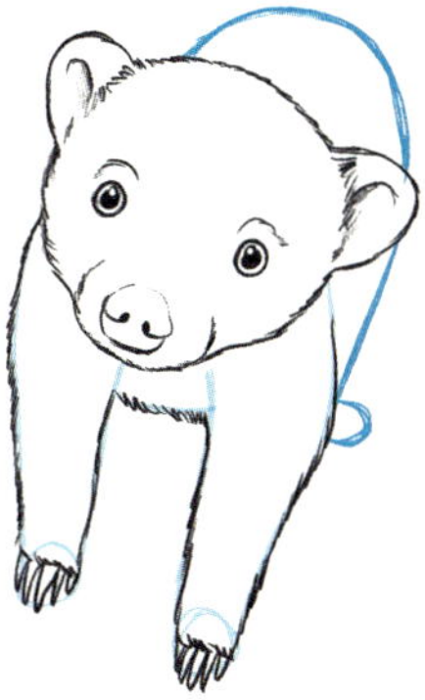

6 Die Umrisse von Beinen und Brust ebenso stricheln. An jede Vorderpfote fünf lange Krallen zeichnen.

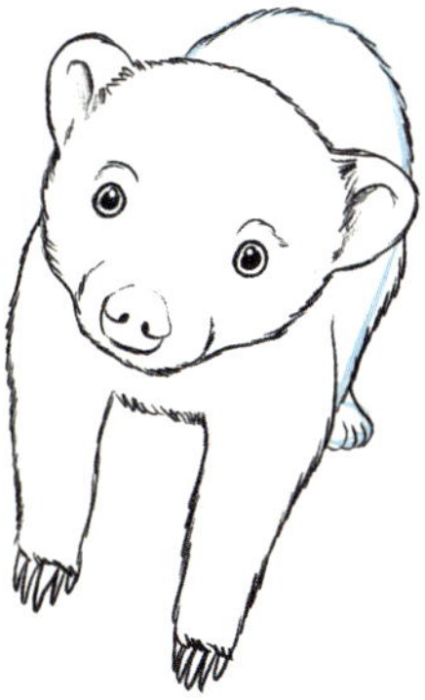

7 Den Rest des Körpers und den hinteren Fuß mit kurzen Strichen vervollständigen.

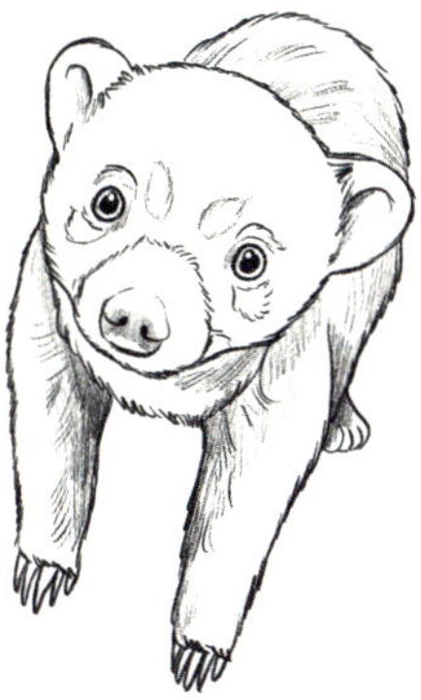

8 Einige Flecken im Gesicht einzeichnen und die ersten Schatten andeuten.

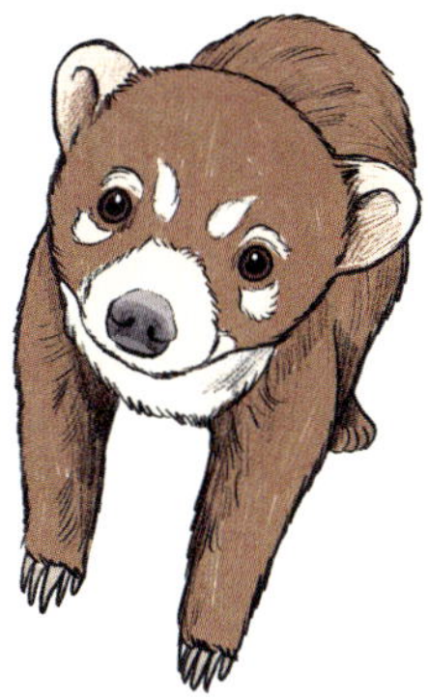

9 Den Körper braun kolorieren, die Ohren, die Brust und das Gesicht bleiben heller. Dunkelbraune Augen, hellbraune Krallen und eine graue Nase hinzufügen.

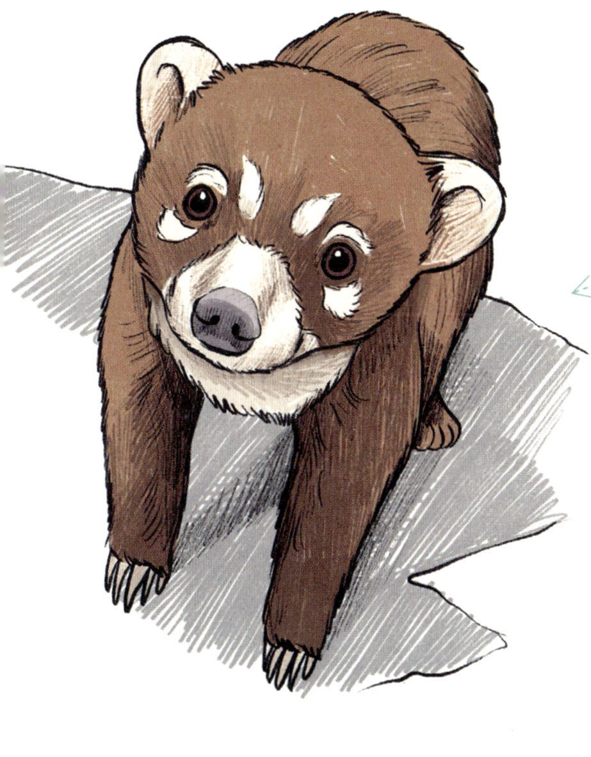

10 Das Gesicht und die Schattenbereiche leicht abdunkeln. Zuletzt den Boden mit Grau schraffieren.

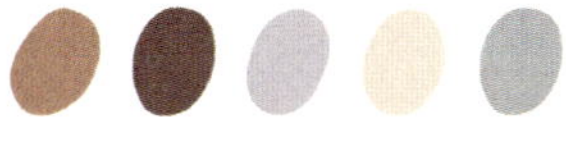

Rotkehlchen

Das Rotkehlchen ist mit seinem roten Gesicht und der rundlichen Brust ein gern gesehener Singvogel in unseren Gärten.

1 Mit einem Kreis für den Körper beginnen. Oben rechts einen kleineren, überlappenden Kreis für den Kopf anschließen.

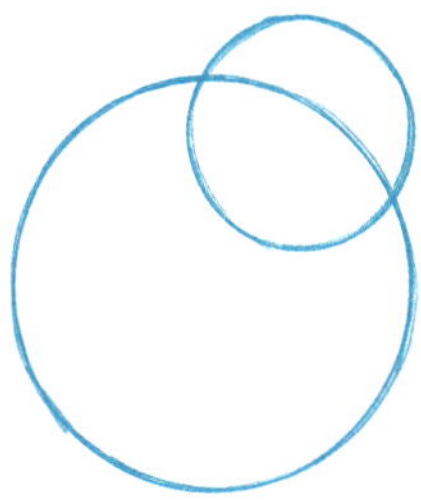

2 Rechts vom Kopfkreis zwei Dreiecke für den Schnabel zeichnen. Links davon zwei gebogene Linien für die Flügel skizzieren.

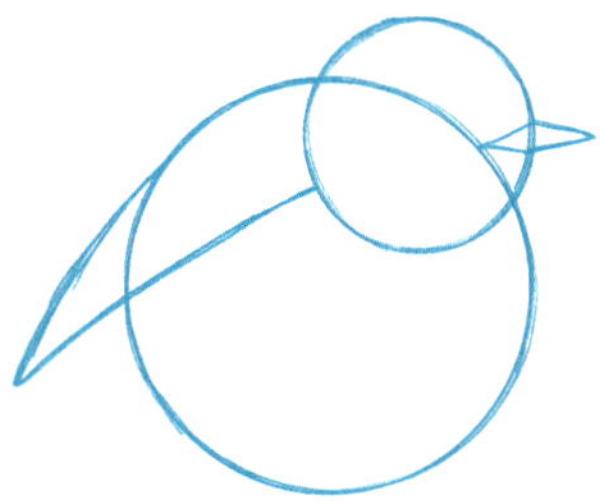

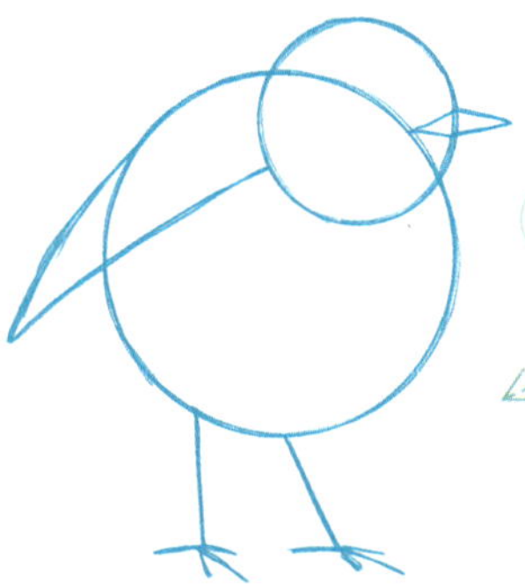

3 Zwei Striche für die Beine zeichnen und an jedes vier kurze Striche für die Zehen setzen.

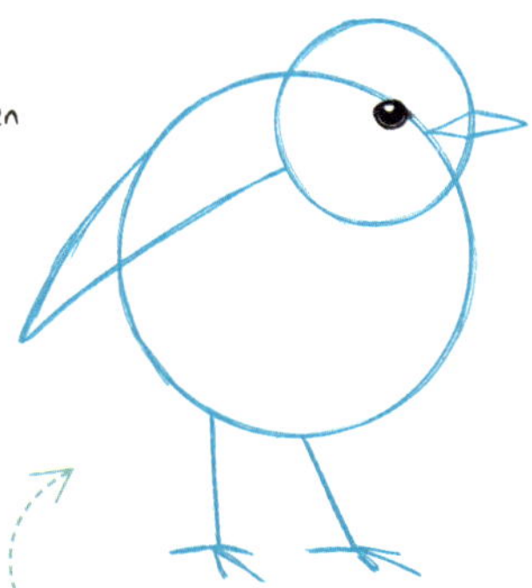

4 Das runde Auge an den Rand der Körperkreises zeichnen. Die Pupille ist schwarz mit einem weißen Lichtreflex im Inneren.

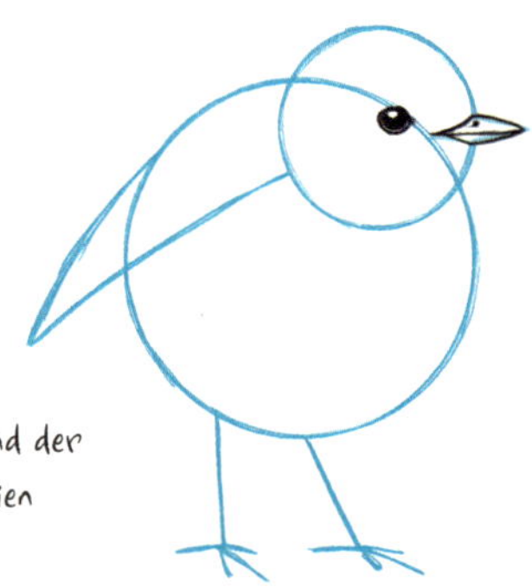

5 Den Schnabel anhand der dreieckigen Hilfslinien ausarbeiten.

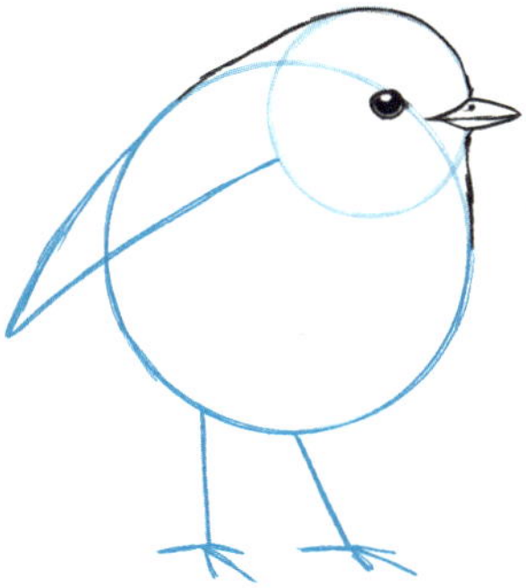

6 Die Kreislinien verbinden, und die Umrisse des Kopfes und des Körpers mit kurzen Strichen nachzeichnen, um das Gefieder anzudeuten.

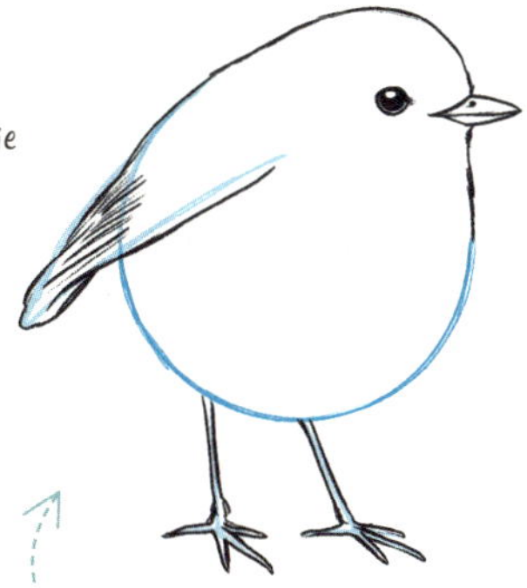

7 Den zusammengefalteten Flügel auf der rechten Seite mit längeren Strichen schraffieren. Die Beine und Zehen anhand der Hilfslinien entwickeln.

8 Den Umriss des Körpers vervollständigen. Die Schwanzfedern anfügen. Mit wenigen Strichen Federn am Bauch andeuten. Leichte Schattierungen auf und unter den Flügeln hinzufügen.

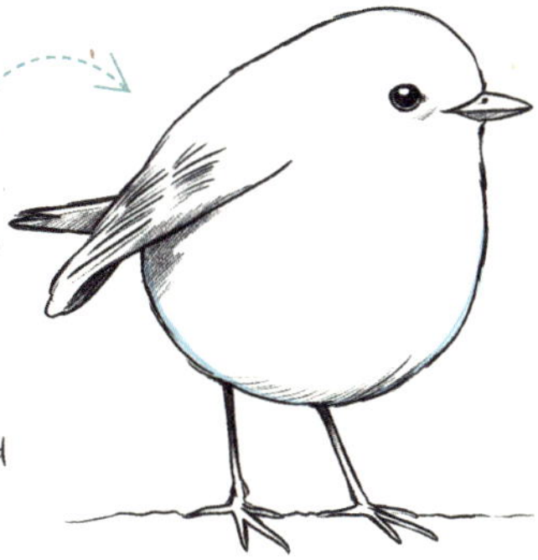

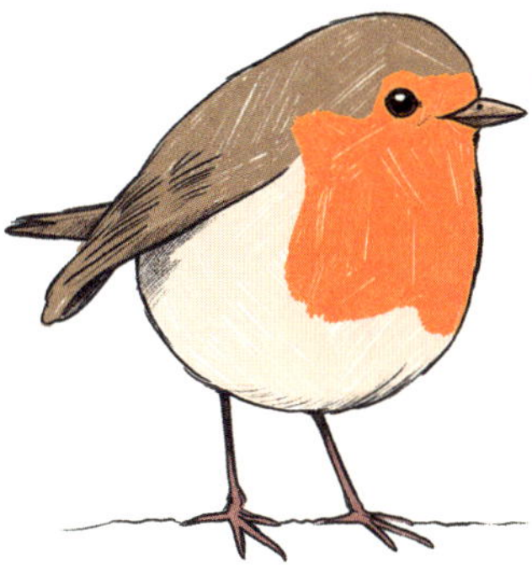

9 Das Rotkehlchen hellbraun, beige und orange kolorieren. Dabei folgen die Striche der Richtung des Gefieders. Die Beine sind rosa.

10 Die Ränder etwas abdunkeln. Zuletzt den Boden unter den Füßen andeuten.

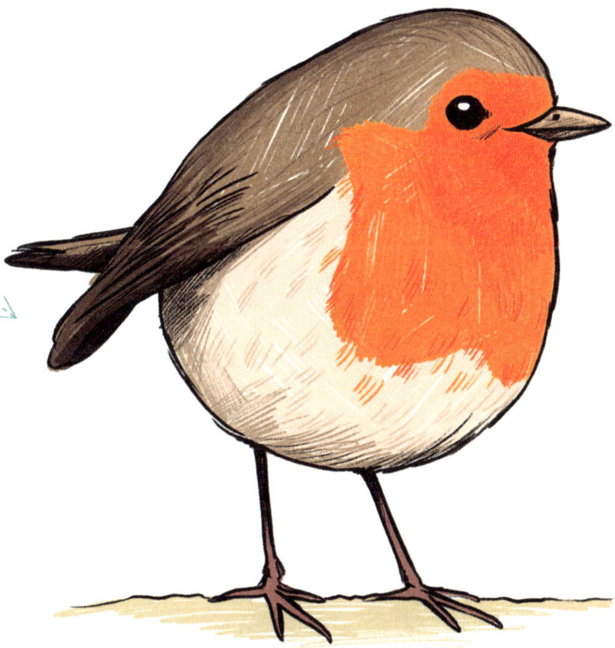

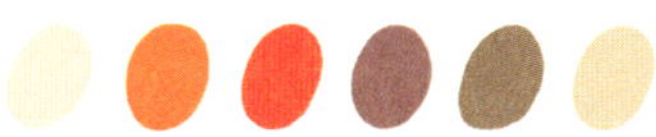

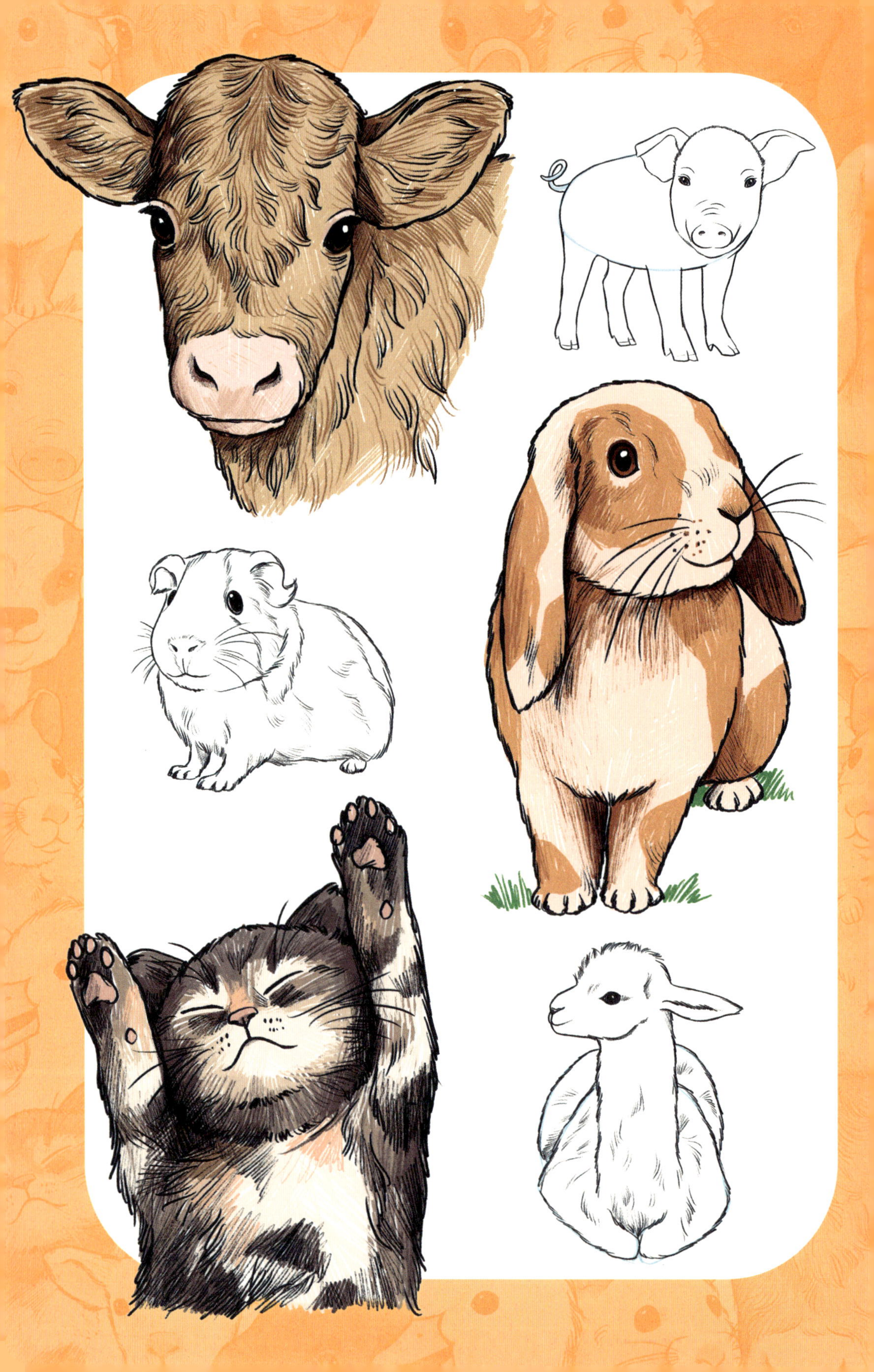

Haustiere

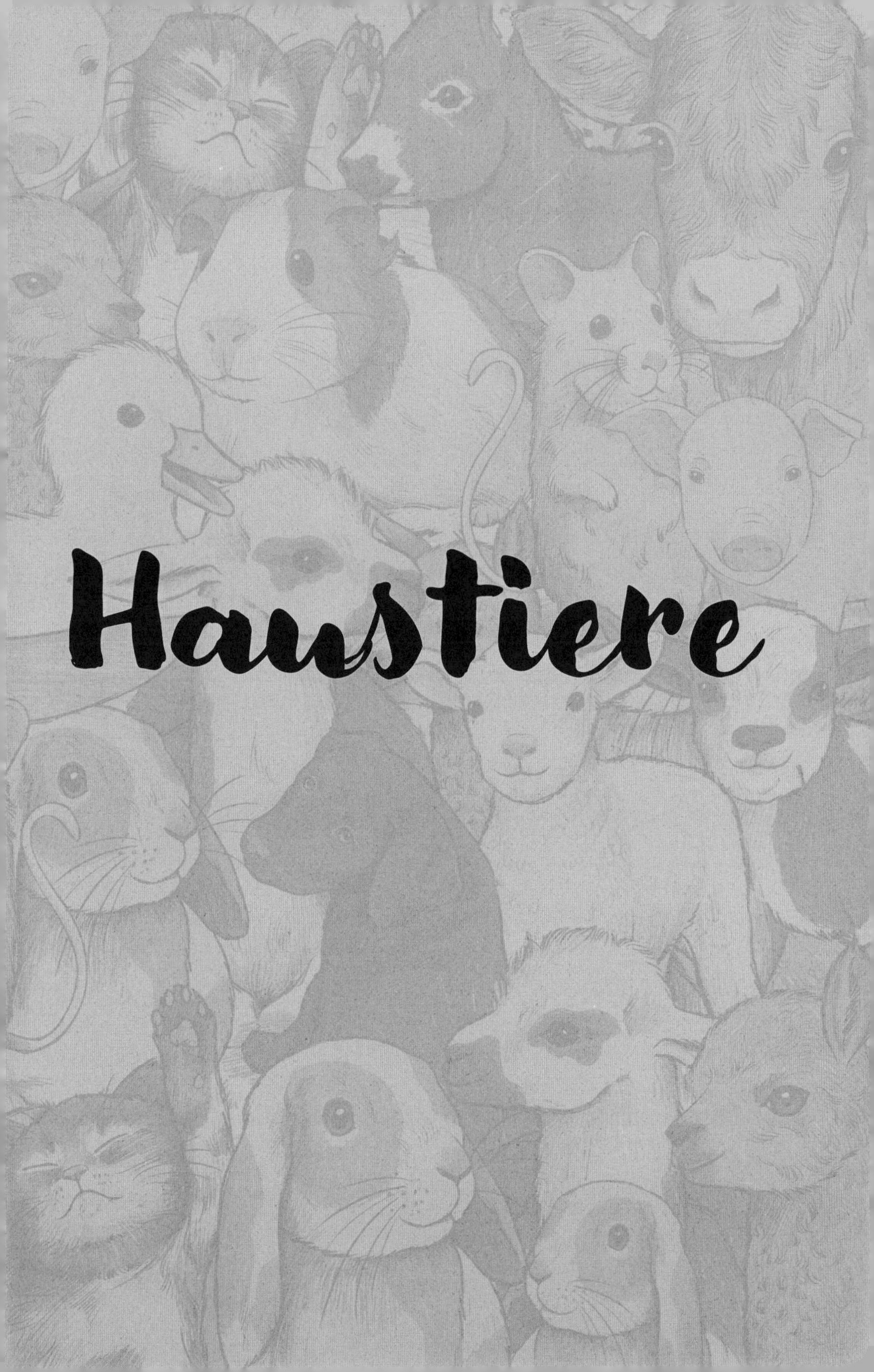

Kätzchen

Was könnte niedlicher sein als ein Kätzchen, das sich räkelt? Das flauschige Fell wird mit langen, lockeren Strichen dargestellt.

1 Mit einem Oval für den Kopf beginnen. Eine senkrechte und eine gestrichelte waagerechte Linie einfügen.

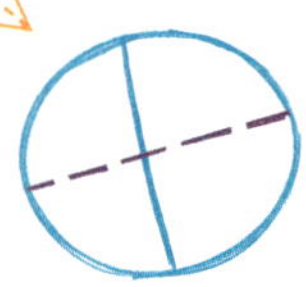

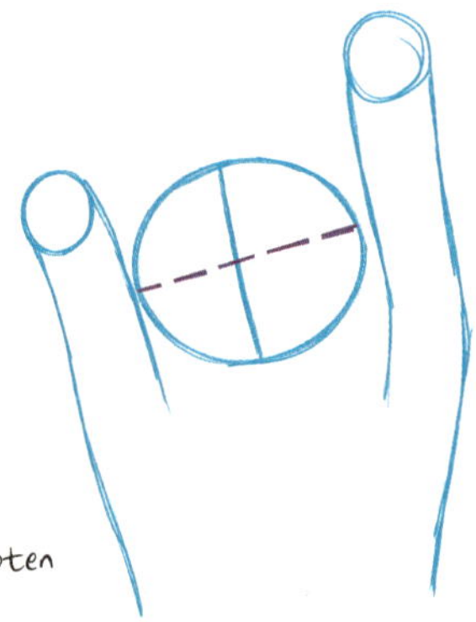

2 Die ausgestreckten Vorderbein grob skizzieren, für die Pfoten genügen kleine Kreise.

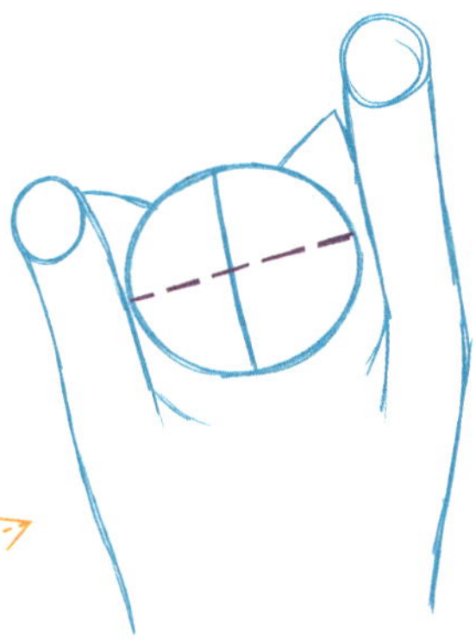

3 Oberhalb des Kopfkreises Linien für die Ohren hinzufügen, darunter zwei kurze Kurven für den Hals.

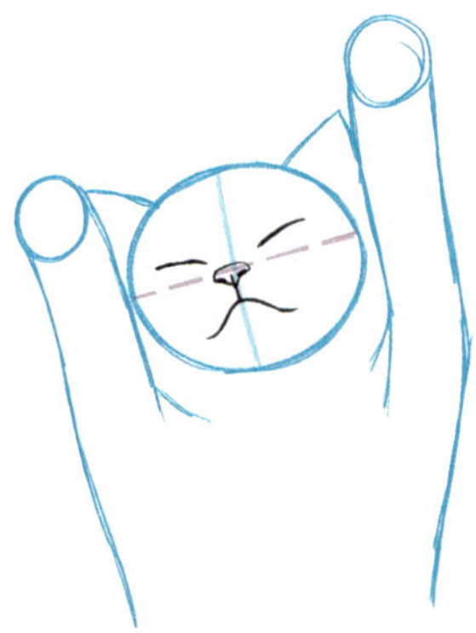

4 Zwei kleine Bögen für die geschlossenen Augen zeichnen. Die Nase auf den Kreuzungspunkt der Hilfslinien setzen, den geschwungenen Mund darunter.

5 Die Umrisse der Beine mit einer Reihe von kurzen Strichen nachzeichnen, um das Fell anzudeuten. Die fünf Pfotenballen hinzufügen.

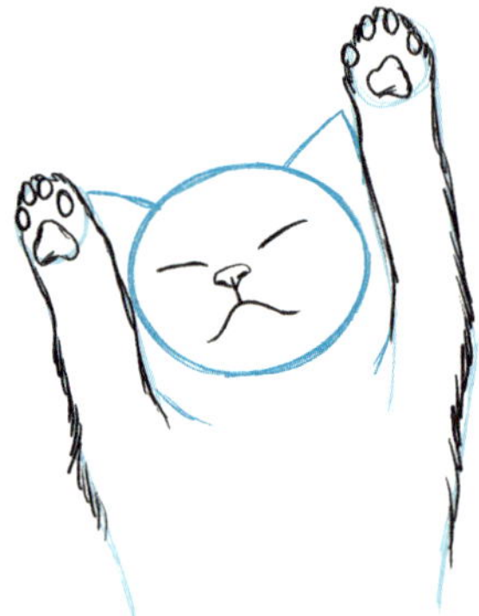

6 Das Fell um die Ohren, den Kopf und den Hals ebenso stricheln. Auf jeder Seite der Nase kleine Punkte für den Ansatz der Schnurrhaare einzeichnen.

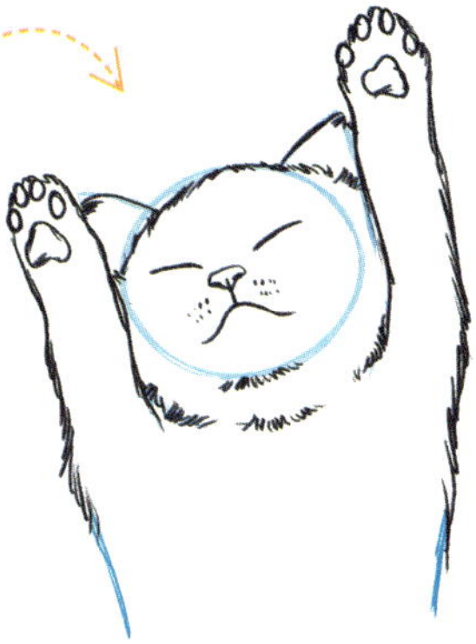

7 Einige längere Striche über das Gesicht und den Körper zeichnen. Die Schnurrhaare hinzufügen.

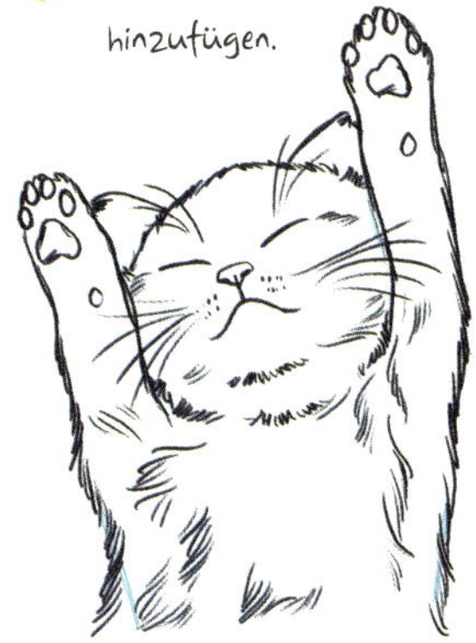

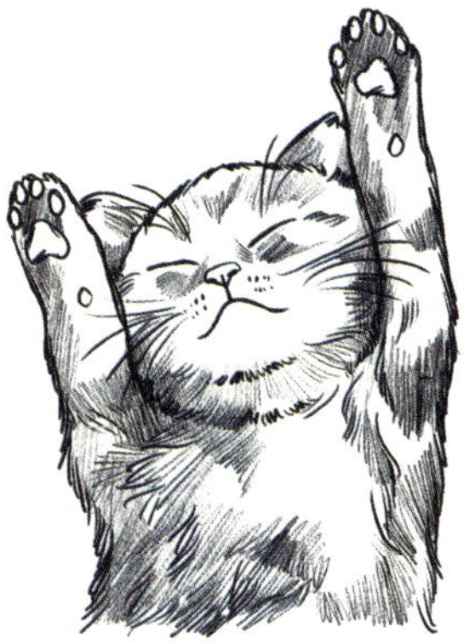

8 Schattierungen des Fells mit einseitig gerichteten Strichen andeuten, dabei die Länge der Striche variieren, damit das Fell natürlicher wirkt.

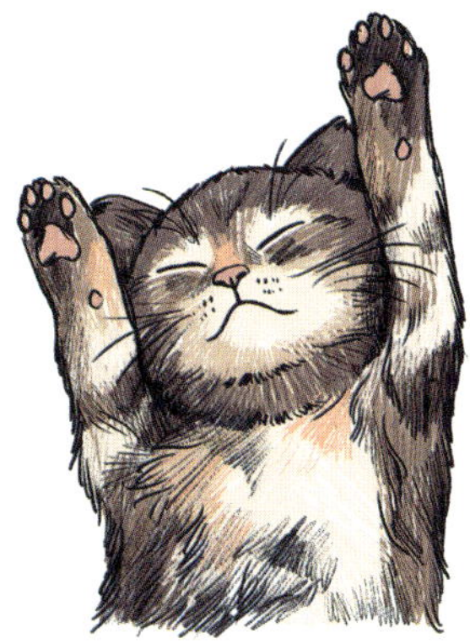

9 Das Kätzchen in grauen und braunen Tönen kolorieren. Nase und Pfotenballen sind rosa.

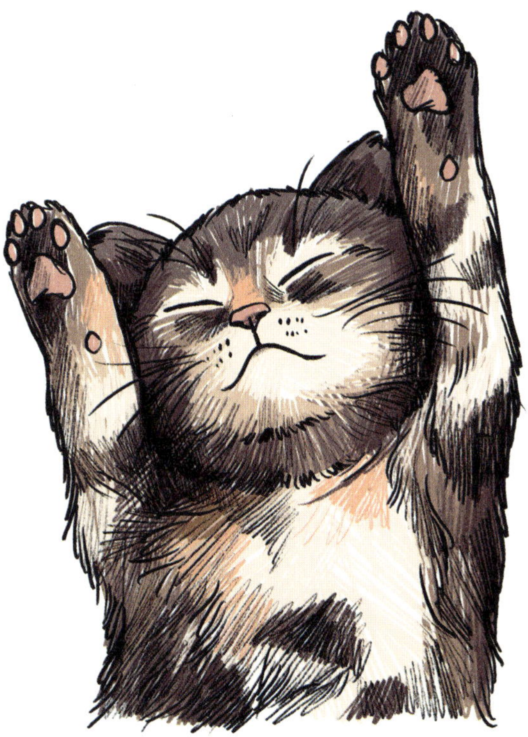

10 Einige dunklere Schatten einfügen, um die Tiefenwirkung zu verstärken.

Kaninchen

Seine langen, hängenden Ohren und die Knopfnase geben diesem Kaninchen sein niedliches Aussehen.

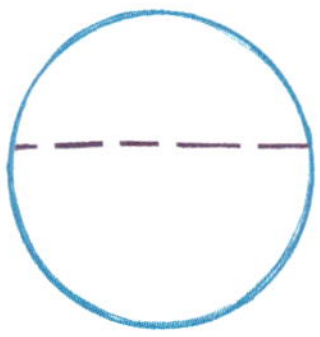

1 Mit einem Kreis für den Kopf beginnen. Oberhalb der Mitte eine gestrichelte Linie einzeichnen.

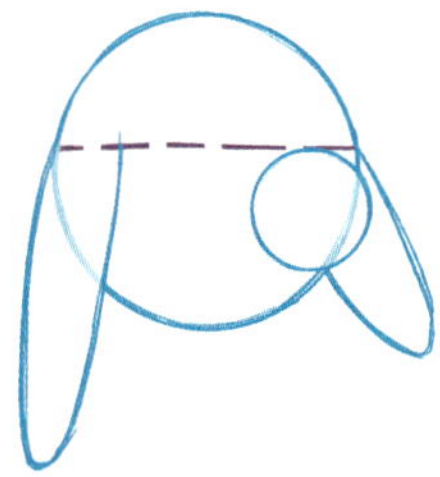

2 Rechts unterhalb der Hilfslinie einen kleineren Kreis für die Schnauze hinzufügen. Lange Bögen für die Ohren zeichnen.

3 Darunter eine U-Form für den Körper skizzieren.

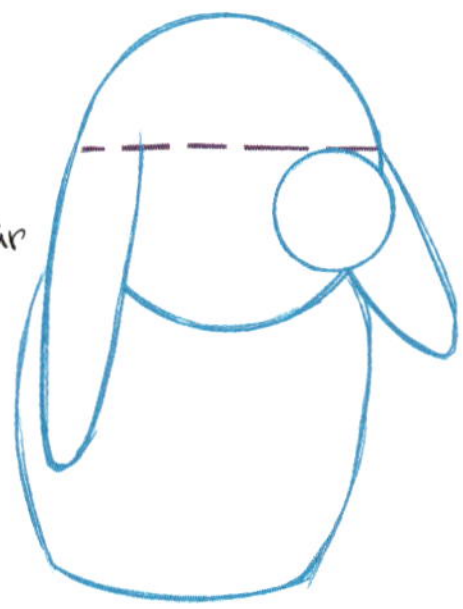

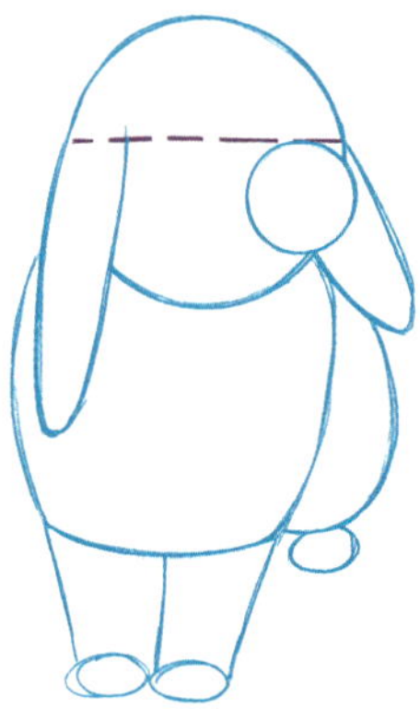

4 Die Vorderbeine mit geraden Strichen vorzeichnen, die Pfoten durch Ovale andeuten. Rechts oben einen Bogen für das Hinterbein und ein weiteres Oval für die Pfote anfügen.

5 Das Auge oberhalb der Hilfslinie einzeichnen. Die Pupille ist schwarz mit einem Lichtreflex im Inneren. In den kleinen Kreis die geschwungene Nase und den Mund zeichnen.

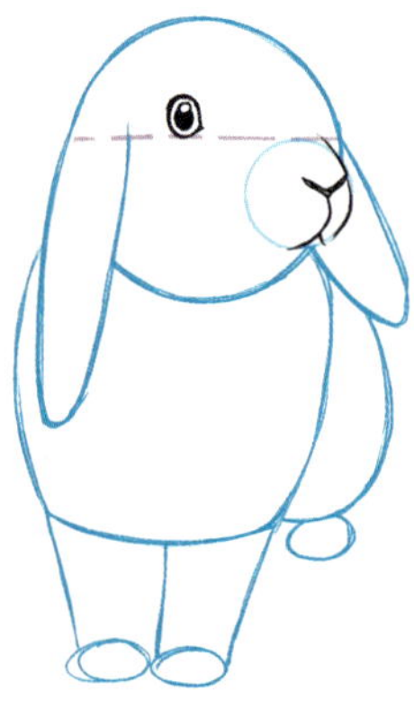

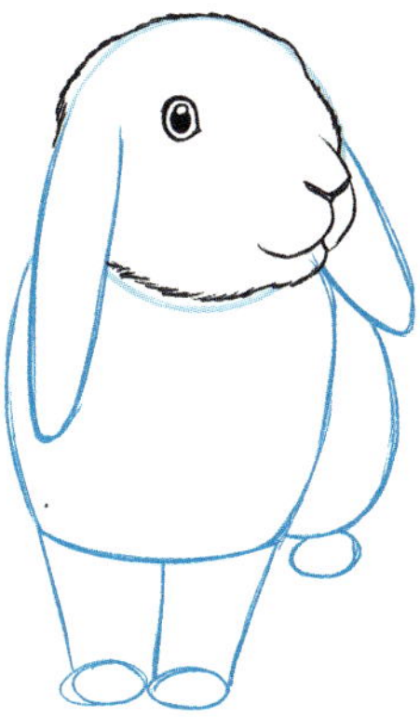

6 Das Fell um Kopf und Hals mit einer Reihe kurzer Striche andeuten.

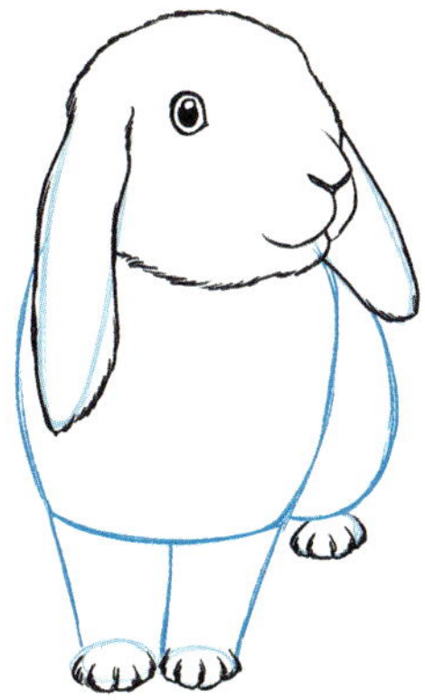

7 Die Ohren ebenso stricheln. Die pelzigen Füße ausarbeiten.

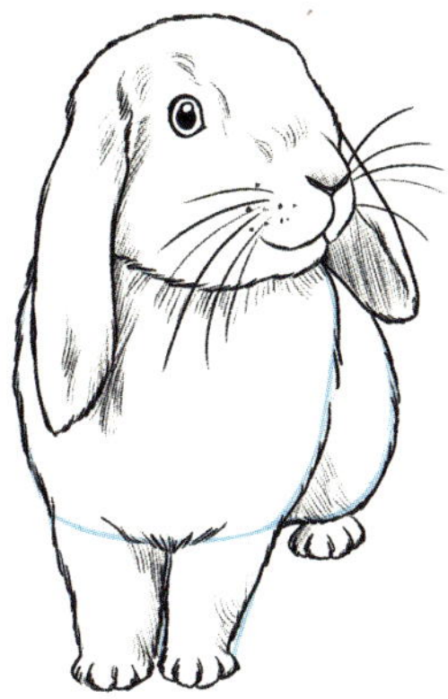

8 Den Körper entlang der Umrisslinien stricheln. Die langen Schnurrhaare und die Punkte an ihrer Basis einzeichnen. Erste Schattierungen andeuten.

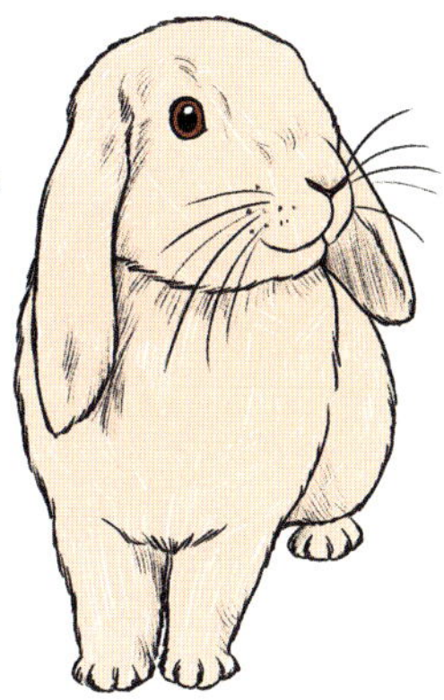

9 Den Körper in hellem Beige grundieren und das Auge dunkelbraun eintönen.

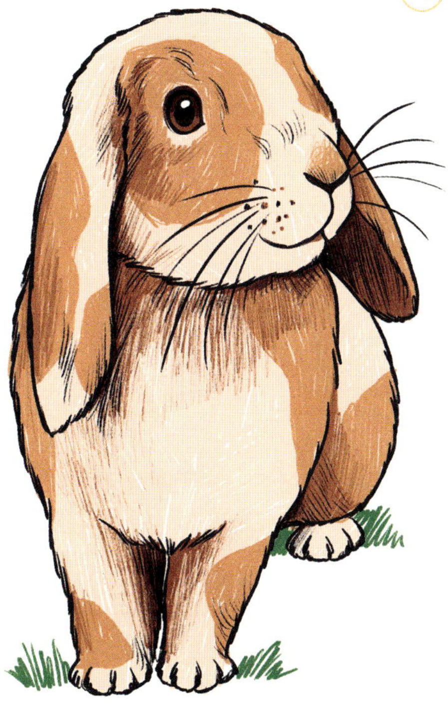

10 Eine Reihe von dunkleren Flecken auf Kopf und Körper malen. Zuletzt einige Schatten vertiefen und etwas Gras andeuten.

Ferkel

Ferkel haben ein großes Gesicht mit seitlich liegenden Augen und einer langen rosa Schnauze. Anhand der Steps lassen sich die Gesichtszüge leicht positionieren. Besonders niedlich sehen die Falten über der Nase aus.

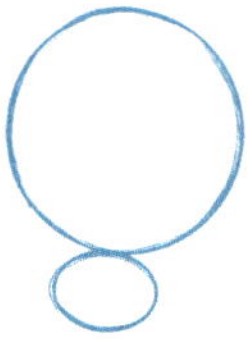

1 Mit einem Kreis für den Kopf beginnen. Direkt darunter ein kleines Oval für die Schnauze setzen.

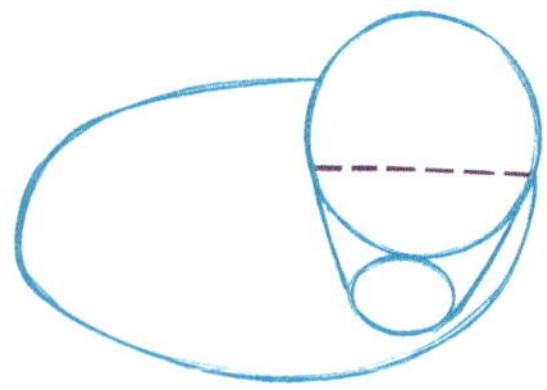

2 Unter der Mitte des Kopfkreises eine gestrichelte Linie einzeichnen. Die Kreise verbinden, um die Seiten des Gesichts zu erhalten. Ein größeres Oval für den Körper hinzufügen.

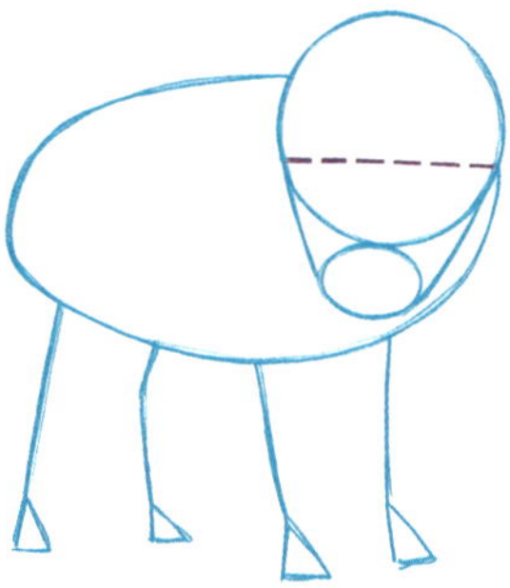

3 Vier Striche für die Beine zeichnen. Die Hufe durch Dreiecke andeuten.

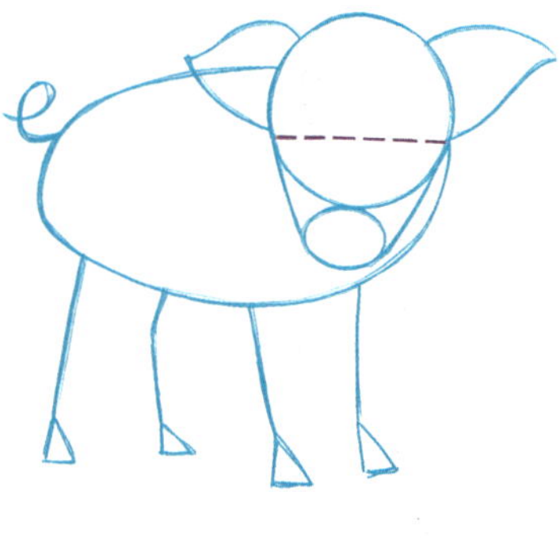

4 Die dreieckigen Ohren und den Ringelschwanz skizzieren.

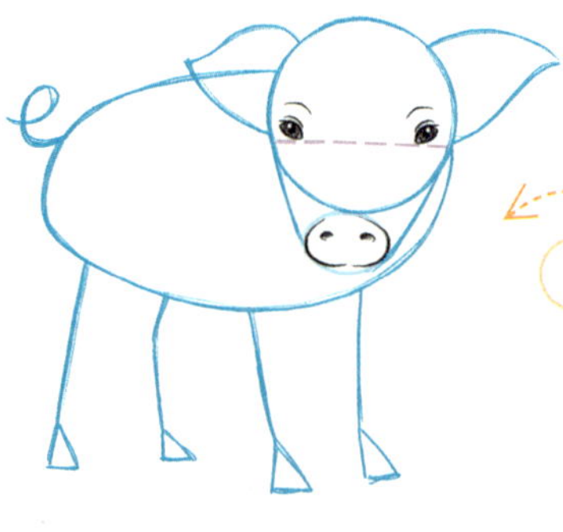

5 Die Augen knapp über der Hilfslinie einzeichnen, darüber liegen geschwungene Augenbrauen. Die Pupillen sind schwarz mit weißen Lichtreflexen im Inneren. Die Schnauze aus der ovalen Hilfslinie entwickeln und die Nasenlöcher einzeichnen.

6 Den oberen Teil des Kopfes mit einer Reihe von sehr kurzen Strichen nachzeichnen. Am Gesicht und Kinn etwas längere Striche verwenden. Die Falten über der Nase andeuten.

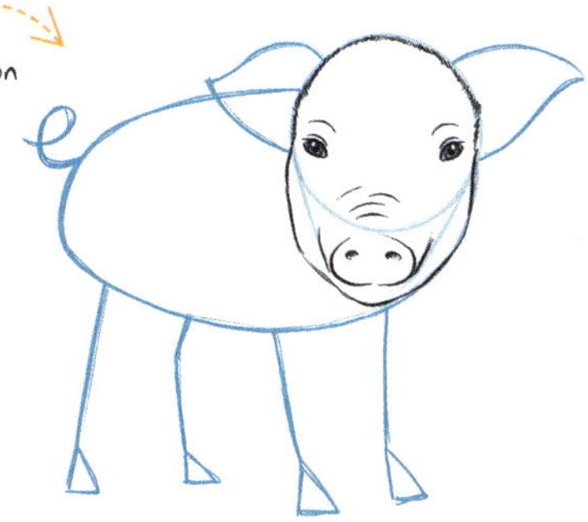

7 Die Beine und die Fesseln anhand der Hilfslinien ausarbeiten.

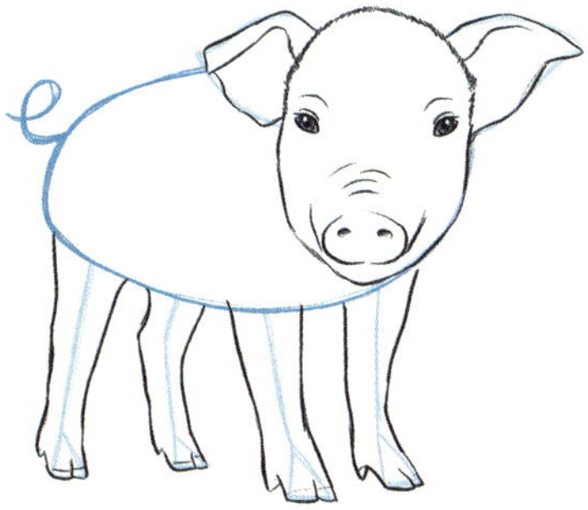

8 Die Umrisse von Körper und Schwanz vervollständigen.

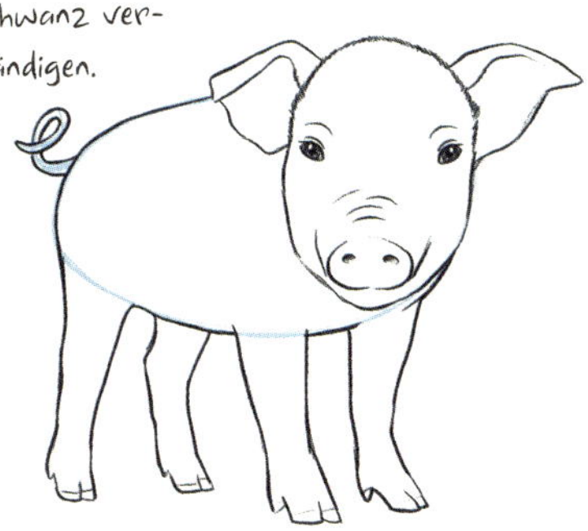

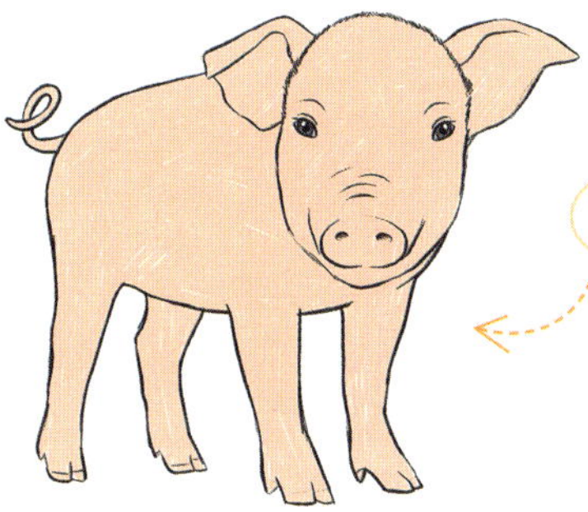

9 Den Körper hellrosa kolorieren.

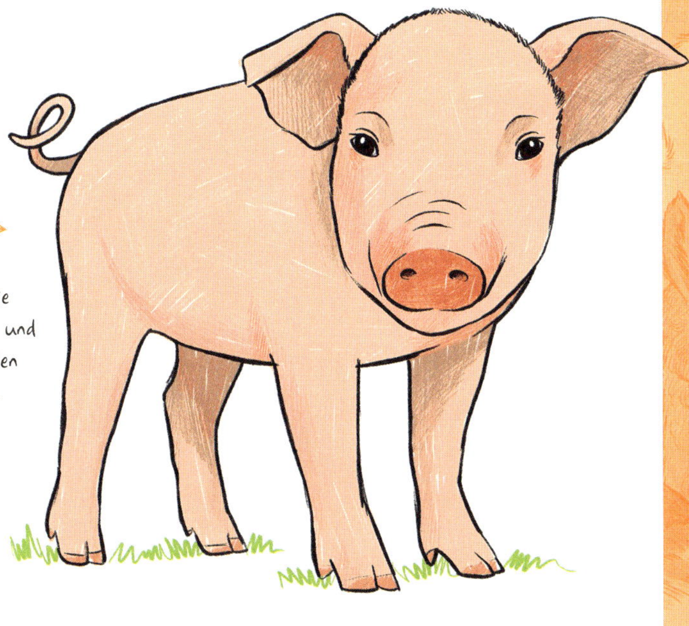

10 Etwas dunkleres Rosa für die Nase, die Innenseite der Ohren und die Beine hinzufügen. Unter den Füßen grünes Gras andeuten.

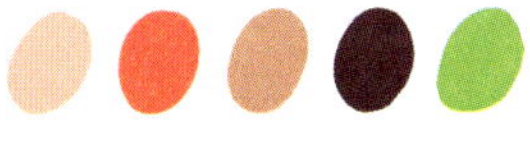

Zicklein

Ziegen gibt es in vielen Farben. Dieses Zicklein hat ein weiches, braun-weiß geflecktes Fell.

1 Mit einem abgerundeten Rechteck für den Kopf beginnen. Eine gestrichelte Linie in der Mitte hineinzeichnen.

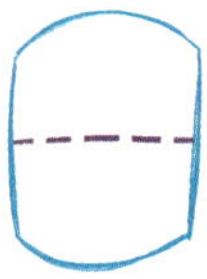

2 Unterhalb der gestrichelten Linie ein Oval für die Schnauze hinzufügen. Seitlich zwei Dreiecke für die Ohren skizzieren.

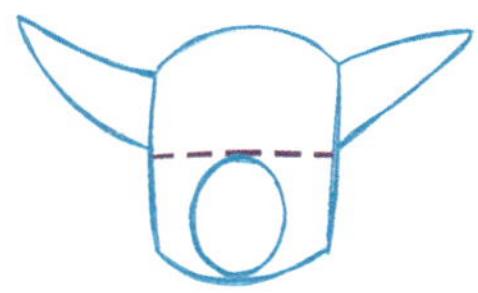

3 Darunter einen Kreis für die Brust und rechts eine Zylinderform für den Körper anfügen.

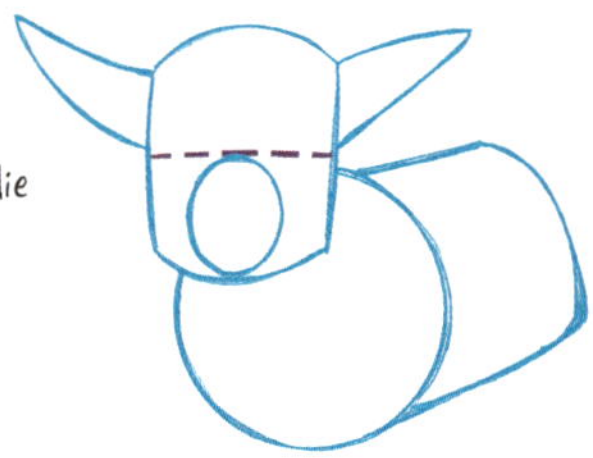

4 Einfache Striche für die Beine zeichnen, mit Kreisen für die Kniegelenke und Dreiecken an den Enden für die Hufe. Ein kleiner Bogen stellt den Schwanz dar.

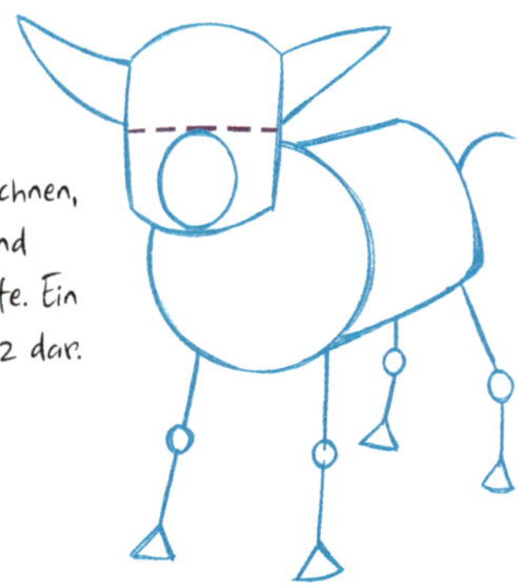

5 Die Augen oberhalb der Hilfslinie einzeichnen. Schwarze Pupillen mit weißen Lichtreflexen hinzufügen. Innerhalb der ovalen Hilfslinie die Nase und den Mund skizzieren.

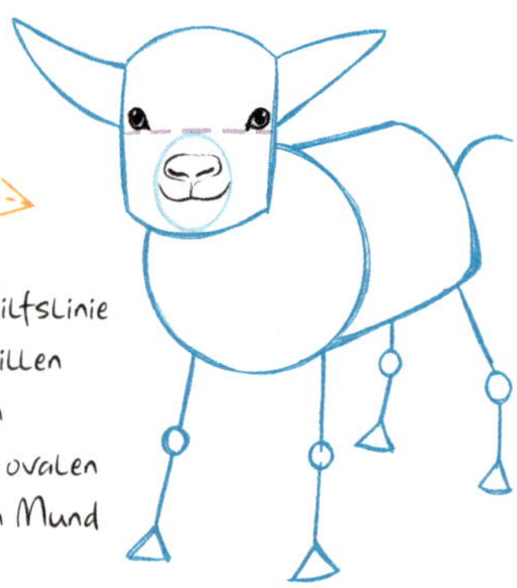

6 Das Fell um den Kopf und die Ohren herum mit einer Reihe von kurzen Strichen andeuten.

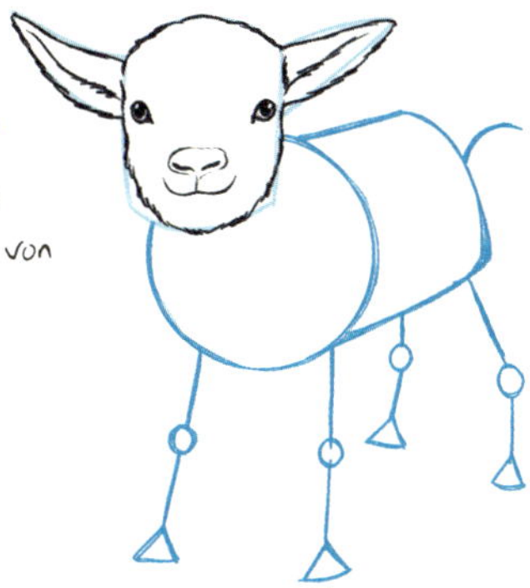

7 Beine und Schwanz anhand der Hilfslinien ausarbeiten und stricheln

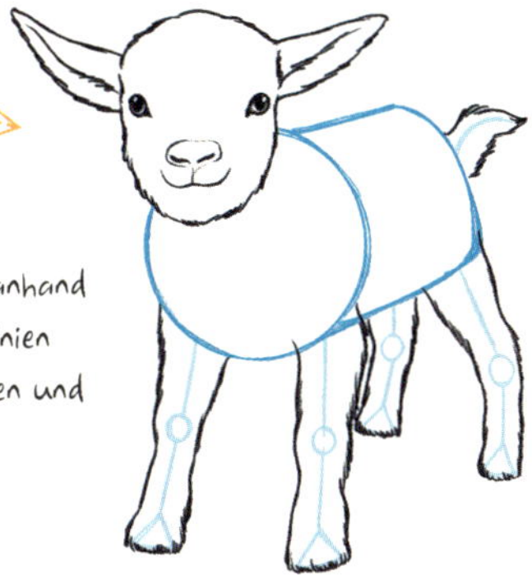

8 Die Umrisse des Körpers vervollständigen.

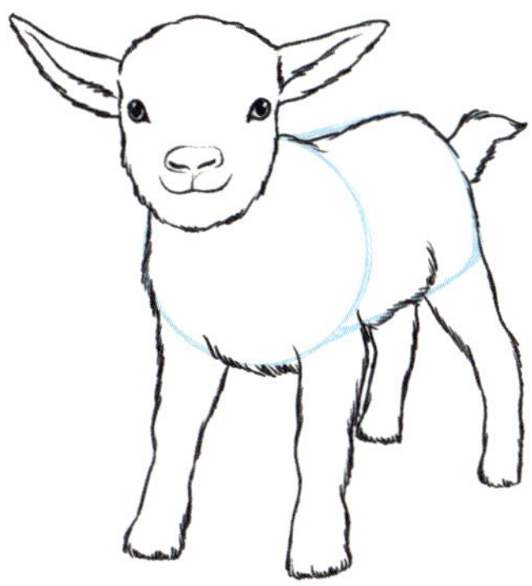

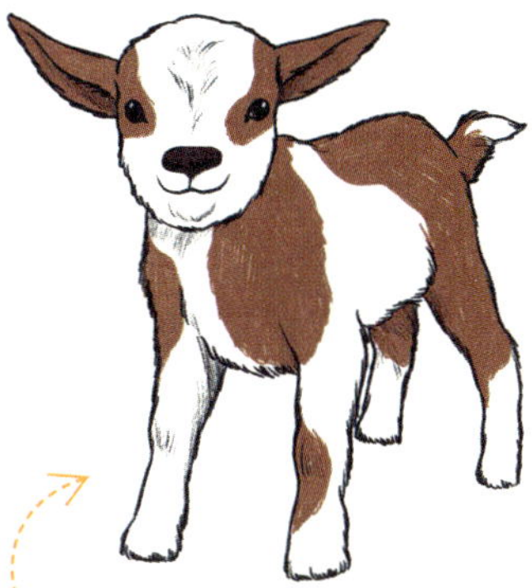

9 Das braun-weiße Fellmuster einzeichnen. Einige längere Striche für das Fell ins Gesicht und auf die Beine zeichnen.

10 Die Schatten etwas abdunkeln und das Gras um die Hufe herum andeuten.

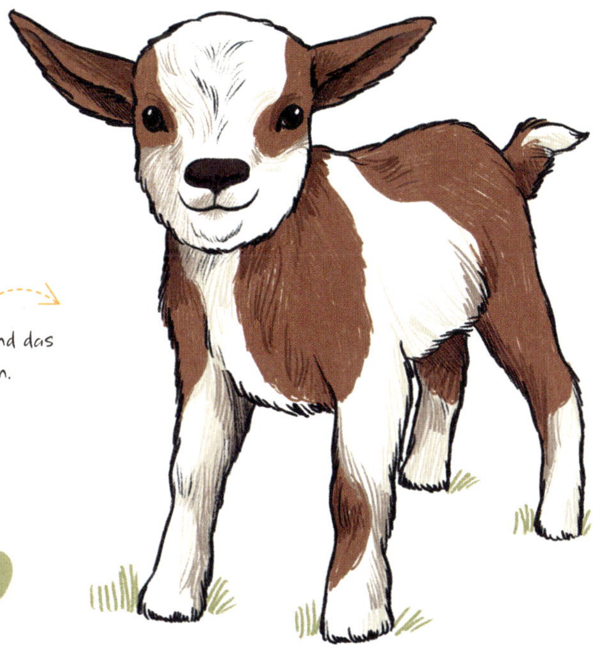

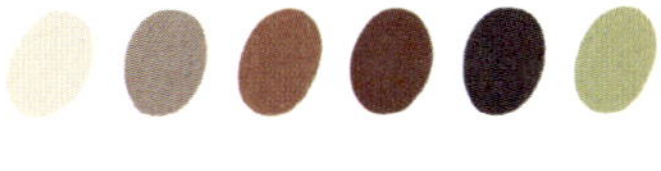

Lama

Wie ihre Verwandten, die Kamele, knicken Lamas zuerst in den Vorderbeinen ein, wenn sie sich hinlegen.

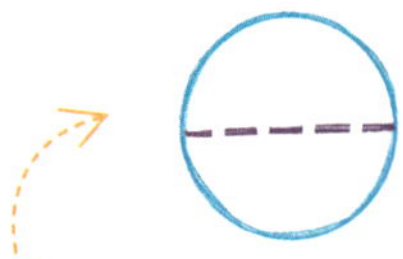

1 Mit einem Kreis für den Kopf beginnen und eine gestrichelte Linie in der Mitte einzeichnen.

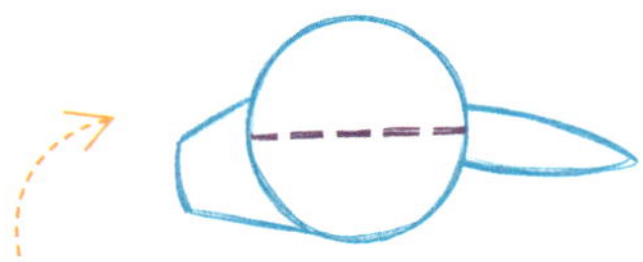

2 Links eine U-Form für die Schnauze und rechts eine Blattform für das Ohr hinzufügen.

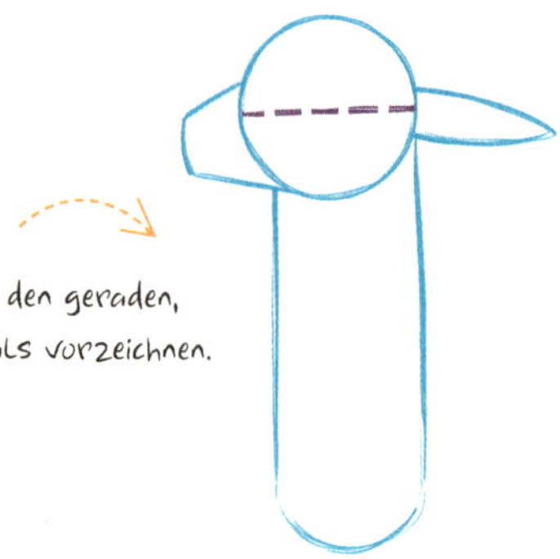

3 Darunter den geraden, langen Hals vorzeichnen.

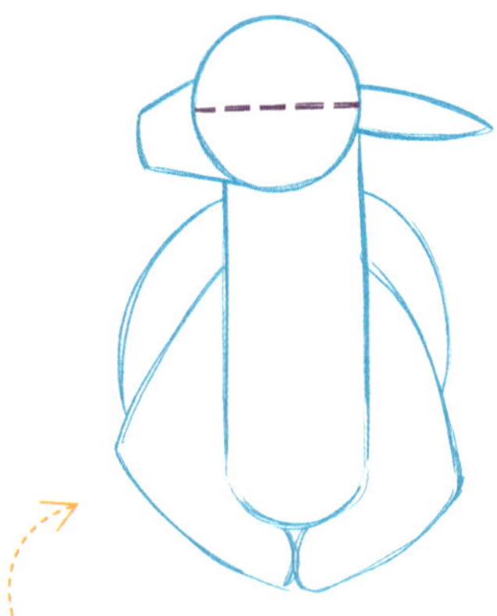

4 Mit einfachen Strichen die gefalteten Vorderbeine auf beiden Seiten des Halses skizzieren. Darüber zwei Kurven für den Körper hinzufügen.

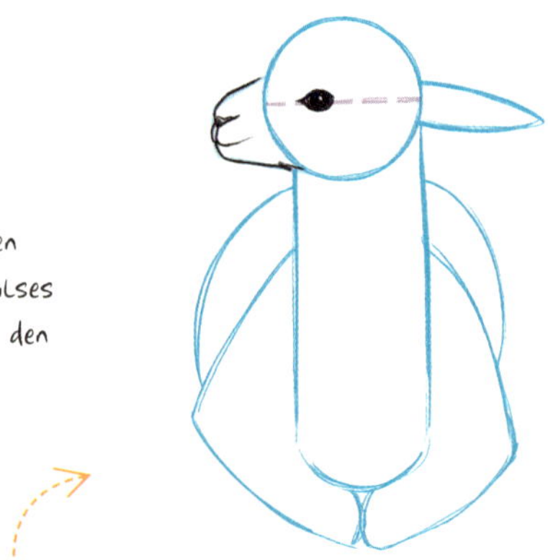

5 Das Auge auf die Hilfslinie zeichnen. Eine schwarze Pupille und einen winzigen, weißen Lichtreflex hinzufügen. Die Nase, den Mund und das Kinn innerhalb der Schnauzenlinie ausarbeiten.

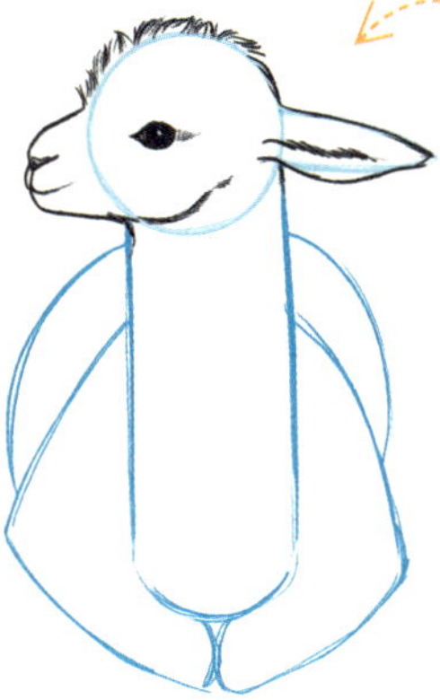

6 Den Umriss von Kopf und Ohren mit kurzen Strichen nachzeichnen, um das Fell anzudeuten. Eine unregelmäßige Linie für die Ohröffnung einzeichnen.

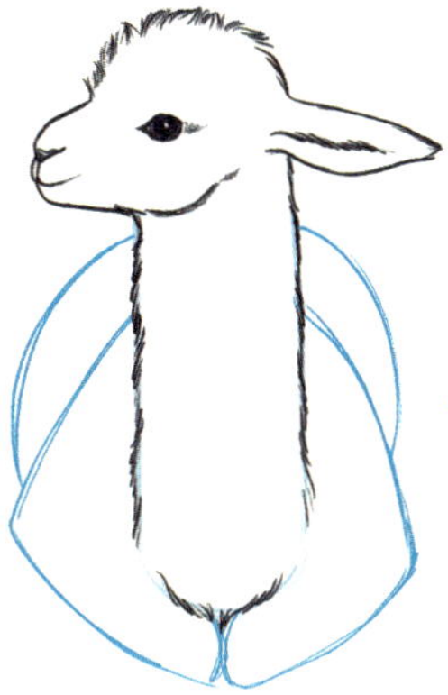

7 Die Kontur des Halses stricheln.

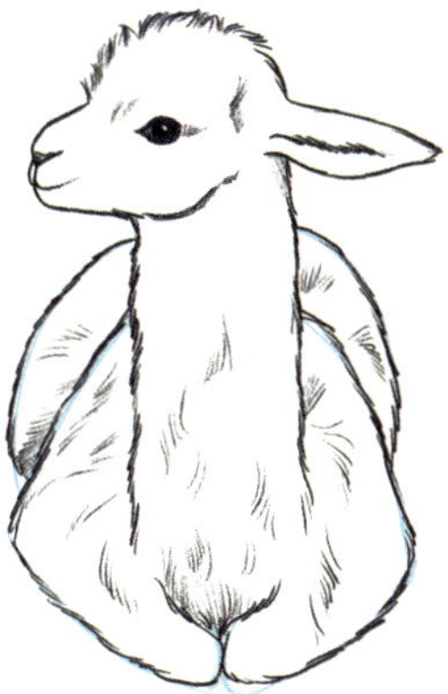

8 Die Umrisse der Beine und des Körpers vervollständigen. Einige Fellstriche auf dem Körper einfügen und erste Schatten andeuten.

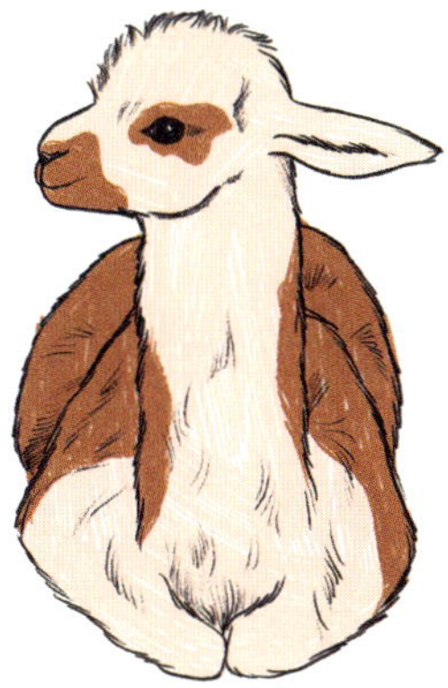

9 Den Körper braun und hellbraun kolorieren. Auf die braunen Flecken um Auge und Nase achten.

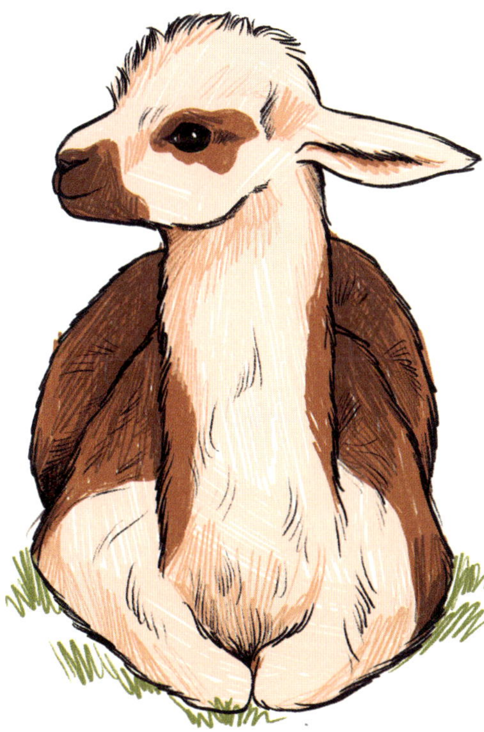

10 Einige Schatten abdunkeln, um die Tiefenwirkung zu verstärken. Das Gras mit einigen Strichen andeuten.

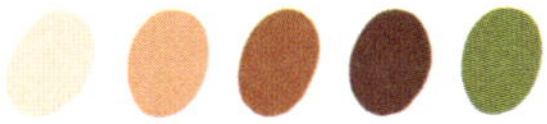

Lamm

Die ersten Lämmer kommen meist um Ostern zur Welt. Dieses ist aus wenigen einfachen Grundformen leicht zu zeichnen.

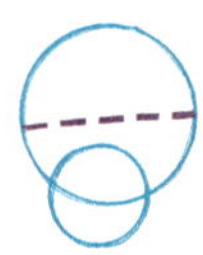

1 Mit einem Kreis für den Kopf beginnen und eine gestrichelte Linie in der Mitte einzeichnen. Unten links einen kleineren, überlappenden Kreis für die Schnauze hinzufügen.

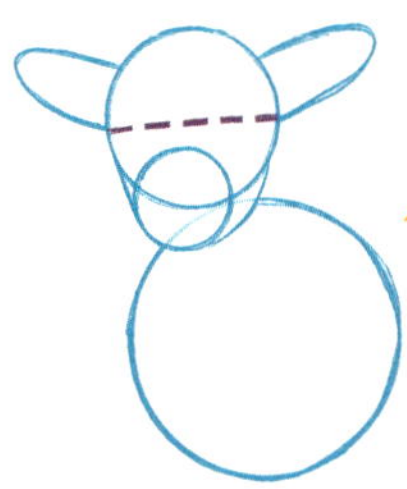

2 Zwei Bögen stellen die Ohren dar. Die beiden Kreise mit kleinen Bögen verbinden. Einen dritten Kreis für die Brust hinzufügen. Er ist etwa doppelt so groß wie der Kopfkreis.

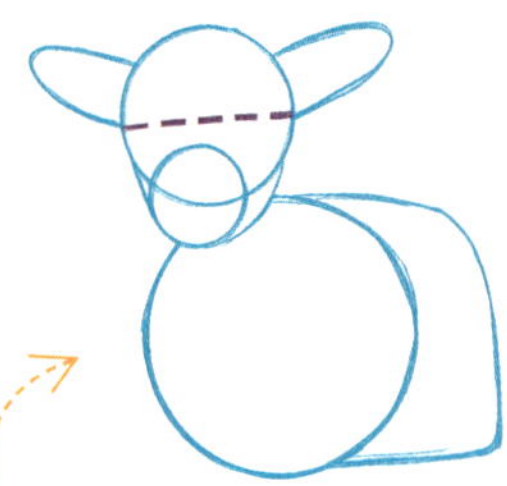

3 Auf der rechten Seite eine U-Form für den Rücken und die Hüften an den Körper setzen.

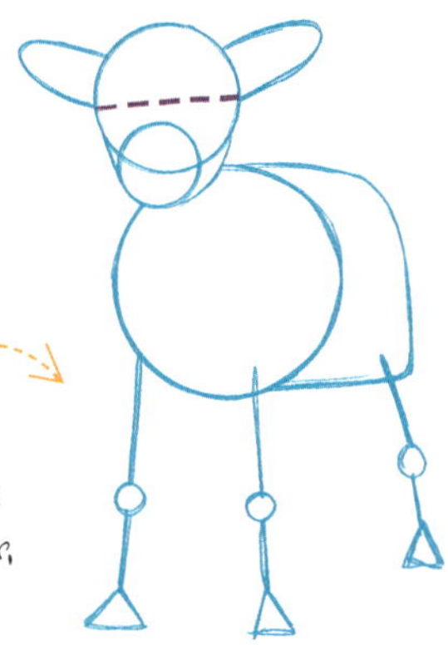

4 Die Beine mit einfachen Strichen skizzieren. Kreise stellen die Kniegelenke dar, Dreiecke die Hufe.

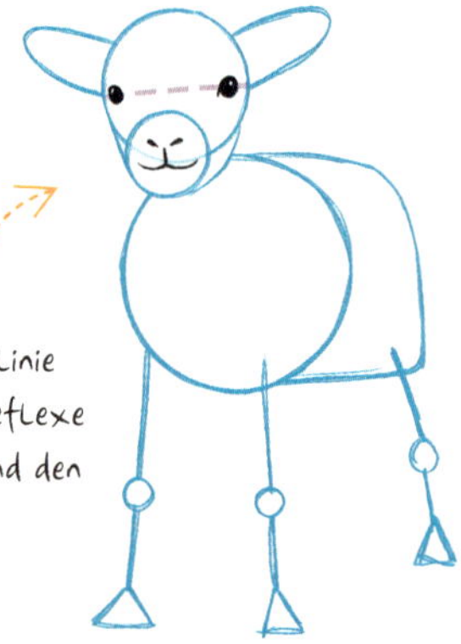

5 Die schwarzen Augen auf die Hilfslinie zeichnen. Die kleinen weißen Lichtreflexe nicht vergessen. Die Nasenlöcher und den gewellten Mund innerhalb der Schnauzenlinie einzeichnen.

6 Die Umrisse von Kopf und Ohren mit kleinen Strichen nachzeichnen, um das Fell anzudeuten. Mit einer ähnlichen gestrichelten Linie die Ohröffnungen darstellen.

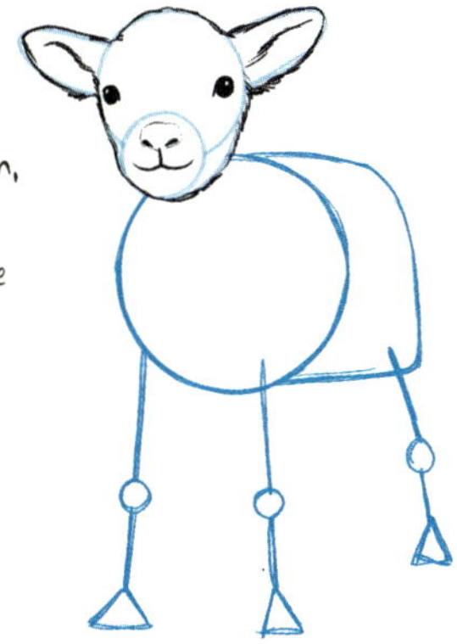

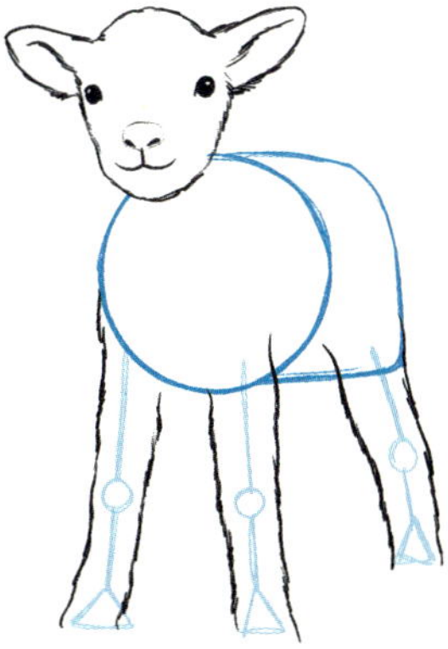

7 Die Beine anhand der Hilfslinien ausarbeiten.

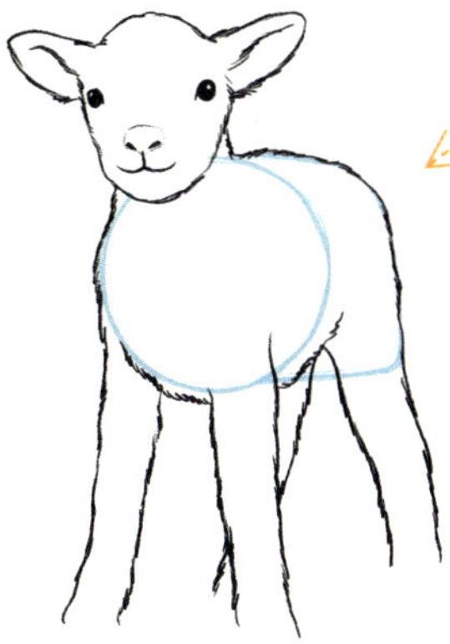

8 Die Umrisse von Rücken, Brust und Bauch stricheln. Das vierte Bein hinter dem vorderen Bein einzeichnen.

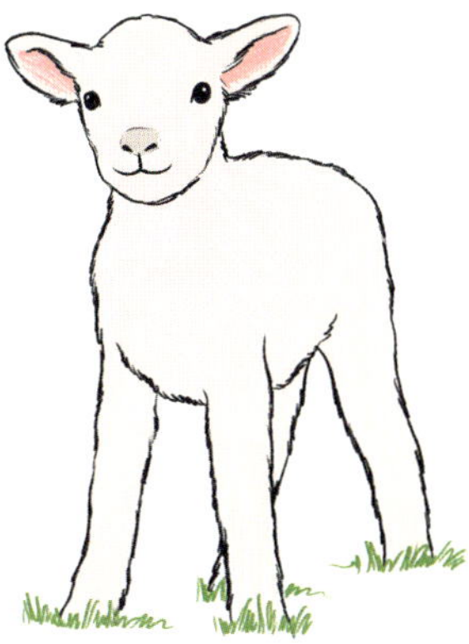

9 Den Körper in blassem Rosa kolorieren. Für das Innere der Ohren kräftigeres Rosa wählen, für die Nase Hellgrau.

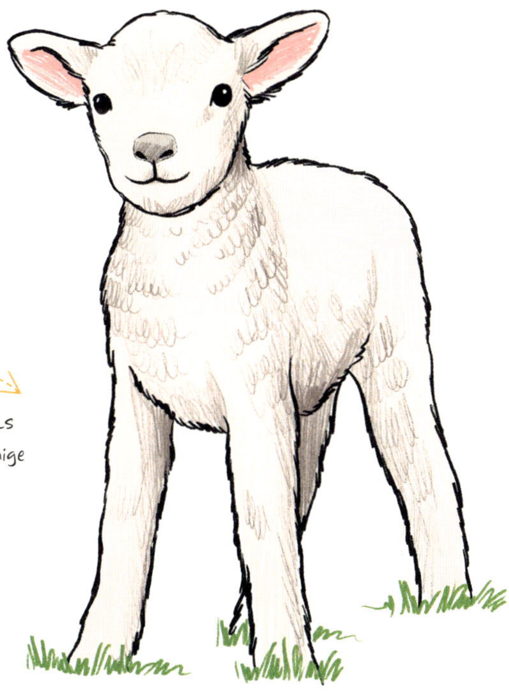

10 Einige lockige, wollige Striche auf dem Hals einzeichnen. Die Schatten abdunkeln und einige grüne Grasflecken andeuten.

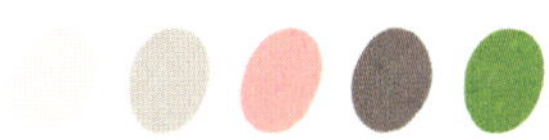

Alpaka

Alpakawolle gilt als sehr weich und haltbar. Hier wird das dichte, gelockte Fell durch die Strichführung verdeutlicht.

1 Mit einem Kreis für den Kopf beginnen. Eine gestrichelte Linie in der Mitte und einen kleineren, überlappenden Kreis unten links für die Schnauze hinzufügen.

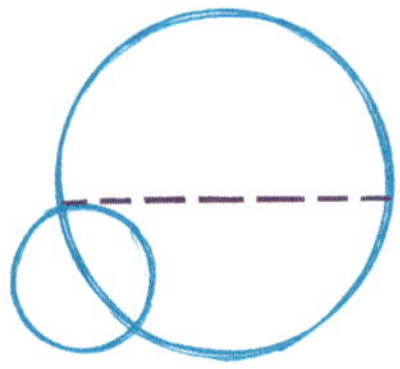

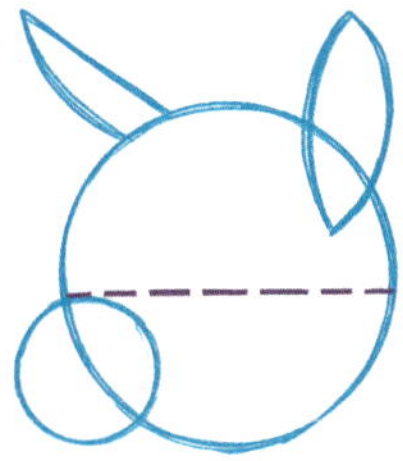

2 Oben auf dem Kopf lange, spitze Ohren skizzieren.

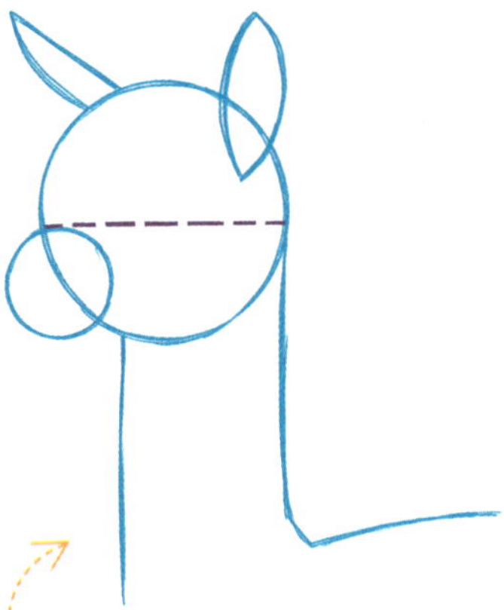

3 Zwei Linien für den Hals und den Rücken anfügen.

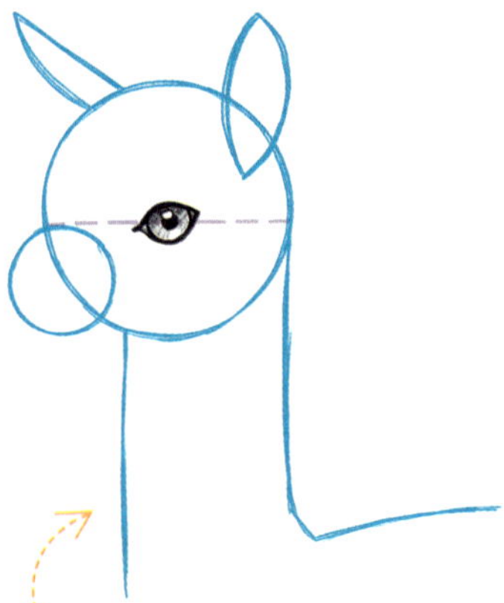

4 Das Auge auf die Hilfslinie zeichnen. Die schwarze Pupille mit dem weißen Lichtreflex im Inneren nicht vergessen.

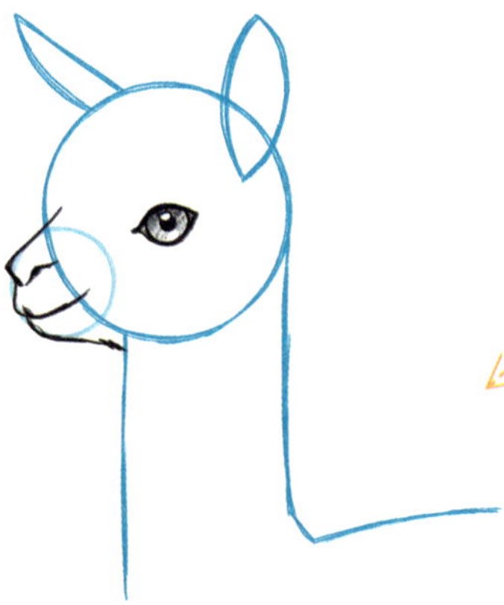

5 Anhand des Schnauzenkreises die Umrisse der Nase, des Mundes und des Kinns genauer einzeichnen.

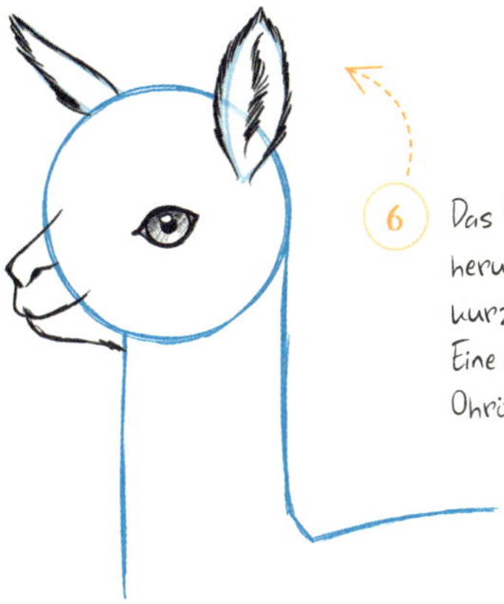

6 Das Fell um die Ohren herum mit einer Reihe von kurzen Strichen darstellen. Eine gestrichelte Linie in der Ohröffnung hinzufügen.

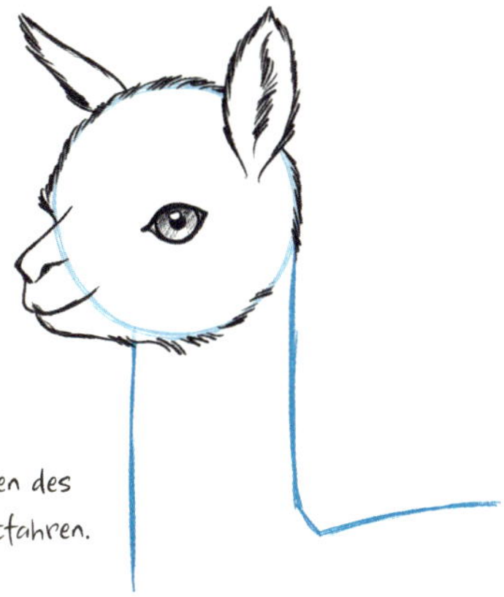

7 Mit dem Ausarbeiten des Kopfs fortfahren.

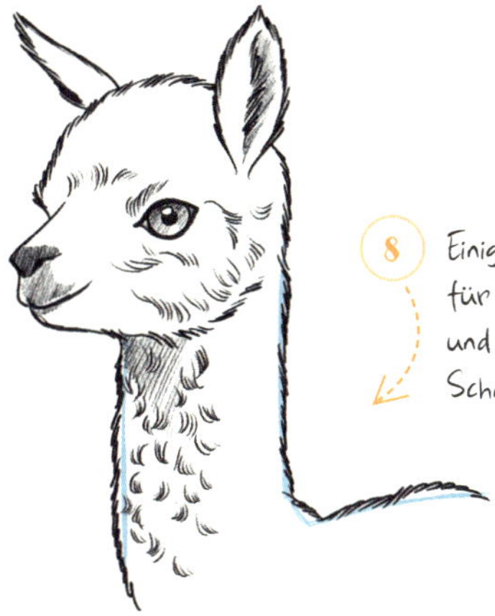

8 Einige gekräuselte Striche für das Fell auf Gesicht und Hals einfügen. Erste Schattierungen andeuten.

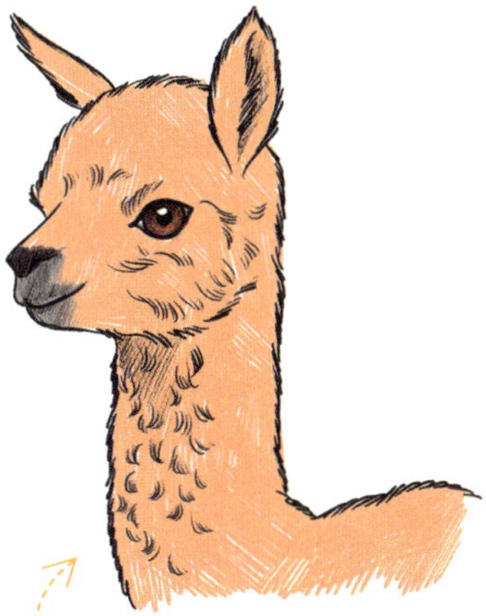

9 Den Körper hellbraun kolorieren, die Nase und den Mund grau und das Auge dunkelbraun.

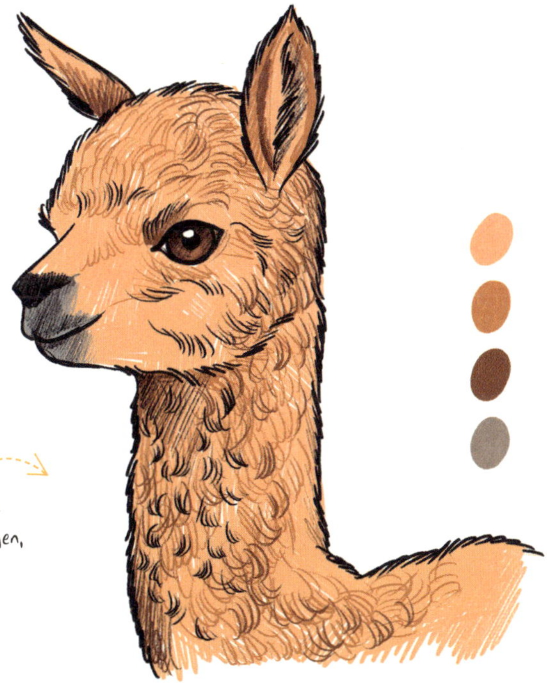

10 Zum Schluss weitere geschwungene Striche in dunkleren Tönen hinzufügen, um das Fell dicker und lockiger wirken zu lassen.

Kalb

Kälber sehen mit ihren großen, rosafarbenen Nasen und den neugierigen braunen Augen ausgesprochen niedlich aus.

1 Mit einem Kreis für die Stirn beginnen.

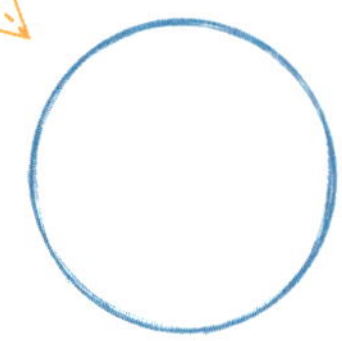

2 Darunter ein Oval für die Schnauze zeichnen und die beiden Formen verbinden. Das wird das Gesicht.

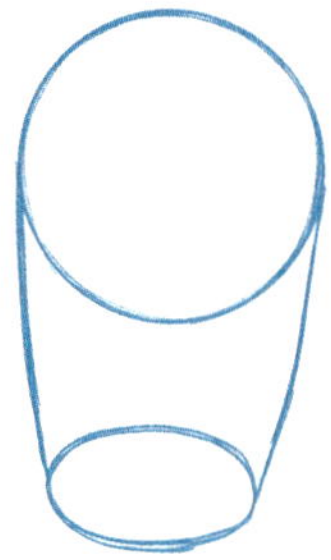

3 Für die Ohren an die Seiten zwei zugespitzte Ovale skizzieren.

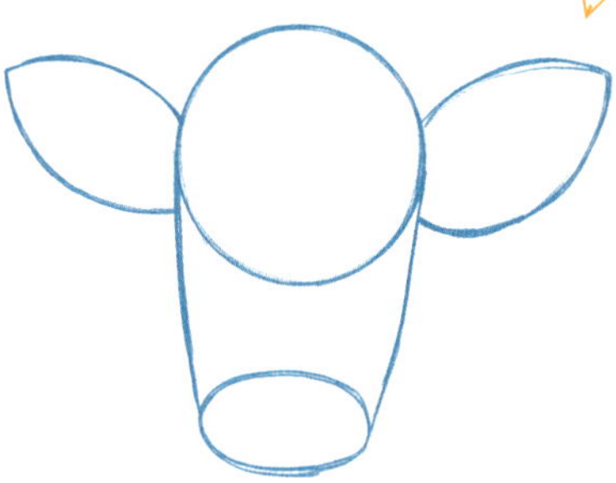

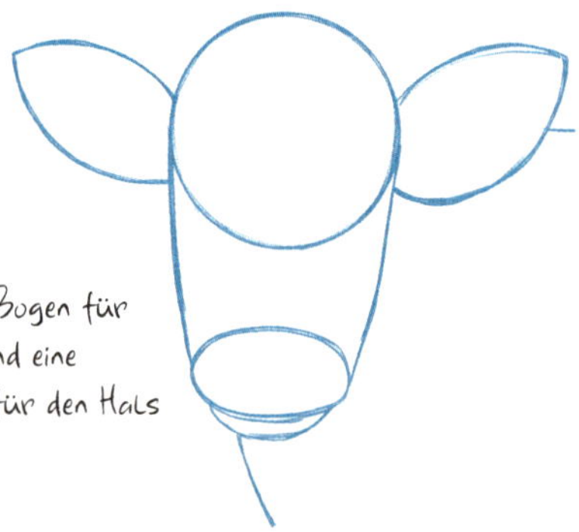

4 Unten einen Bogen für das Maul und eine kurze Linie für den Hals hinzufügen.

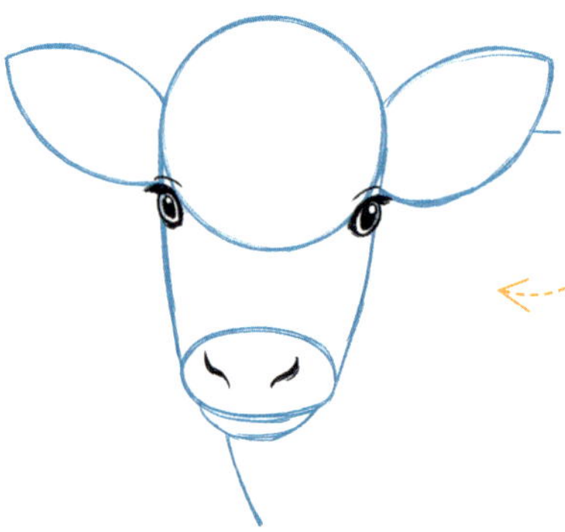

5 Die großen, ovalen Augen mit langen Wimpern unter die Kreislinie zeichnen. Die Pupillen schwarz ausmalen, aber in jeder einen weißen Lichtreflex weiß lassen. Die gekrümmten Nasenlöcher mittig in den Schnauzenkreis zeichnen.

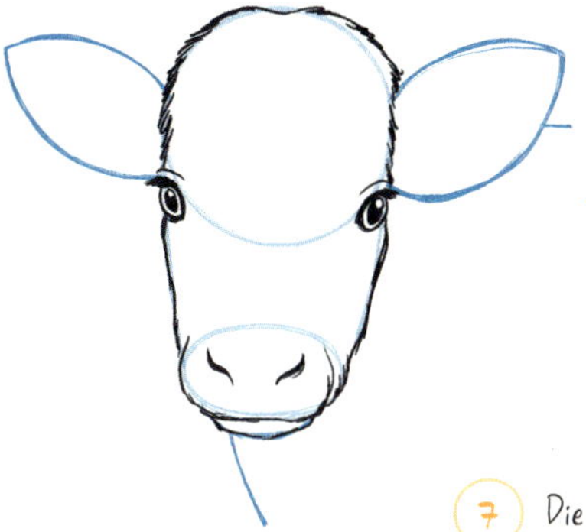

6 Das Fell um den Kopf und das Maul mit einer Reihe kurzer Striche darstellen.

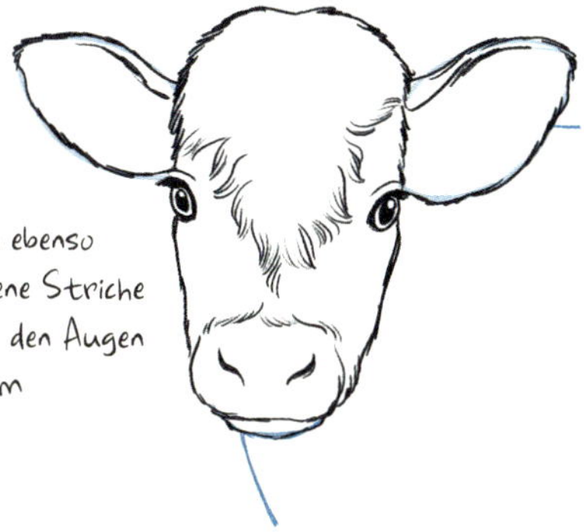

7 Die Umrisse der Ohren ebenso stricheln. Geschwungene Striche für das Fell zwischen den Augen und um die Nase herum hinzufügen.

8 Einige weitere unregelmäßige Striche auf dem Fell einzeichnen. Erste Schattenbereiche andeuten.

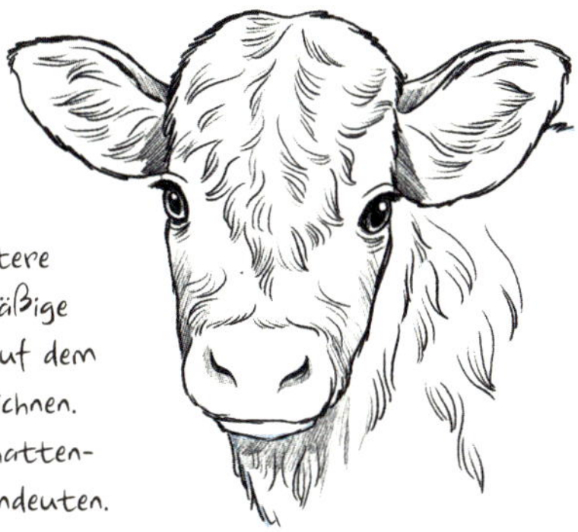

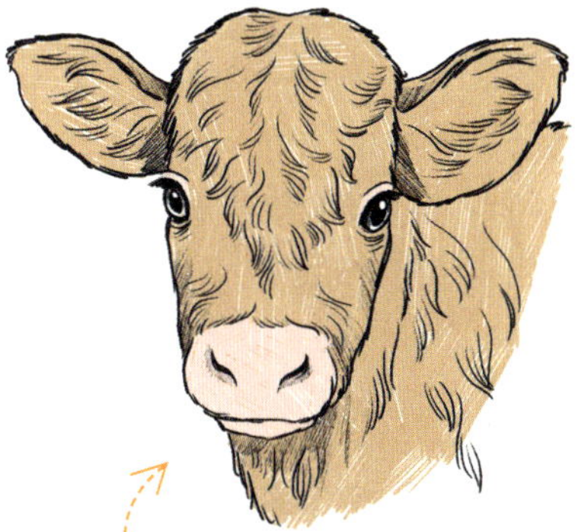

9 Den Körper in Hellbraun kolorieren, Schnauze und Augenlider in blassem Rosa.

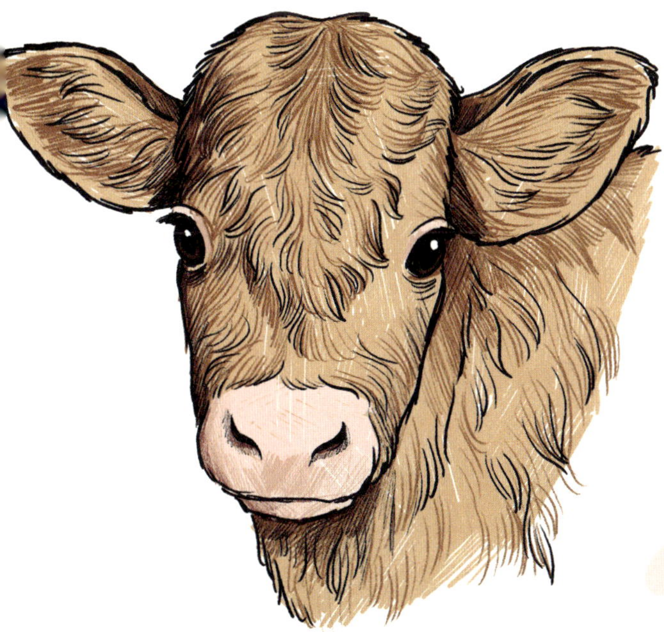

10 Zuletzt einige Schatten abdunkeln, um die Tiefenwirkung zu verstärken

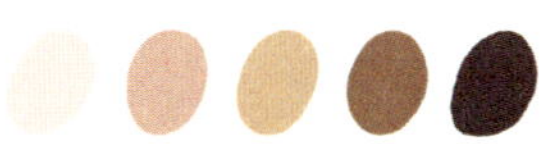

Meerschweinchen

Der runde Kopf und der dicke Körper des Meerschweinchens stehen im Gegensatz zu seinen winzigen Füßen. Meerschweinchen haben vier Zehen an den Vorderfüßen, aber nur drei an den hinteren.

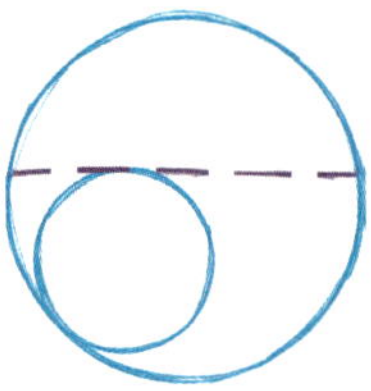

1 Mit einem Kreis für den Kopf beginnen. In der oberen Hälfte eine gestrichelte Linie einzeichnen. Links unten einen kleineren Kreis für die Schnauze skizzieren.

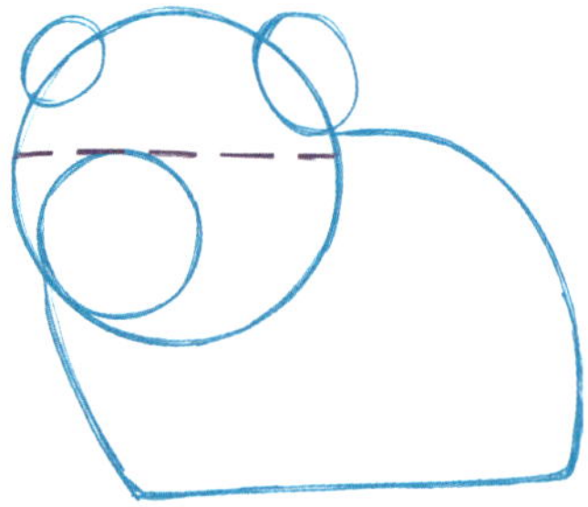

2 Eine längliche Form für den Körper hinzufügen. Zwei Ovale am Kopf stellen die Ohren dar.

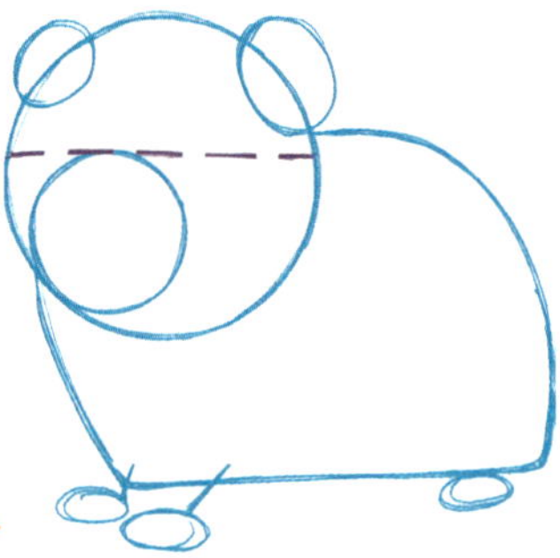

3 Zwei kurze Striche für die Vorderbeine skizzieren. Ovale an den Enden genügen für die Füße. Ein weiteres Oval für den hinteren Fuß auf der rechten Seite zeichnen.

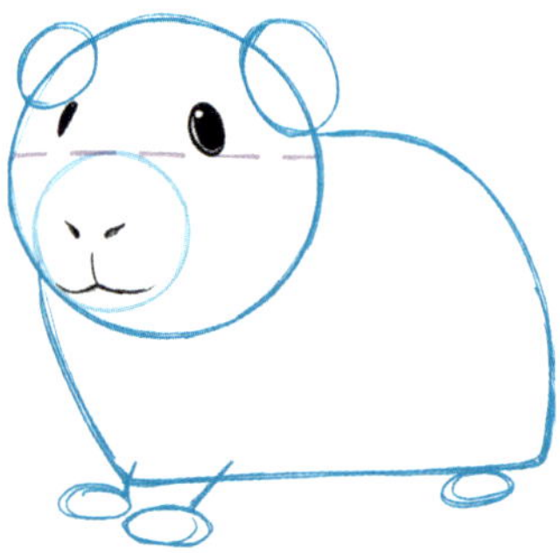

4 Die Augen oberhalb der Hilfslinie einzeichnen. Das abgewandte ist wegen der Perspektive kleiner. Eine große, schwarze Pupille mit einem weißen Lichtreflex hinzufügen. Die Nasenlöcher und den Mund innerhalb des kleineren Kreises ausarbeiten.

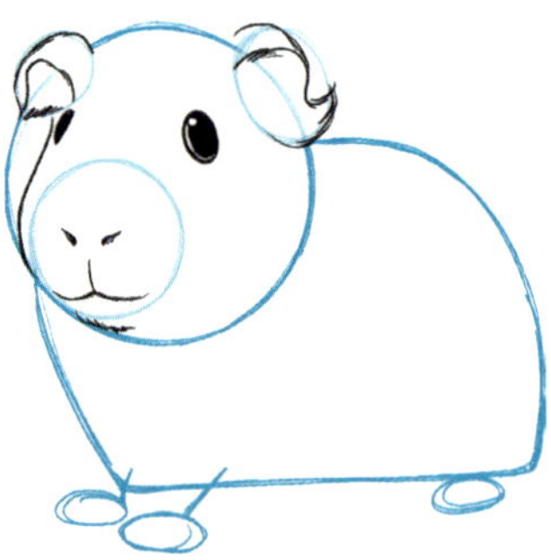

5 Die Umrisse der gewellten Ohren mit kurzen Strichen nachzeichnen, um das Fell darzustellen.

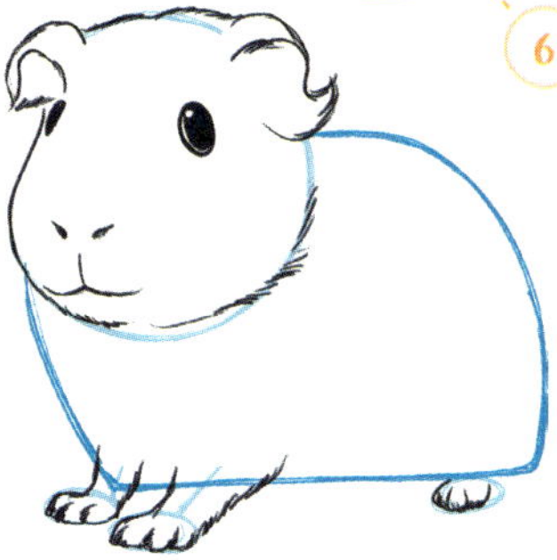

6 Den Umriss des Kopfes ebenso stricheln. Die Beine und Füße unten ausarbeiten.

7 Den Rest des Körpers vervollständigen, jetzt aber längere Striche für das Fell verwenden.

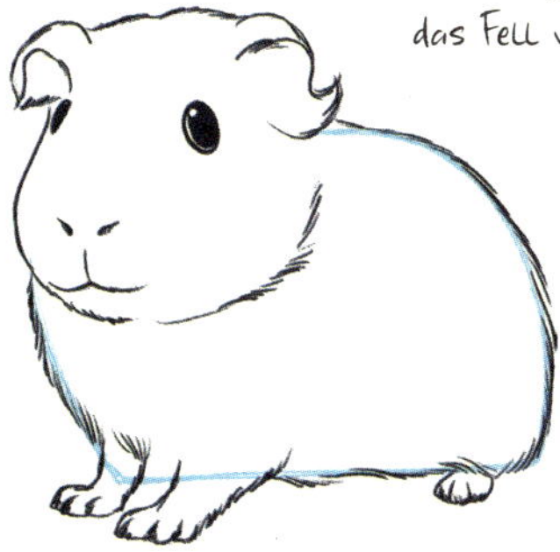

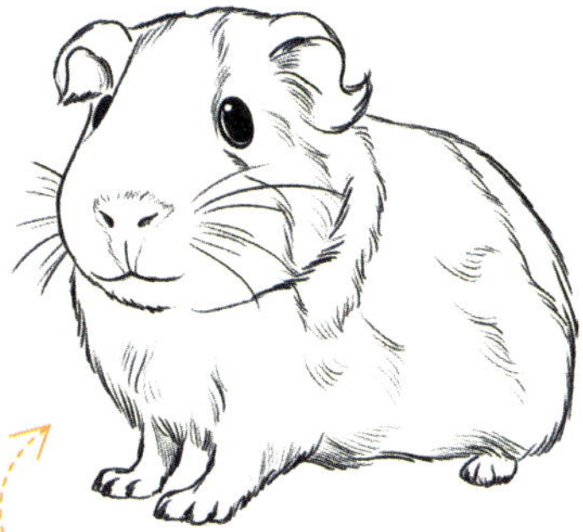

8 Einige Fellstriche auf dem Körper andeuten und die zarten Schnurrhaare einzeichnen. Die ersten Schattierungen einfügen.

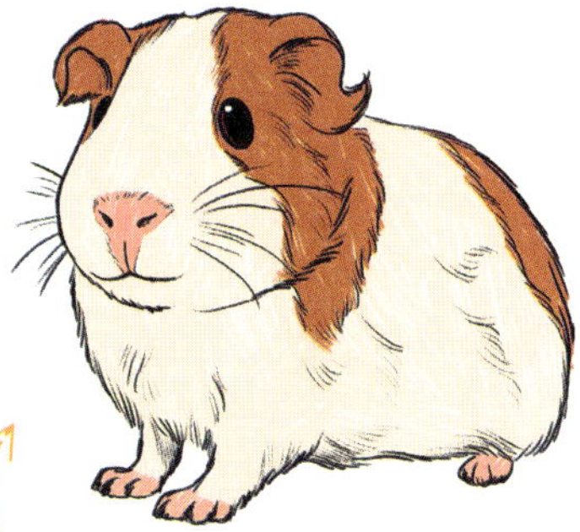

9 Das Fell in einem hellbraunen und sandfarbenen Muster kolorieren. Nase und Füße sind rosa.

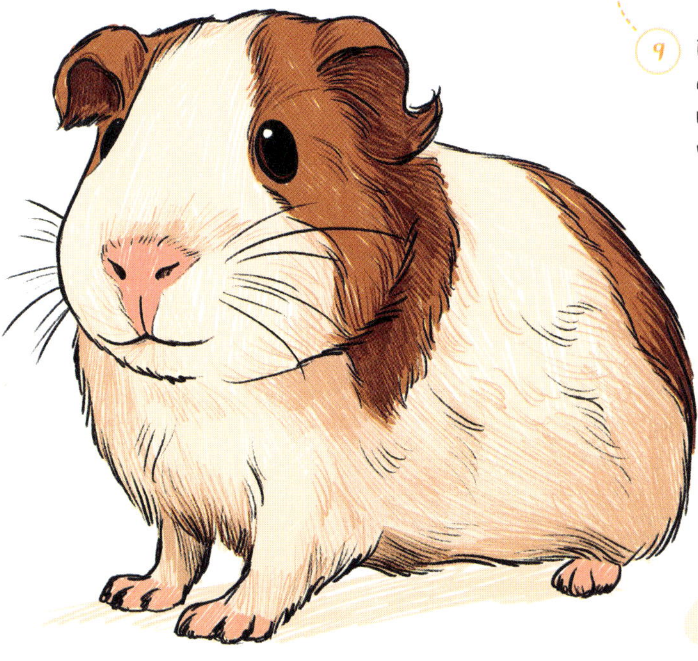

10 Zuletzt die Schatten leicht abdunkeln und den Boden mit Schraffuren in Sandbeige andeuten.

Entenküken

Flauschige Entlein sind vor allem bei Kindern sehr beliebt – wahrscheinlich, weil sie so niedlich sind.

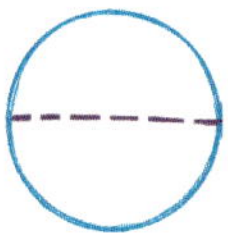

1 Mit einem Kreis für den Kopf beginnen und eine gestrichelte Linie in der Mitte einzeichnen.

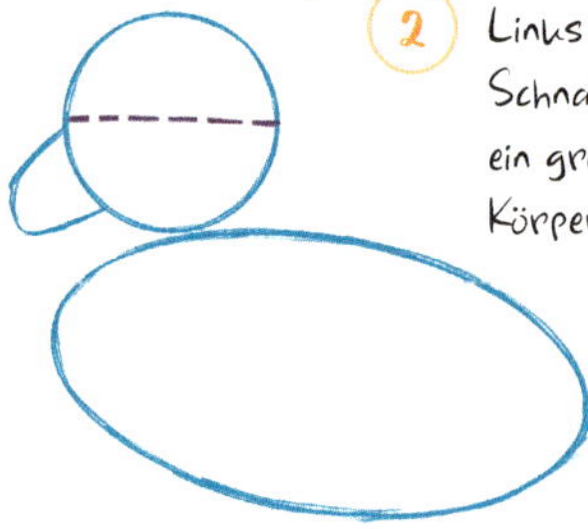

2 Links eine U-Form für den Schnabel und darunter ein großes Oval für den Körper anfügen.

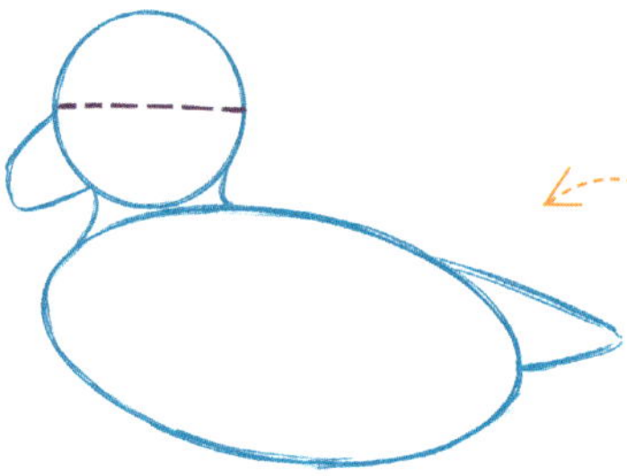

3 Den Kopf und den Körper durch zwei Linien verbinden. Das ist der Hals. Rechts eine V-Form für die Schwanzfedern skizzieren.

4 Die Beine mit Strichen skizzieren und an jeden drei kurze Striche für die Zehen anfügen. Für das Wasser eine lange, horizontale Linie quer über den Körper zeichnen.

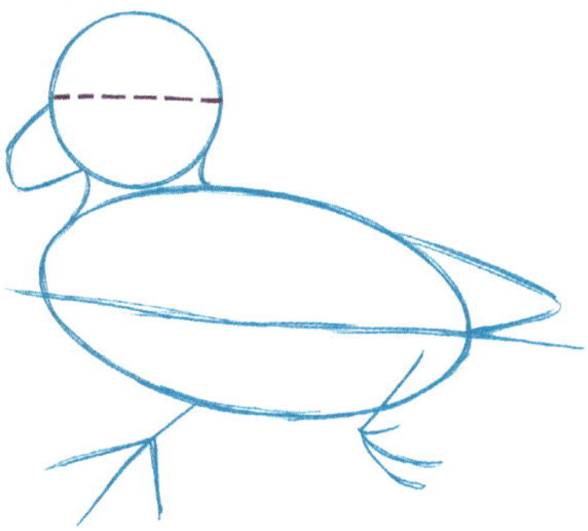

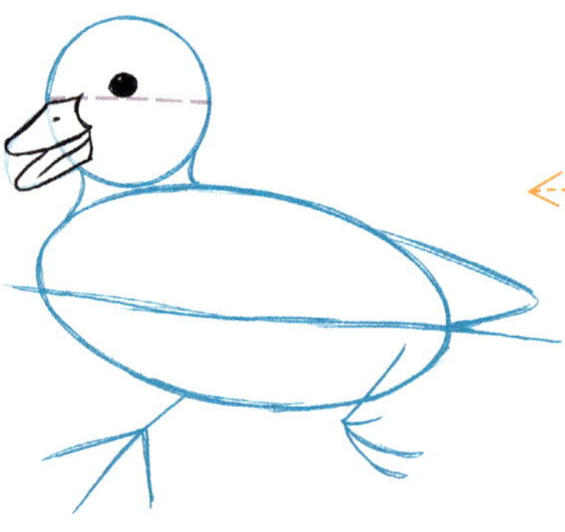

5 Das Auge oberhalb der Hilfslinie einzeichnen, den Schnabel unterhalb. Den Lichtreflex im Auge nicht vergessen.

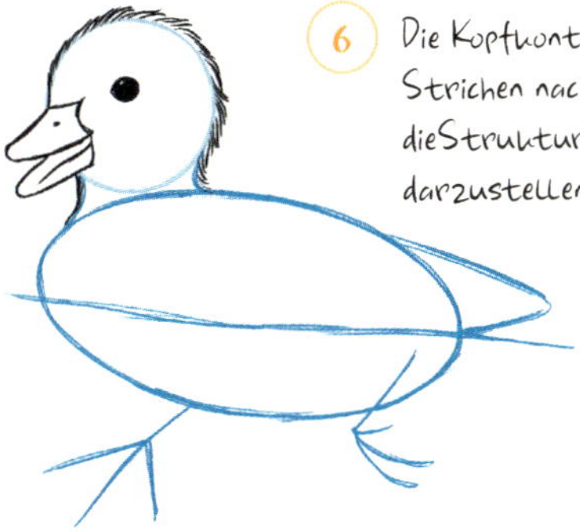

6 Die Kopfkontur mit kurzen Strichen nachzeichnen, um dieStruktur des Gefieders darzustellen.

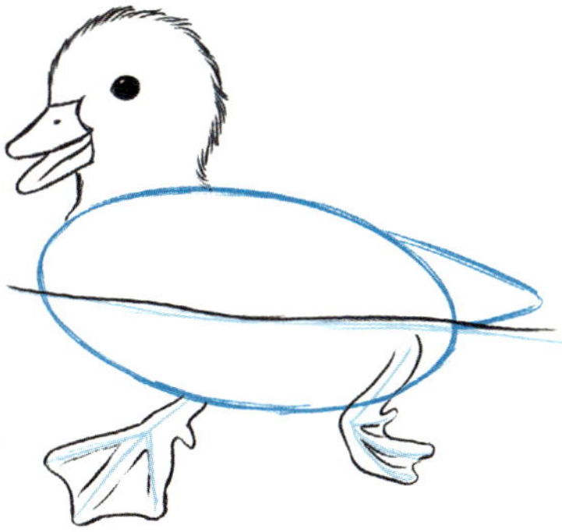

7 Die Beine und die Schwimmfüße unter dem Körper ausarbeiten. Die Wasserlinie stärker nachziehen.

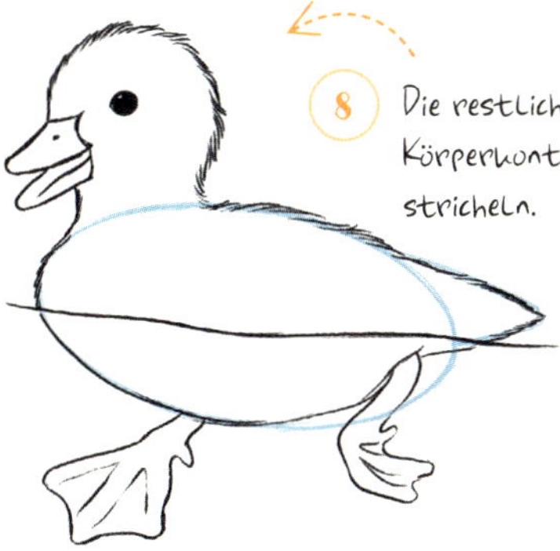

8 Die restlichen Körperkonturen stricheln.

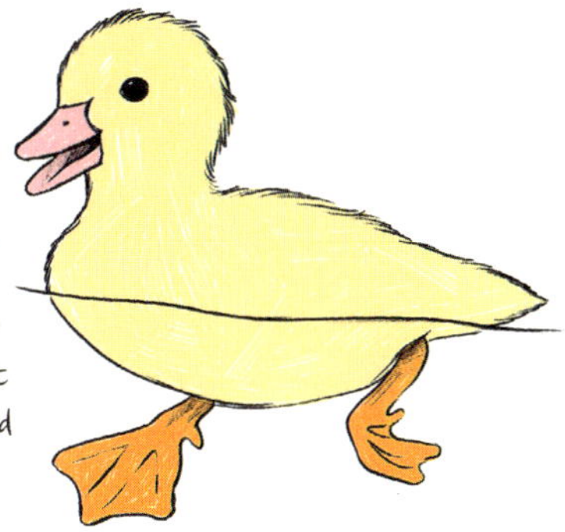

9 Den Körper in blassem Gelb kolorieren. Der Schnabel ist rosa, die Schwimmfüße sind orange.

10 Die Tiefenwirkung durch einige Schatten verstärken. Das Wasser blau schraffieren.

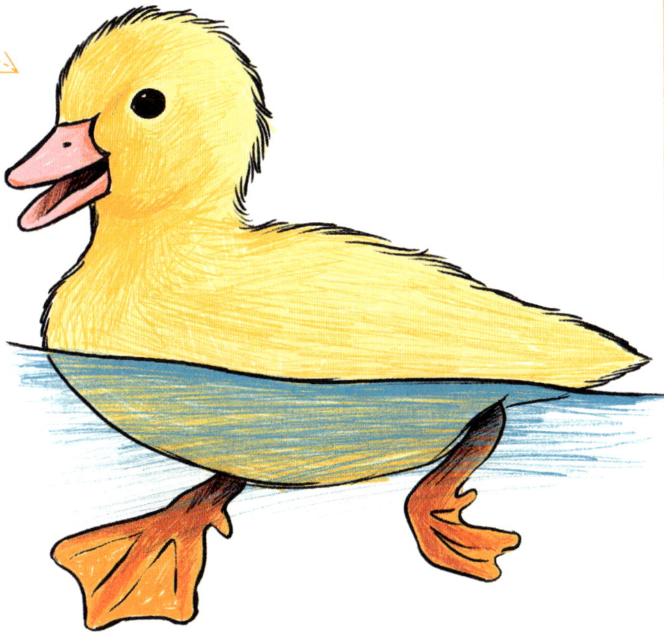

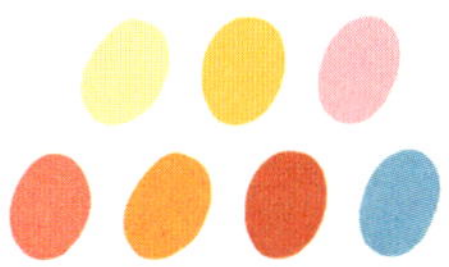

Hamster

Hamster richten sich auf und lauschen, wenn Gefahr droht. Sie haben ein sehr feines Gehör.

1 Mit einem Kreis für den Kopf beginnen. Eine gestrichelte Linie in der Mitte einzeichnen. Für die Nase rechts unterhalb der gestrichelten Linie einen kleineren Kreis auf der rechten Seite für die Nase hinzufügen.

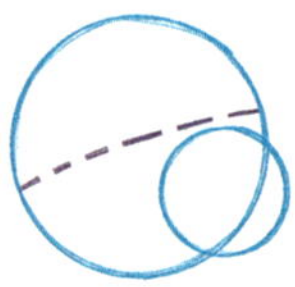

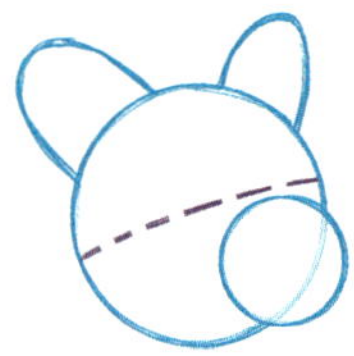

2 Die Ohren durch zwei Bögen andeuten. Das hintere ist aufgrund der Perspektive kleiner.

3 Unterhalb des Kopfes ein Rechteck für den Körper skizzieren. In der Mitte zwei Kreise für die Vorderfüße und darunter zwei Ovale für die Hinterfüße hinzufügen.

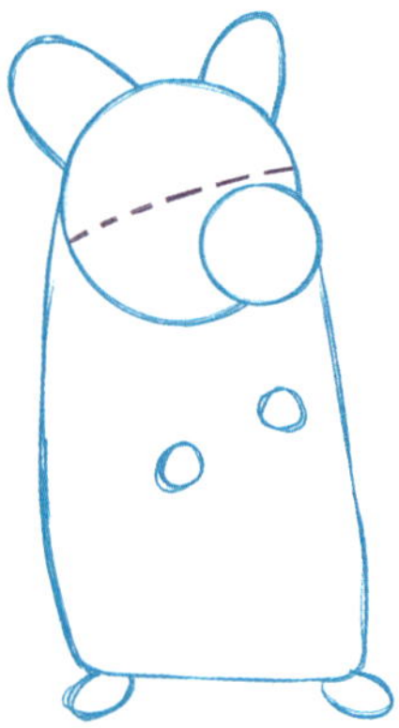

4 Die Augen – mit weißen Lichtreflexen – auf die Hilfslinie zeichnen. Nase und Mund innerhalb des kleineren Kreises ausarbeiten.

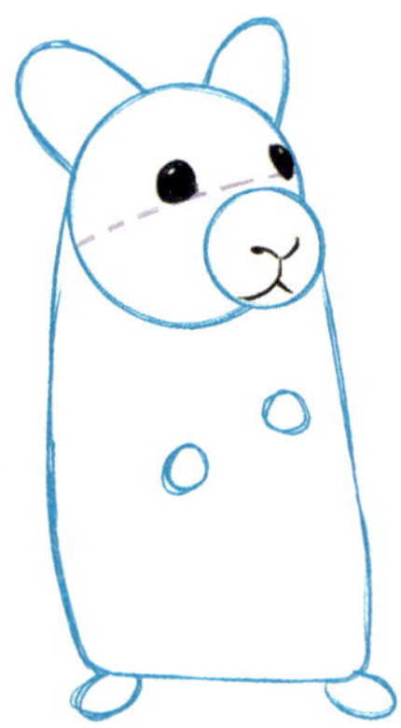

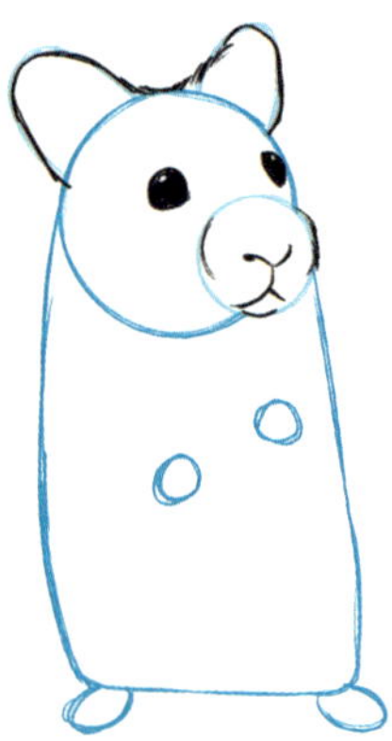

5 Die Umrisse der Ohren mit schnellen, kurzen Strichen nachzeichnen, um das Fell darzustellen. Die Kontur der Nase auf dem kleineren Kreis anzeichnen.

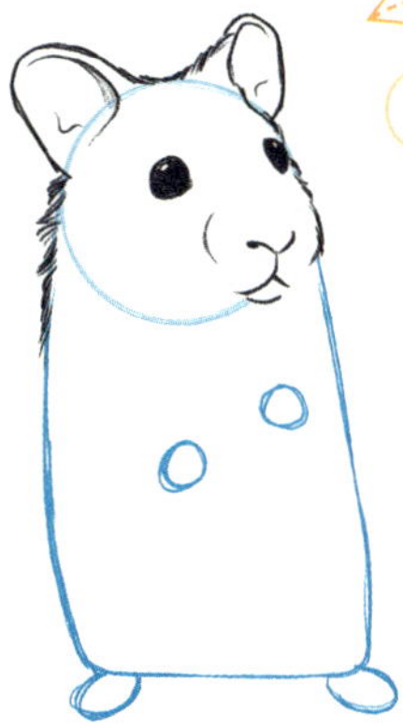

6 Die Ohren genauer ausarbeiten. Am Hals längeres Fell andeuten.

7 Die vorderen und hinteren Füße ausarbeiten. Für die Zehen genügen kleine Bögen.

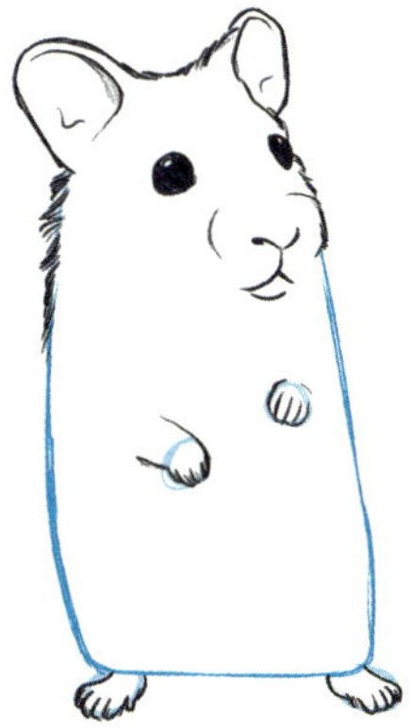

8 Die Umrisse des Körpers vervollständigen. Einen kleinen Bogen für das pelzige Kinn hinzufügen.

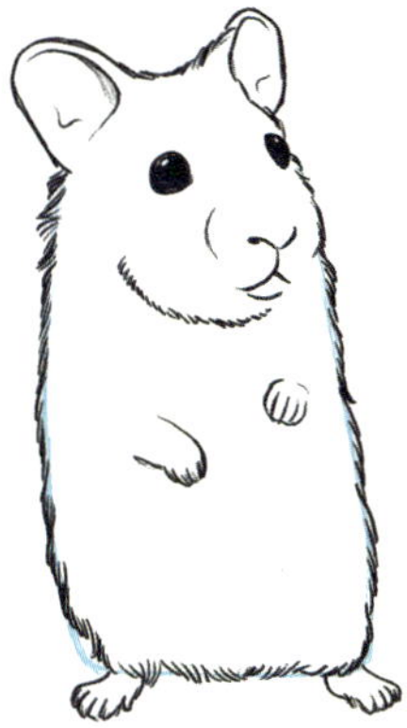

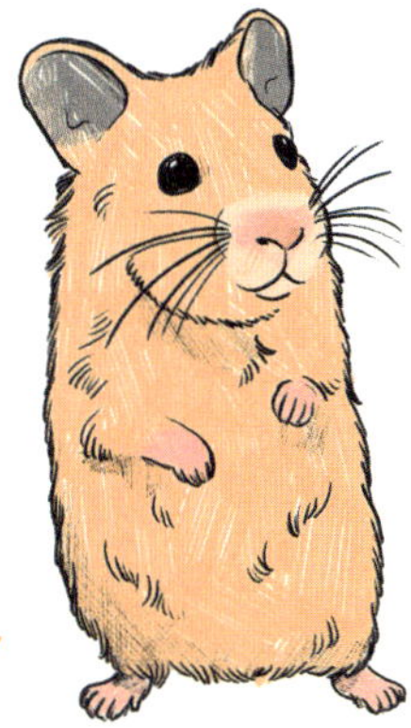

9 Den Körper hellbraun kolorieren. Die Nase ist rosa, die Innenseiten der Ohren sind grau.

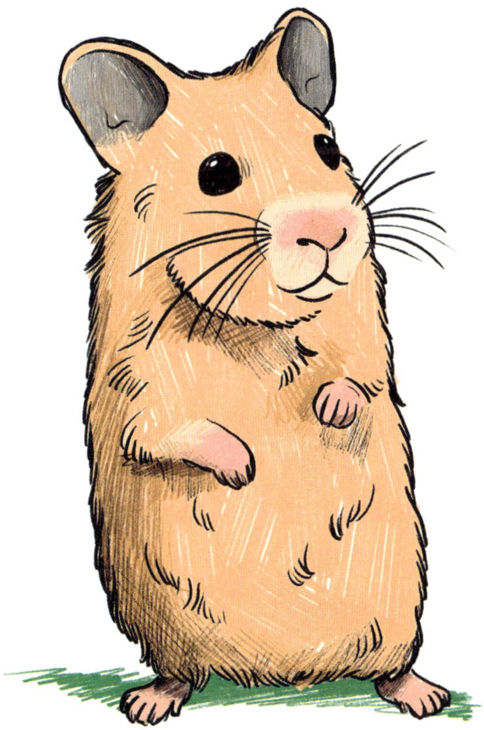

10 Einige Schatten abdunkeln, um die Tiefenwirkung zu verbessern. Den Boden mit Grün schraffieren.

Welpe

Der niedliche braune Labrador-Welpe hat einen Blick, dem niemand widerstehen kann.

1 Mit einem Kreis für den Kopf beginnen. Links eine U-Form für die Nase ansetzen.

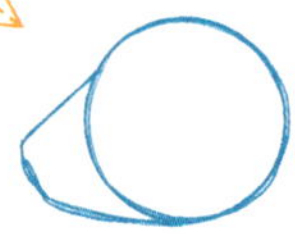

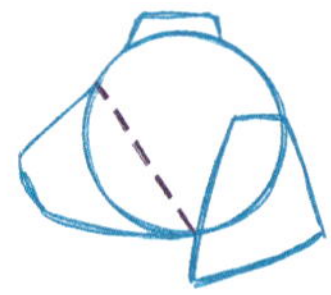

2 Links unten in den Kopfkreis eine gestrichelte Linie zeichnen. Sie hilft bei der Positionierung der Augen. Die Formen der Ohren skizzieren. Vom hinteren Ohr ist nur der obere Teil zu sehen.

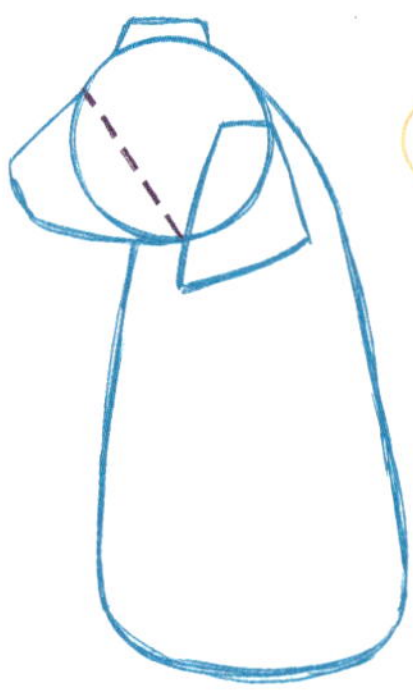

3 Unter dem Kopf eine U-Form für den Körper anfügen.

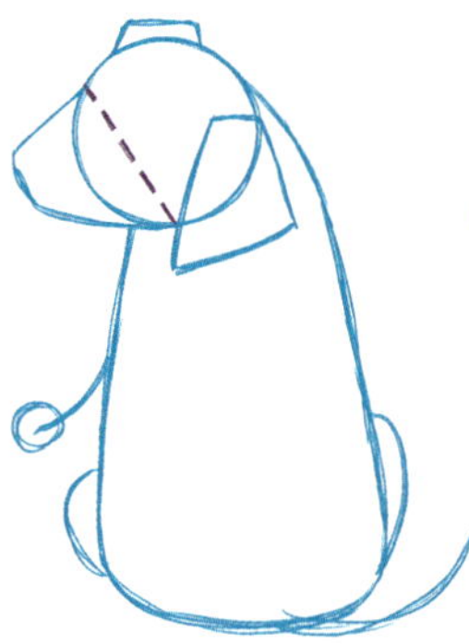

4 Mit einfachen Linien das Vorderbein, die Oberseiten der Hinterbeine und den Schwanz skizzieren. Für die Pfote genügt ein Kreis.

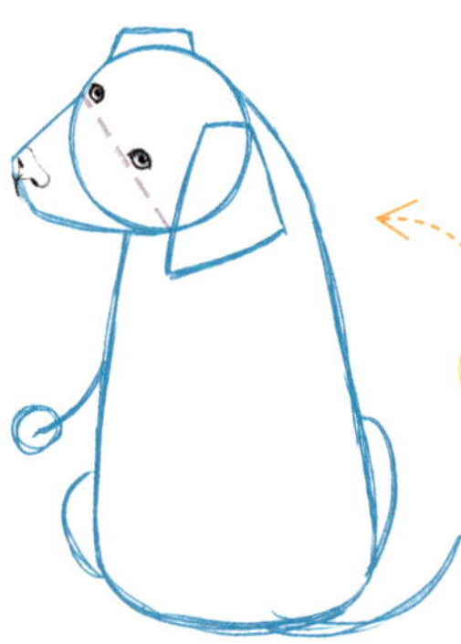

5 Die Augen rechts neben der Hilfslinie einzeichnen. Sie haben kleine, schwarze Pupillen mit weißen Lichtreflexen. Die Nase am Rand der Hilfslinie hinzufügen.

6 Die Umrisse der Ohren mit kurzen Strichen nachzeichnen, um das Fell darzustellen.

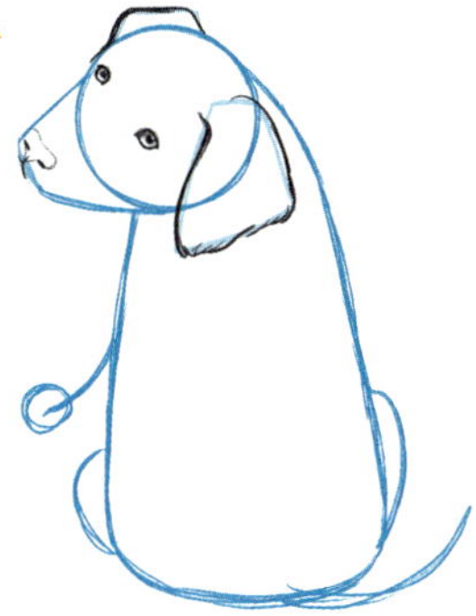

7 Kopf und Kinn ebenso stricheln.

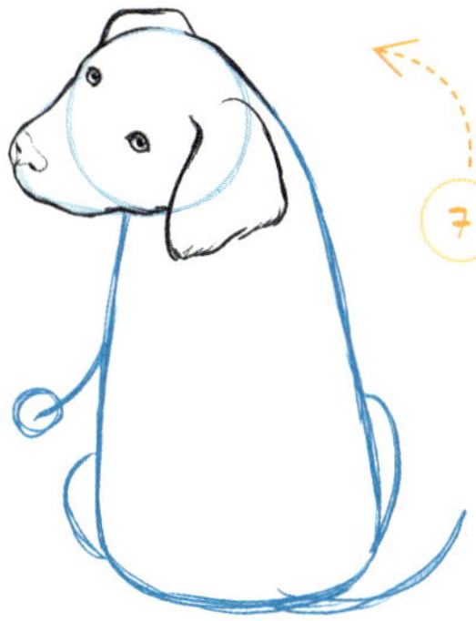

8 Die Umrisse des Körpers und des Schwanzes vervollständigen, dabei für das längere Fell am Schwanz längere Striche verwenden.

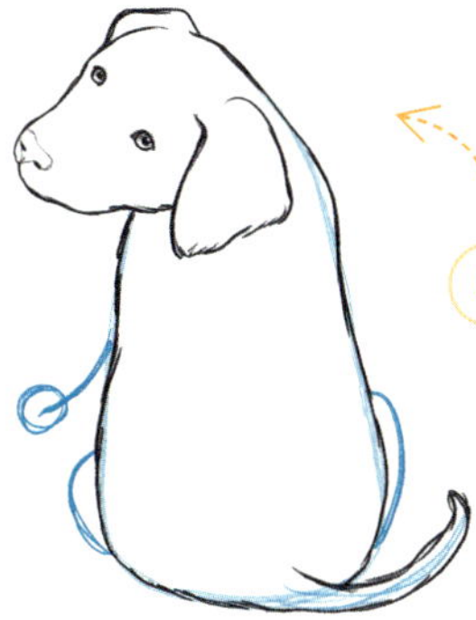

9 Die Beine und die Pfoten ausarbeiten. Das Fell auf Hals und Bauch mit einigen Strichen andeuten. Den Welpen braun kolorieren.

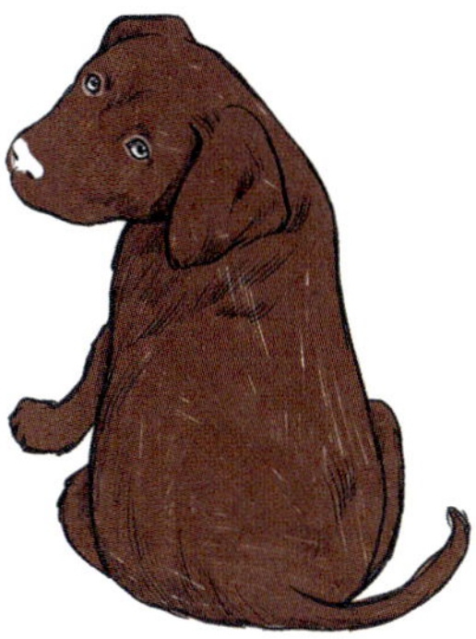

10 Die Nase und die Augenpartie rosa einfärben, die Augen hellgrün. Durch einige Schatten die Tiefenwirkung verstärken. Den Boden locker andeuten.

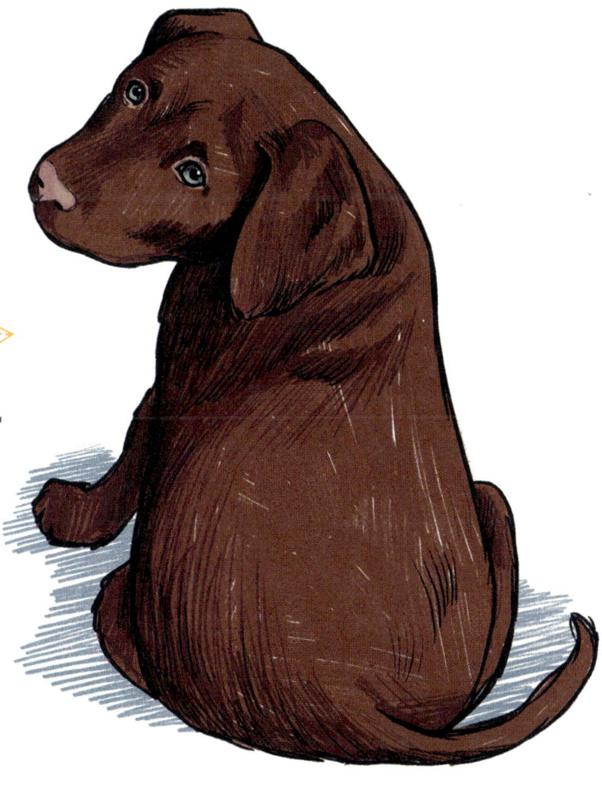

Esel

Dieses Eselfohlen hat Lust zum Spielen. Es wird Schritt für Schritt vom Kopf bis zu den Beinen aufgebaut. Das ist gar nicht schwierig.

1 Mit einem Oval für den Kopf beginnen. Eine gestrichelte Mittellinie einzeichnen und zwei lange Ohren anfügen.

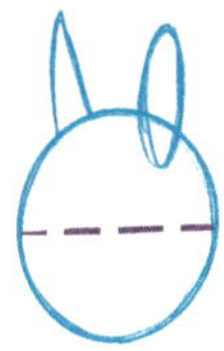

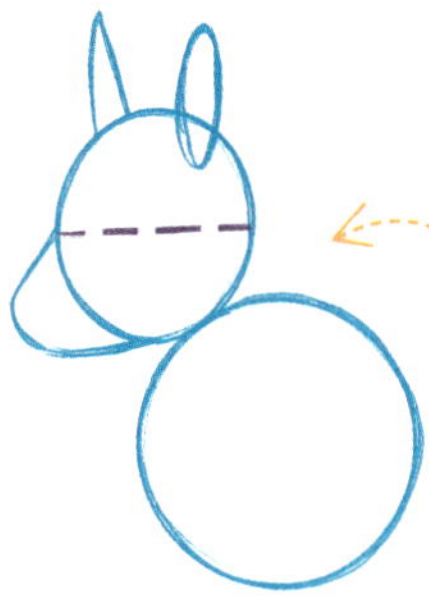

2 Links eine U-Form für die Schnauze nsetzen. Dann unten rechts einen größeren Kreis für die Schultern zeichnen.

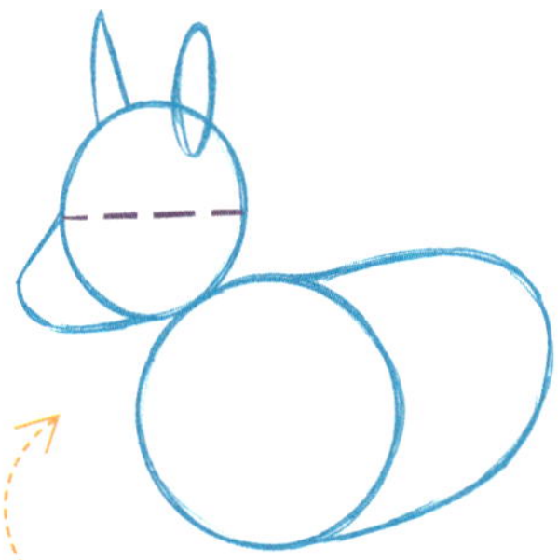

3 Für die Kruppe einen Bogen nach rechts anfügen.

4 Die beiden Kreise mit Kurven verbinden – das ist der Hals. Hilfslinien für die Beine und den Schwanz zeichnen, mit Kreisen für die Knie und Dreiecken für die Hufe.

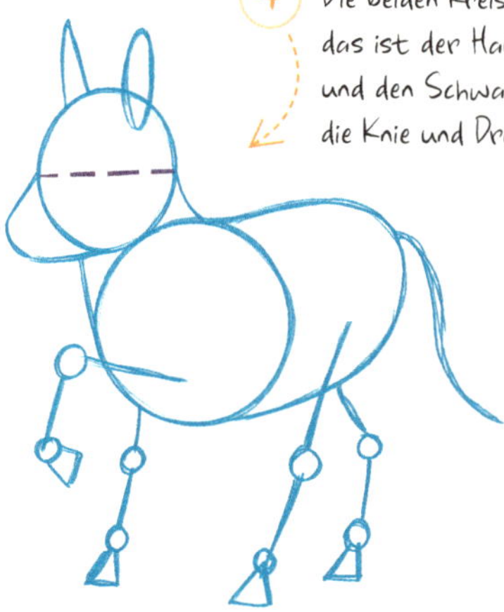

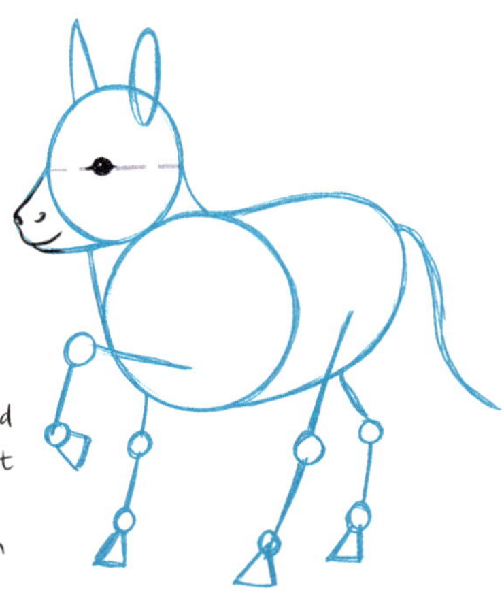

5 Das Auge auf die Hilfslinie zeichnen und den weißen Lichtreflex im Inneren nicht vergessen. Nase und Mund innerhalb der Hilfslinie ausarbeiten. Die Nüstern hinzufügen.

6 Das Fell um den Kopf und die Ohren mit einer Reihe kurzer Striche darstellen. Mit ähnlichen Strichen die Ohröffnungen darstellen.

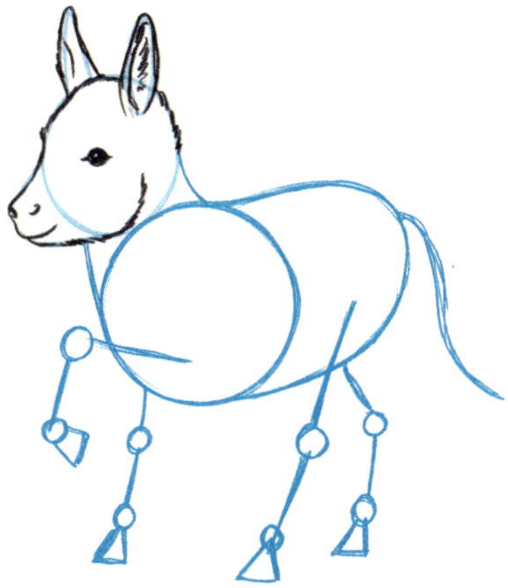

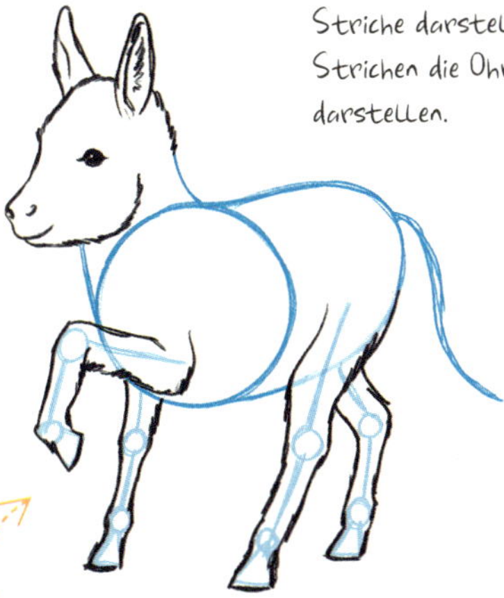

7 Nun die Beine anhand der Hilfslinien ausarbeiten.

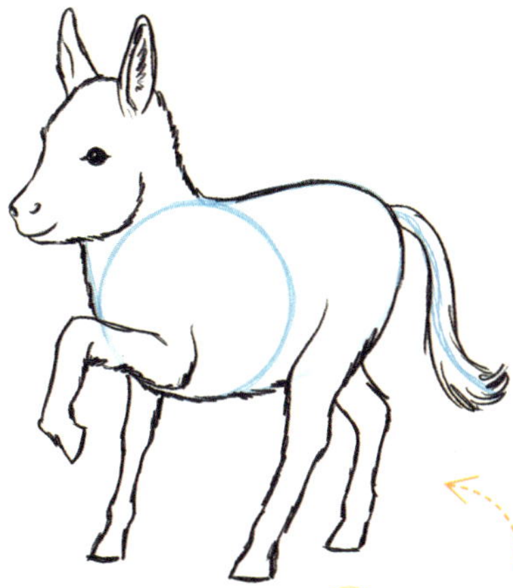

8 Die Umrisse des Körpers vervollständigen. Lange, geschwungene Striche für den Schwanz verwenden.

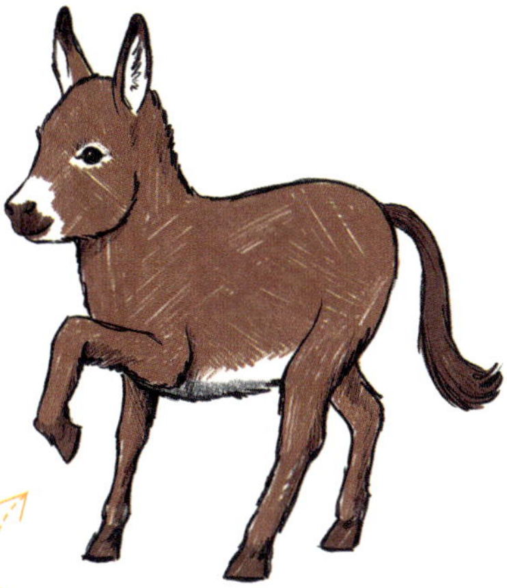

9 Den Körper braun kolorieren, aber Nase, Bauch und Innenseite der Ohren weiß lassen. Ein dunkleres Braun für den Schwanz und die Hufe verwenden. Erste Schattierungen andeuten.

10 Die Schatten leicht abdunkeln und das Gras mit einigen Strichen andeuten.

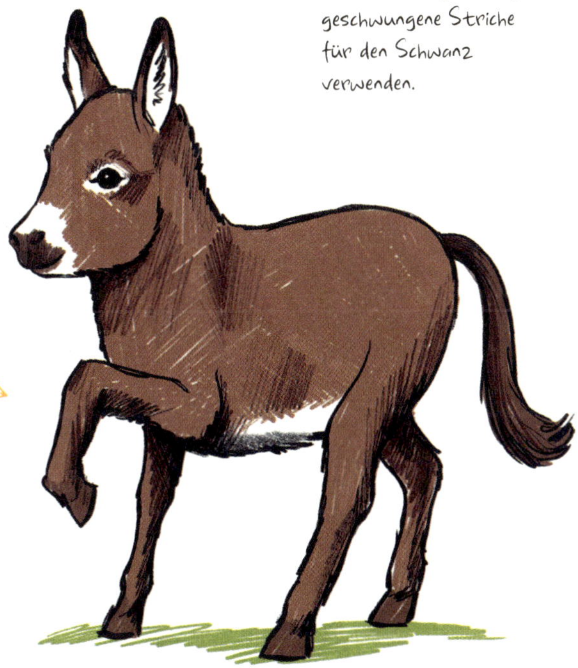

Über die Autorin

Justine Lecouffe lebt in London, wo sie als Illustratorin, Zeichnerin und Storyboard-Artist arbeitet. Meist beschäftigt sie sich mit digitaler Illustration und Grafikdesign, manchmal auch mit bewegten Bildern. Themen wie Weiblichkeit, Schönheit und Natur spielen in ihrer Arbeit eine wichtige Rolle, darum wird sie häufig von Auftraggebern aus der Mode-, Schmuck- und Kosmetikbranche gebucht. Obwohl Zeichnen und Illustration ihre Schwerpunkte sind, möchte sie sich gern noch mit vielen anderen Stilen und Genres beschäftigen. Wenn sie nicht gerade zeichnet, kann man sie beim Kochen, beim Radfahren in London, beim Fotografieren oder einfach beim Scrollen in Katzen- und Hundebildern antreffen.

Weitere Beispiele ihrer Arbeit auf Instagram @justine_lcf

Dank

Vielen Dank an alle Leser meiner vorangegangenen Titel der 10-Steps-Reihe: Menschen, Alltagsgegenstände, und Katzen, die mir so viel positives Feedback gegeben haben. Das war sehr motivierend und hat mich ermutigt, nun diesen vierten Band zu zeichnen. Bitte teilen Sie Ihre Zeichnungen gern weiterhin auf Instagram. Ich freue michimmer sehr, sie zu sehen.

Dem Team von The Bright Press danke ich sehr herzlich für dieses neue Projekt und die großartige Unterstützung während der gesamten Arbeit daran.

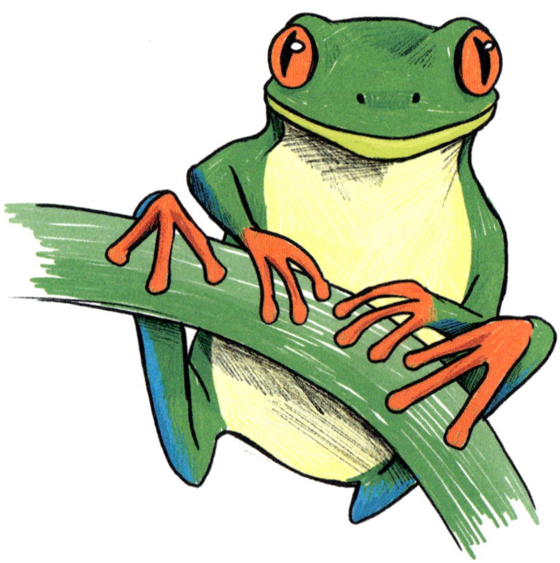